VENCENDO O MEDO

Um livro para pessoas com distúrbios de ansiedade, pânico e fobias

Dados Internacionais de Catalogação na Publicação (CIP)
(Câmara Brasileira do Livro, SP, Brasil)

Ross, Jerilyn
  Vencendo o medo: um livro para pessoas com distúrbios de ansiedade, pânico e fobias / Jerilyn Ross [tradução Pedro Maia Soares]. – São Paulo: Ágora, 1995.

  Título original: Triumph over fear : a book of help and hope for people with anxiety, panic attacks, and phobias.
  Bibliografia
  ISBN 978-85-7183-504-7

  1. Ansiedade – Obras de divulgação 2. Fobias – Obras de divulgação. 3. Pânico – Distúrbios – Obras de divulgação I. Título.

95-3601   CDD-616.85223
                                            NLM-WM 170

Índices para catálogo sistemático:

1. Ansiedade : Neurose : Medicina 616.85223
2. Fobias : Neurose : Medicina 616.85223
3. Pânico : Neurose : Medicina 616.85223

VENCENDO O MEDO

Um livro para pessoas com distúrbios de ansiedade, pânico e fobias

Jerilyn Ross

ÁGORA

Do original em língua inglesa
THRIUMPH OVER FEAR
A book of help and hope for people with anxiety, panic attacks, and phobias
Copyright © 1994 by Jerilyn Ross
Direitos desta tradução reservados por Summus Editorial

Tradução: **Pedro Maia Soares**
Capa: **Silvia Ribeiro**

Editora Ágora

Departamento editorial
Rua Itapicuru, 613 – 7º andar
05006-000 – São Paulo – SP
Fone: (11) 3872-3322
http://www.editoraagora.com.br
e-mail: agora@editoraagora.com.br

Atendimento ao consumidor
Summus Editorial
Fone: (11) 3865-9890

Vendas por atacado
Fone: (11) 3873-8638
e-mail: vendas@summus.com.br

Impresso no Brasil

Para meus pais, Carolyn e Ray Ross,
e meu irmão Richard,
com gratidão amorosa
pelo amor
e apoio que sempre me deram.

SUMÁRIO

Apresentação da edição brasileira 9
Prefácio: o problema de saúde mental mais comum 11

PARTE I: AS MUITAS FACES DA ANSIEDADE

1. Ansiedade para além da razão 19
2. O trabalho começa 31
3. Lorraine: agorafobia 39
4. Jerry: fobia social 49
5. Doug: um problema duplo 57
6. Norman: distúrbio obsessivo-compulsivo 63
7. Iris: distúrbio de stress pós-traumático 73

PARTE II: RETRATOS DA RECUPERAÇÃO

8. Uma revolução na terapia 83
9. Grace: encarando os medos 91
10. Richard: estabelecendo objetivos e usando os "Seis Pontos" 109
11. Ellen: medicamentos e síndrome de pânico 125
12. Brian e Jennifer: diagnosticando e tratando crianças 135
13. Sílvia: o impacto sobre a família 145
14. Darlene: lutando contra o sistema 153

PARTE III: RECUPERAÇÃO DE SÍNDROME DE PÂNICO E FOBIA: UM PROGRAMA DE AUTO-AJUDA

15. Estabelecendo objetivos
    e usando a folha de tarefas diárias 163
16. Aplicando os Seis Pontos 177
17. Praticando 183
18. Administrando pensamentos e impulsos assustadores 191
19. Controle da respiração 199
20. Relaxamento e exercício 205
21. Parentes, amigos e colegas 213
22. Superando os retrocessos 225
23. Familiarizando-se com seu novo eu 233

APÊNDICES

Atualização das pesquisas 237
Medicamentos usados no tratamento dos
    distúrbios de ansiedade 240
Alimentos e outras substâncias que devem ser evitados 243
Bibliografia 245
Sobre a autora 247

APRESENTAÇÃO DA EDIÇÃO BRASILEIRA

O diagnóstico, classificação e tratamento dos quadros ansiosos foram profundamente revistos nos últimos vinte anos, particularmente após a publicação do Manual Diagnóstico e Estatístico, 3ª versão (DSMIII) da Associação Psiquiátrica Americana em 1980.

Os ataques de pânico, os quadros fóbicos e o transtorno obsessivo-compulsivo passaram a ser vistos não mais como apenas fenômenos oriundos de conflitos e experiências inconscientes que deveriam ser garimpadas ou medicadas com tranqüilizantes.

Os aspectos biológicos e das ciências do comportamento introduziram mais do que uma nova idéia de classificação dos quadros, mas uma radical mudança nos conceitos e eficiência nos tratamentos.

O Epidemologic Catchment Area Study (ECA), maior estudo epidemiológico realizado até o momento, entrevistou mais de 18.500 adultos em cinco comunidades americanas e evidenciou que 23% da população estudada apresentava um transtorno ansioso.

Onde estavam ou estão um a cada quatro pessoas que temem tomar um elevador, entrar numa fila de banco, assinar um cheque?

Onde estão essas pessoas que passam mal em ambientes fechados, não andam de metrô ou onibus, não conseguem falar em público?

Provavelmente, perdão, com certeza, estão fazendo terapias inespecíficas, usando tranqüilizantes, engordando a receita de seitas ou cultos milagrosos, evitando expor-se à situação temida, sem saber que há um tratamento específico para seus problemas.

Temos trabalhado nos últimos dez anos intensamente com o tema, seja como um dos responsáveis pelo projeto AMBAM — (Estudo Multidisciplinar sobre a Ansiedade) do Instituto de Psiquiatria do

Hospital das Clínicas da Faculdade de Medicina da USP, seja publicando artigos científicos no Brasil e no exterior, lecionando, cuidando dos nossos pacientes.

Infelizmente, a informação cientítica em nosso país é escassa e, muitas vezes, anda de mãos dadas com posturas ideológicas anticientíficas que, em última análise, prejudicam a pessoa doente. Geralmente e, quase sempre com toda razão, tratamos com desdém os chamados manuais de auto-ajuda, livros que exploram todos os aspectos da credulidade e da ignorância. Esse não é o caso deste livro e o tratamento dado a ele, sem dúvida, deve ser respeitoso.

As descrições clínicas são bem feitas, de modo quase coloquial e as explicações teóricas são simples sem serem simplistas para os diferentes quadros.

As técnicas comportamentais e cognitivas merecem um lugar de honra no livro e um programa de auto-ajuda está adequadamente descrito na Parte III com esse referencial teórico.

Acreditamos que a leitura deste livro seja extremamente útil enquanto transmissão do conhecimento científico atualizado, permitindo ao paciente e familiares um melhor entendimento e participação mais ativa nos tratamentos necessários.

Superar o conceito vago de loucura e o preconceito nele contido é fundamental para permitir que as pessoas possam procurar ajuda mais rapidamente e de maneira correta, sem o temor de serem definidos como "estranhos" ou "esquisitos".

Este livro contribui com essa função, que acreditamos ser também a função social do profissional de saúde.

prof. dr. *Táki Athanássios Cordás**

---

* Doutor pelo Departamento de Psiquiatria da Faculdade de Medicina da Universidade de São Paulo. Médico-psiquiatra, supervisor e chefe de Enfermaria do Instituto de Psiquiatria do Hospital das Clínicas da FMUSP. (IPQHCFMUSP). Coordenador do Ambulatótio de Bulimia e Transtornos Alimentares (AMBULIM) do IPQHCFMUSP.

PREFÁCIO
O PROBLEMA DE SAÚDE
MENTAL MAIS COMUM

Na Associação de Distúrbios de Ansiedade da América chovem telefonemas e cartas.

"Eu vi você naquele programa", diz uma mulher telefonando da Califórnia. "A pessoa que você estava descrevendo — a que não podia assinar seu nome em público — sou eu! Comecei a chorar sem parar — eu tinha de telefonar para você."

"Eu vivo com pavor de sair de casa", escreve um homem de Nova York. "Tenho tanto medo. Não consigo contar isso para ninguém." (Sua carta manuscrita continua por doze páginas.)

"Quando os ataques começaram, eu estava péssimo", começa outra carta. "Não sabia o que estava acontecendo comigo. Tentei explicar meus sentimentos para o médico; ele não entendeu e disse que eu estava bem. Achei que estava perdendo a cabeça de verdade."

Outra escreve: "Minhas fobias têm sido um problema muito sério nos últimos quinze anos e tenho ficado cada vez pior à medida que os anos passam. Fui a todos os tipos de médicos e até passei um tempo no hospital para tentar descobrir o que eram os sintomas ou o que os estava causando. A parte frustrante é quando me dizem que são apenas os nervos...".

"Ninguém foi capaz de me dizer o que estava errado", diz alguém ao telefone. "Sou uma daquelas pessoas que tem de estar sempre checando. Às vezes demoro duas horas para sair de casa de manhã; verifico o fogão, as luzes, as portas. Tenho de estar sempre voltando..."

E quase todos dizem algo como "Ninguém compreende como me sinto. Tenho tanto medo. Estou perdendo tanta coisa. Não tenho mais nenhuma auto-estima".

Seus sintomas diferem, mas todas essas pessoas sofrem de um distúrbio* de ansiedade. (Vide nota à pg. 16) Ao longo dos últimos quinze anos, trabalhei pessoalmente com milhares de homens e mulheres com problemas semelhantes. Eles são algumas das pessoas mais corajosas que já encontrei. A cada dia defrontam-se com situações tão aterrorizantes física e emocionalmente, semelhantes a entrar na jaula de um leão, saltar de um avião sem pára-quedas, ou ficar preso num edifício em chamas.

Para alguém que não teve um distúrbio de ansiedade, o medo, o desconforto e a irracionalidade associados a essas condições parecerão incompreensíveis. Tendo passado por isso pessoalmente, posso dizer que há poucas experiências na vida mais aterrorizantes ou desconcertantes.

Depois de superar minha própria fobia incapacitadora — o distúrbio de ansiedade mais comum —, meu sonho era, e continua sendo, dar aos outros a nova esperança que me foi dada. Esteja eu trabalhando com um paciente individual, falando para um grupo de autoajuda, dirigindo um seminário de treinamento para profissionais da saúde, ou aparecendo na televisão, meus alvos continuam os mesmos: ter a certeza de que cada pessoa que sofre de ansiedade saiba que não está sozinha, desamparada e desesperançada; e cuidar para que todos que precisam de ajuda tenham acesso a um tratamento efetivo.

Aproximadamente 26,9 milhões de americanos, 14,6% da população do país, sofrerá de um distúrbio de ansiedade em algum momento de suas vidas, de acordo com o Instituto Nacional de Saúde Mental (INSM). Embora estejam entre os mais tratáveis de todos os distúrbios psiquiátricos, menos de um quarto dos que sofrem de ansiedade recebem tratamento. Os outros três quartos, ou cerca de 20 milhões de pessoas, sofrem em silêncio, ou vão de médico em médico, muitos sem ter a menor idéia do que está errado com eles. E mesmo que saibam, muitos ficam vexados ou amedrontados demais para pedir ajuda.

Mas os distúrbios de ansiedade não custam caro apenas para quem sofre com eles. Por maior que seja o tributo que suas vítimas pagam, o que elas extraem da sociedade é talvez ainda maior. O doutor Robert L. DuPont, presidente do Instituto de Comportamento e Saúde de Rockville, Maryland, descobriu em um estudo terminado em 1993 que os distúrbios de ansiedade constituem a mais dispendiosa das doenças mentais.

Baseando-se numa nova análise estatística de uma grande pesquisa sobre doenças mentais feita no início da década de 1980, DuPont e sua equipe estimaram que os distúrbios de ansiedade enquanto grupo custaram 46,6 bilhões de dólares em 1990, quase um terço de todos os gastos com doenças mentais.

Quase três quartos dos custos totais da ansiedade, cerca de 35 bilhões de dólares, foram considerados indiretos, devidos à redução ou perda de produtividade. Os custos do tratamento são baixos em comparação com doenças mentais tais como esquizofrenia e depressão maníaca, mas o potencial perdido dos que sofrem com ansiedade, excluídos da vida cultural, econômica ou social do país pelo medo e a ignorância, não pode ser quantificado em dólares, e até as estimativas mais conservadoras mal podem arranhar a superfície.

Aqueles que, como nós, estão envolvidos em pesquisas, tratamento e educação pública e profissional relacionadas com os distúrbios de ansiedade, estão familiarizados demais com as falhas e frustrações em nosso sistema de saúde: a incapacidade de até mesmo alguns dos melhores profissionais da área reconhecerem os sintomas da ansiedade e aplicar o tratamento adequado, ou fazer o encaminhamento correto; e a falta de acesso das pessoas com distúrbios de ansiedade a instituições públicas de saúde e a seguros de saúde adequados que cubram o tratamento privado.

Ao longo dos anos, tenho me entristecido repetidamente com as histórias de anos perdidos, vidas perdidas — verdadeiras tragédias, acredito, que poderiam ter sido evitadas com facilidade. Elas são tragédias, especialmente porque o sofrimento e as oportunidades perdidas parecem tão desnecessárias. E, contudo, os mitos persistem, principalmente a concepção errônea de que as pessoas com distúrbios de ansiedade são aquelas cujos problemas estão "todos na cabeça delas" e que deveriam simplesmente se levantar por si mesmas.

Existem pessoas com agorafobia que passam anos evitando lugares onde tiveram ataques de pânico, até que ficam com medo de sair de casa, ou de seu quarto, ou sem a companhia de uma pessoa "segura" que parece oferecer proteção contra os ataques de pânico, ou que pelo menos estarão lá "se o pior acontecer", seja lá o que for o pior — com freqüência, algo que nem mesmo pode ser expresso. Existem os assim-chamados fóbicos sociais, cuja timidez tornou-se um grilhão social, permitindo apenas relações profissionais ou pessoais mínimas. Essas pessoas passam a vida vendo colegas — às vezes com menos talento e capacidade — superarem-nos profissionalmente, observando amigos, amantes e companheiros em potencial se afastarem, sem nunca saber o que poderia ter acontecido se não estivessem aprisionados por sua incapacidade de se relacionar socialmente.

Há também as vítimas que se entregam ao álcool e às drogas para diminuir temporariamente o terror, ou a timidez, ou os *flashbacks*, e passam a sofrer duplamente. E, finalmente, existem aqueles que não vêem nenhuma esperança, mergulham na depressão crônica e, talvez, acabem no suicídio. O Instituto Nacional de Saúde Mental estimou que cerca de 70% dos indivíduos que sofrem de algum distúrbio de ansiedade têm pelo menos um outro problema que exige atenção psiquiátrica — inclusive abuso de substâncias — além do próprio distúrbio de ansiedade. Os cientistas chamam isso de condições "co-mórbidas".

O PROBLEMA DE SAÚDE MENTAL MAIS COMUM

Os distúrbios que os especialistas atualmente consideram como pertencentes à ampla categoria dos *distúrbios de ansiedade* compreendem a síndrome de pânico, fobias (incluindo agorafobia, fobias simples e fobia social), distúrbio obsessivo-compulsivo, stress póstraumático e distúrbio de ansiedade generalizada.

A verdadeira extensão desses distúrbios só se tornou conhecida com a primeira pesquisa do Instituto Nacional de Saúde Mental sobre doença mental realizada nos EUA no início da década de 80. Conhecida como *Epidemiological Catchment Area* (ECA) (área de captação epidemiológica), essa pesquisa coletou informações de aproximadamente 20 mil pessoas em cinco cidades: Baltimore (Maryland), New Haven (Connecticut), St. Louis (Missouri), Durham (Carolina do Norte) e Los Angeles (Califórnia).

As entrevistas eram longas e detalhadas e geraram dados que se tornaram nossa mais confiável fonte de informação sobre incidência, prevalência, história familiar, idade das vítimas, tratamento, custos e outras estatísticas relacionadas com a doença mental. A pesquisa continua proporcionando aos estudiosos uma fonte contínua de informação sobre doença mental e abuso de substâncias.

Uma das primeiras descobertas no início da década de 80 foi a de que os distúrbios de ansiedade constituíam o problema de saúde mental mais comum no país.

Um estudo mais recente, a Pesquisa Nacional de Comorbidade, (PNC) descobriu que a prevalência era ainda maior que a estimada pela ECA. Um, entre quatro dos pesquisados, registrava uma história de pelo menos um distúrbio de ansiedade. Os resultados desse estudo também sugerem que os distúrbios de ansiedade são mais crônicos do que a depressão ou o abuso de drogas.

Contudo, foi somente em outubro de 1991, numa conferência dos Institutos Nacionais de Saúde, que a síndrome de pânico, um dos mais aterrorizantes — e ao mesmo tempo, mais tratáveis — distúrbios de ansiedade foi reconhecido como uma condição "real" e séria que pode ser efetivamente tratada.

Durante a década passada, a proliferação de artigos em jornais e revistas, programas de televisão, rádio e livros — tanto acadêmicos como de auto-ajuda — foi extremamente útil para despertar nossa consciência sobre a seriedade e a possibilidade dos tratamentos dos distúrbios de ansiedade.

Todavia, como provam as mais de 50 mil cartas recebidas anualmente pela Associação dos Distúrbios de Ansiedade da América (ADAA), uma organização nacional sem fins lucrativos dedicada a melhorar a vida das pessoas que sofrem desse problema, a superfície mal foi arranhada. Milhões de americanos continuam no escuro sobre sua condição.

A ignorância por parte de médicos e pacientes, aliada à incompreensão disseminada sobre as relações entre mente e corpo, têm estado entre as principais barreiras ao tratamento da maioria das pessoas que necessitam dele. Essas barreiras são agravadas pela tendência de os médicos (em sua maioria, homens) e outros profissionais ignorarem ou subestimarem muitas queixas que afetam principalmente mulheres, como a síndrome de pânico ou a agorafobia. Um muro de incompreensão — e até certo ponto, de injustiça — separou os que sofrem de distúrbios de ansiedade daqueles que poderiam tratá-los.

Para ser justa, boa parte do conhecimento sobre esses distúrbios só surgiu nas duas últimas décadas, e ainda falta muito por descobrir — sobre a predisposição genética e os fatores emocionais e ambientais que precipitam os distúrbios. O estigma que recai sobre todas as doenças mentais em nossa sociedade ainda está por ser desfeito. De fato, muitas vítimas de agorafobia citam o "medo de ficar louco" como um dos sintomas de um ataque de pânico.

Um dos meus objetivos principais ao escrever este livro é lançar luz sobre os distúrbios de ansiedade, desfazer alguns dos mitos sobre eles e acabar com alguns preconceitos.

Na Parte I, apresento cinco pessoas (além de mim mesma) cujas histórias ilustram cada um dos principais distúrbios. Esses capítulos enfocam os problemas do diagnóstico correto e do delineamento de um plano inicial de tratamento.

A Parte II apresenta outros sete pacientes, inclusive duas crianças. A história deles dará um quadro mais amplo do processo de tratamento de síndrome de pânico e fobias. Estima-se, agora, que até

90% das pessoas que sofrem desses problemas podem ser tratadas com eficácia.

Se você, leitor, tem um distúrbio de ansiedade, espero que o exemplo dessas pessoas corajosas o estimulem a ir em busca de soluções. Com isso em mente, dediquei a Parte III a um programa de autoajuda que pode ser usado sozinho ou em combinação com tratamento profissional. Tal como as pessoas sobre as quais você vai ler aqui, você também pode vencer o medo.

Jerilyn Ross

---

* O termo *disorder* em inglês, foi aqui traduzido por *distúrbio*, por ser mais usual, em português, embora nos meios psiquiátricos a tendência seja usar a palavra *transtorno*. Assim, transtorno obsessivo-compulsivo, transtorno do stress pós-traumático, transtorno de ansiedade e transtorno de pânico. (N. E.)

PARTE I

As muitas faces da ansiedade

1
ANSIEDADE PARA ALÉM DA RAZÃO

Em uma manhã cinzenta de setembro, uma mulher que chamarei de Gail, que sofre de repetidos ataques de pânico, visita meu consultório pela primeira vez. Ela está acompanhada por seu marido, Mike. Ela não poderia ter vindo sem ele. Mike é sua "pessoa de segurança". Gail é uma mulher baixa, com olhos brilhantes e penetrantes e um sorriso fácil. Tem dois filhos lindos e saudáveis. Parece cheia de energia — alguém que deveria estar apaixonada pela vida. Em vez disso, ela fala de terrores. Descreve como é quando está tendo um ataque de pânico:

"Sinto-me como se estivesse perdendo a cabeça, ficando louca. Meu coração começa a martelar. Fico atordoada, assustada, irreal — como se tudo estivesse fugindo. Fico tomada por um sentimento de fim iminente, com medo de perder o controle e fazer alguma coisa embaraçosa ou prejudicial, como gritar incontrolavelmente, ou saltar do carro em movimento."

Gail consultou inúmeros médicos. Há quinze anos, quando teve o primeiro ataque de pânico, tinha acabado de entrar na faculdade. Foi até a enfermaria e tentou descrever seus sintomas ao médico da escola. Ele não achou nada fisicamente errado nela.

"Provavelmente, são só seus nervos", disse ele. "Muitos calouros ficam ansiosos. Você vai superar isso." E receitou-lhe Valium.

Os ataques de pânico continuaram. Eles aconteciam quando ela estava fazendo compras, dirigindo ou, às vezes, até mesmo quando estava calmamente no conforto de sua própria casa. Eram desnorteantes e aterrorizadores. Nos cinco anos seguintes, Gail consultou

19

vários tipos de clínicos: um cardiologista, um endocrinologista e um neurologista. Submeteu-se a exames complexos e caros: eletrocardiograma, teste ergométrico e angiografia para verificar se havia alguma doença cardíaca; curva glicêmica, para hipoglicemia; exames da tireóide; e até um *PET scan* para descartar uma epilepsia do lobo temporal.

Depois de cada consulta ou exame, ela se preparava para as palavras de sempre: "Não consigo achar nada errado. Está tudo provavelmente em sua mente".

Com medo de ser considerada hipocondríaca, Gail parou de ir aos médicos e sofria em silêncio, enquanto seu mundo ia gradualmente se estreitando. Ela começou a evitar qualquer lugar ou situação que achava que pudesse provocar um de seus temidos ataques de pânico: shopping centers, dirigir em estradas, restaurantes e cinemas.

Aconselhada por um amigo íntimo, concordou em consultar um psiquiatra, que a estimulou a falar sobre seu passado familiar. Sentiu-se esperançosa durante algum tempo, acreditando que alguma coisa acontecida em sua infância talvez estivesse causando os ataques e que, uma vez isso decifrado, ela se sentiria melhor. Gail aprendeu um bocado sobre si mesma, mas os ataques de pânico continuaram.

Enquanto me conta isso, ela começa a soluçar. "Ninguém é capaz de me ajudar. Ninguém me compreende."

"Acho que eu entendo", digo para ela. "Eu também passei por isso."

Meu primeiro ataque de pânico aconteceu quando eu tinha 25 anos de idade. Estava viajando pela Europa com minha amiga Ann.

Chegamos na antiga e pitoresca cidade de Salzburgo, na Áustria, no meio de um festival anual de música. À noite, a cidade estava iluminada como um parque de diversões. Multidões andavam pelas ruas, os cafés estavam lotados de austríacos em férias e turistas estrangeiros. Encarapitado no alto de uma montanha, bem acima da cidade, o castelo de Salzburgo estava iluminado por holofotes. Parecia que tinha saído de um livro de contos de fadas.

Na noite em que chegamos, Ann e eu resolvemos ir ao Café Winkler, que ficava no último andar de um dos edifícios mais altos de Salzburgo. Circundado de janelas, o café parecia pairar sobre as luzes da cidade. Dentro havia o brilho dos candelabros e os sons suaves da valsa vienense. Casais deslizavam pelo salão.

Não demorou muito para que dois jovens e belos austríacos viessem até nossa mesa e nos convidassem para dançar. Lembro-me de ter pensado: "Isso está perfeito". Estava tão feliz que poderia ter dançado a noite inteira.

Então, algo aconteceu. De repente, senti como se um ímã estivesse me puxando para a beira do salão. A atração era tão forte que achei que ia pular pela janela. Tudo começou a girar. Senti como se estivesse à beira de perder completamente o controle de mim mesma. "Meu Deus!", lembro-me de ter pensado, "com certeza não quero me suicidar! O que está acontecendo?" Senti que estava em perigo terrível. Todas as minhas forças estavam lutando contra aquela atração magnética. A sensação era tão sedutora — era como estar no vácuo, ou no meio de um ciclone, agarrando-me à rédea solta. Foi precisa toda minha energia para evitar de atravessar o salão correndo e saltar pela janela. Comecei a suar frio. Meu coração parecia querer saltar pela boca.

Contudo, ao mesmo tempo, lembro-me de que estava muito consciente de que *aquilo não fazia sentido*. Eu *não queria* saltar pela janela, mas estava tomada pela convicção de que se ficasse um momento a mais, seria *compelida* a saltar — não seria capaz de me segurar.

Eu tinha de sair dali, do salão de danças, do prédio. Em meio ao meu pânico, para meu espanto, ouvi minha voz falando calmamente com meu parceiro.

"Desculpe-me", eu disse. "Tenho de dar um telefonema." Sentime desconectada de mim mesma enquanto falava, quase como se estivesse me vendo em um filme. Eu estava me comportando como se estivesse funcionando normalmente, mas dentro de mim sentia-me como se estivesse me partindo em pedaços.

Meu belo parceiro austríaco lançou-me um olhar zombeteiro; eu desviei rapidamente o rosto. Eu não *queria* sair — eu simplesmente *tinha* de sair. Consegui captar o olhar de Ann e fiz sinais frenéticos de que estava saindo e queria que ela fosse comigo. Então, saí do salão, deixando meu parceiro totalmente perplexo.

Quando alcancei o elevador, o ataque de terror tinha passado. As portas do elevador estavam justamente se abrindo. Espremi-me em meio à multidão e entrei, sentindo-me como se tivesse acabado de acordar de um terrível pesadelo.

Enquanto o elevador descia, minha mente estava a mil. O sentimento de pânico tinha durado muito pouco, nem mesmo um minuto. Mas depois, minha cabeça estava girando. Pensamentos desconcertantes sobre o que acabara de ocorrer passavam rapidamente por minha mente. Quando as portas do elevador se abriram no térreo, saí do edifício, ainda trêmula.

21

Tentei explicar para Ann o que se passava comigo, mas foi difícil. Parecia não haver palavras adequadas para descrever o que eu estava sentindo. Era simplesmente horrível. Ann tentou compreender e me reconfortar, mas ela também estava assustada. Estávamos sozinhas em um país estrangeiro e algo terrível estava acontecendo. Parei na calçada por um instante, recuperando a respiração, olhando os carros passarem, a vida noturna normal de uma rua movimentada de uma cidade mágica. Lembro-me de ter pensado: esse lugar é tão lindo, é quase irreal. Poderia ser isso? Eu teria, simplesmente, ficado dominada pela magia do momento? Eu estava exausta, esgotada e exaurida, convencida de que algum desastre que ameaçava minha vida ou minha sanidade havia acabado de acontecer. De onde vinha aquele sentimento? Eu estava doente? Nunca tinha sentido algo semelhante antes. Voltaria a acontecer de novo?

Revirando a experiência em minha mente — revivendo as sensações horríveis — tive certeza de que aquilo que me aconteceu naquela noite em Salzburgo, fosse o que fosse, iria de alguma forma mudar minha vida para sempre.

* * *

Embora não tenha tido outro "ataque" nas duas semanas restantes de minhas férias na Europa, tornei-me agudamente consciente de uma sensação estranha e constante de antecipação e preocupação com o temível pensamento "e se acontecer de novo?".

Fazia três dias que eu estava de volta quando fui jantar no amplo apartamento de meu namorado, no décimo sétimo andar de um edifício. Estava sentada na sala de jantar, mal podendo ver a janela, quando de repente as sensações voltaram avassaladoras: a tontura, o martelar do coração, as gotas de suor e, o mais aterrorizador de tudo, o sentimento de que ia entrar em pânico e me jogar pela janela. Tentei desesperadamente não sair, dizer para mim mesma que tudo ficaria bem, mas a noite estava estragada. Não conseguia me concentrar no que meu namorado dizia. Tudo que eu podia pensar era "quero sair daqui". Em poucos minutos, os sentimentos de terror se amainaram. Mas essa experiência tinha reforçado meu pior medo: "Aquilo" *podia* acontecer de novo.

Uma semana depois meu coração desfaleceu quando abri a correspondência e li o convite de casamento de uma amiga querida. A recepção seria em um elegante restaurante, no último andar de um arranha-céu de Nova York. Uma onda de terror me atravessou enquanto minha mente só pensava numa coisa: como eu poderia evitar de ir àquele casamento?

Dentro de seis meses, vi-me incapaz de ir acima do décimo andar de qualquer prédio. Tudo bem com o oitavo e o nono, mas por algum motivo inexplicável, o simples pensamento de ir acima do décimo andar fazia as palmas de minhas mãos começarem a suar e eu era tomada pela ansiedade sobre o que poderia acontecer. Não tenho a menor idéia, até hoje, de por que o décimo andar se tornou minha zona de perigo. Mas agora sei que se fizesse sentido, não seria uma fobia.

A fobia começou a se espalhar para outras áreas de minha vida e isso me assustou ainda mais. Certa manhã, estava esperando o metrô e subitamente comecei a ter as sensações já então familiares — só que dessa vez eu estava com medo de entrar em pânico e me jogar nos trilhos. Tentei argumentar comigo mesmo, dizendo: "Isso é ridículo, não tenho absolutamente nenhum desejo de me ferir. Estou tão feliz e inteira quanto qualquer pessoa que eu conheça e, no entanto, essas experiências bizarras estão começando a tomar conta da minha vida".

Comecei a evitar o metrô — e a temer onde as sensações poderiam atacar na próxima vez.

Nos cinco anos seguintes, Ann e meu então ex-namorado eram as únicas pessoas que sabiam de meus ataques de pânico e meu medo de ir a lugares altos. Não falei nem para minha família. Meus pais e meu irmão só ficaram sabendo a respeito de minha fobia muitos anos depois.

Eu mesma não entendia o que estava acontecendo, então, como poderia esperar que alguém mais compreendesse? Como poderia dizer para alguém: "Não posso ir a sua casa porque tenho medo de que possa pular pela janela"?

Meu medo de ter um ataque de pânico e perder o controle começou a afetar todos os aspectos de minha vida pessoal e profissional. Em que andar alguém morava ou trabalhava tornou-se o fator prioritário na seleção de amigos, namorados, empregos.

Eu não media esforços para esconder meu "problema". Quando encontrava alguém pela primeira vez e ficava sabendo onde morava, eu dizia: "Ah, conheço alguém que mora no mesmo edifício. Em que andar você mora?". Se a pessoa morava acima do décimo andar, eu achava uma desculpa para encontrá-la em outro lugar, ou convidava-a ao meu apartamento. (Até hoje sei em que andar moram e trabalham todos os meus amigos de Manhattan.)

Se um amigo ou colega me convidava para almoçar e sugeria: "por que não nos encontramos em meu escritório e vamos ao restaurante juntos", eu arranjava alguma desculpa sobre ter somente uma hora de almoço e que seria preferível a gente se encontrar direto no restaurante. Sentia-me horrível quando tinha de interromper uma refeição agradável porque temia que a pessoa notasse que eu realmente tinha mais tempo.

Algumas situações estavam simplesmente fora de meu controle. Em Nova York eu morava em um apartamento no quarto andar de um prédio de vinte andares. Um de meus amigos, Chuck, morava no décimo segundo. Nunca nos envolvemos, mas ele era um amigo íntimo e confidente, embora eu não tivesse coragem de compartilhar com ele meu problema.

Chuck era uma pessoa muito sociável. "Vou receber umas visitas", dizia ele. "Por que você não sobe?"

No décimo segundo andar?! "Não, obrigada. Sinto muito, mas tenho outros planos."

Ou então, eu dizia: "Por que vocês não vêm para o meu apartamento? Já comecei o jantar. Estou experimentando uma receita nova... você vai adorar... há suficiente para todos...".

Minhas evasivas *tinham* de prejudicar minha amizade com Chuck, o que acabou acontecendo.

Eu estava lecionando nas escolas públicas de Nova York naquela época e voltava para casa à tarde. Um dia, por volta das quatro horas, recebi um telefonema de Chuck. Sua mãe morrera. Ele estava saindo mais cedo do trabalho e tomando o próximo trem para Filadélfia, para estar com a família. Mas naquela manhã ele deixara sua roupa suja na lavanderia, no porão, e precisaria dela para a viagem. Eu me importaria de levá-la ao seu apartamento para que ele pudesse arrumar as malas rapidamente? Eu poderia pegar as chaves com o zelador.

Uma coisa tão simples.

E eu não podia fazê-la.

Disse-lhe que eu traria a roupa até meu apartamento. Tudo o que ele tinha a fazer era me chamar quando chegasse e eu a deixaria pronta para que ele a apanhasse.

Ouvindo minhas próprias palavras ecoarem em minha cabeça, senti-me como o ser humano mais egoísta da face da terra.

"Não entendo", disse ele. "Por que você não vai até meu apartamento?"

Eu não tinha uma explicação para ele. Estava disposta a abandonar um amigo querido naquele momento de dor, em vez de enfrentar meu próprio terror ou expor meu segredo humilhante e arriscar que meu amigo pensasse que eu era fraca ou esquisita.

24

Na metade da década de 70, eu estava lecionando matemática ao mesmo tempo em que fazia mestrado em psicologia na New School for Social Research, em Nova York.

No primeiro semestre, fiz um curso de psicopatologia e lembro-me de ter lido o livro de referência inteiro, em um fim de semana, esperando encontrar alguma explicação para o que estava acontecendo comigo. Tal como a maioria dos estudantes de psicologia, estava convencida, no final de cada capítulo, de que eu tinha cada doença mental sobre a qual acabara de ler. Em um momento, estava certa de ser esquizofrênica, no dia seguinte, maníaco-depressiva, e assim por diante. Mas, à medida que avançava no curso, comecei a ter certeza de que não sofria de nenhum dos distúrbios mentais sobre os quais lera ou ouvira falar. Contudo, eu estava desnorteada pelo fato de que, qualquer que fosse o meu problema, não o havia encontrado no livro, nem sequer havia sido mencionado em aula pelo professor.

Nos intervalos das aulas eu pesquisava na biblioteca, tentando achar qualquer coisa sobre medos, fobias, pensamentos irracionais e impulsos. Encontrei, de fato, algumas interpretações analíticas interessantes de fobias, como o famoso caso do pequeno Hans, de Freud. Mas nada do que lia me esclarecia sobre por que, aos 25 anos, de repente, passei a sofrer de um medo totalmente irracional de subir além do décimo andar de um edifício. Eu fazia parte de uma família maravilhosa e amorosa, tive uma infância feliz e uma vida aparentemente normal em todos os sentidos.

Numa certa manhã de 1977, estava em meu apartamento lendo a revista *New York* quando me deparei com um artigo sobre pessoas que tinham fobias que interferiam em suas vidas. Com excitação crescente, li o artigo que descrevia um advogado incapaz de dirigir em estradas, um executivo que tinha ataques de pânico em aviões e não conseguia mais voar, uma enfermeira que não podia andar de elevador. Era *isso*, me dei conta! Aquelas pessoas tinham o *mesmo* problema que eu, só que de formas diferentes. A única diferença era que elas estavam conseguindo ajuda e eu não; estavam todas inscritas numa clínica de fobias no Hospital Roosevelt, em Nova York.

Não consegui parar de reler o artigo. Estava tomada de emoção: era a primeira vez que alguém descrevia o que estava errado comigo. Corri para o telefone, disquei o número do Hospital Roosevelt... e ouvi uma mensagem gravada.

"Naturalmente... Domingo à tarde... não há ninguém no momento"... frustração e desapontamento. Deixei um recado.

Após cinco anos miseráveis, eu vislumbrava luz no final de meu túnel aterrorizante. Mal consegui dormir naquela noite.

25

Na manhã seguinte, ansiosa por uma resposta, telefonei para o hospital às nove horas em ponto. Ao meio-dia, estava sentada no consultório do dr. Harley Shands, diretor da Clínica de Fobias do Hospital Roosevelt.

"Do que você tem medo?" — perguntou-me o dr. Shands.

"Não sei." Comecei a chorar, lutando para encontrar palavras que fizessem sentido. "Sinto-me tão ridícula. Cheguei ao ponto em que basta *pensar* em subir até um andar alto para me sentir em pânico. Não sou infeliz; com certeza, não tenho vontade de me suicidar... Por que tenho esses pensamentos e impulsos horríveis?"

Eu não estava sozinha, garantiu-me ele. E não estava louca. Nem iria causar algum mal para mim mesma.

Sob a supervisão do dr. Shands, estava se formando um grupo de tratamento de fobias na semana seguinte, e ele tinha certeza de que seria bom que eu participasse do grupo. Além disso, recomendou-me um encontro semanal com um "terapeuta contextual", alguém que iria me acompanhar nas situações que me causavam ansiedade e me ensinaria a lidar com elas no momento em que ocorressem.

Havia oito pessoas no primeiro encontro, homens e mulheres de todas as idades, inclusive um advogado, uma professora e um empresário. A mulher que dirigia o grupo fora ela mesma uma fóbica.

Logo descobri que poderia falar sobre o "segredo" que jamais havia revelado a ninguém. Não demorou muito para que os membros daquele grupo pequeno, mas empático, estabelecessem laços fortes entre si.

O terapeuta contextual designado para mim chamava-se Joe. À medida que me aproximava do arranha-céu onde o encontraria, olhei para cima, como era meu hábito, para imaginar o que estava prestes a enfrentar. O sentimento familiar de terror tomou conta de mim enquanto eu antecipava o que estava por acontecer.

Como combinado, encontramo-nos no saguão do edifício. Seu sorriso cálido e seu jeito acrítico ajudaram a acalmar meus sentimentos de constrangimento e apreensão.

O objetivo de nossa primeira sessão era subir até o décimo andar e lá permanecer durante quinze minutos. Parecia uma missão impossível, mas a razão me disse que eu tinha de começar em algum ponto — e eu queria muito assumir o controle sobre meu comportamento de evitação.

Os comentários reconfortantes de Joe fizeram com que eu deixasse de me sentir ridícula. Ele também me garantiu que tinha a situação sob controle. Disse-me que eu podia parar o processo e ir embora a qualquer momento. (Como aprendi mais tarde, se eu tivesse feito isso, ele teria trabalhado comigo até eu me sentir capaz de voltar à mesma situação e tentar de novo.)

Essa primeira situação intencional de provocar ansiedade não aconteceu sem que, em alguns momentos, eu experimentasse os mesmos sentimentos de medo e confusão que aprendi a reconhecer como pânico, mas a esperança e a confiança em conquistar controle foram suficientemente fortes para me conduzir até o fim. A cada sessão subseqüente, aumentávamos a "aposta" e estabelecíamos um andar mais alto como alvo. Quando, como era previsível, minha ansiedade começou a aumentar, Joe garantiu-me que permanecendo na situação e mudando o foco de meu pensamento, o sentimento passaria. E ele estava certo. Cada vez que isso acontecia, minha confiança de que, de fato, nada iria acontecer, aumentava. *Por mais assustadores que sejam os sentimentos, Joe repetia, eles não são perigosos.* Evidentemente, ele tinha razão, mas eu tinha de ser capaz de ver isso por mim mesma.

Tentei várias técnicas para mudar o foco de meu pensamento quando sentia a ansiedade aumentar. Alguns membros de meu grupo achavam que mascar chicletes ajudava; outros levavam refrigerantes ou sucos. Por algum motivo desconhecido, descobri que relaxava ao quebrar e comer sementes secas de abóbora ou girassol, às vezes jogando-as furiosamente em minha boca. Achei esquisito, mas como dizia Joe, "qualquer coisa que a ajude a entrar na situação está perfeitamente ok!".

Eu também colocava um elástico no pulso e estalava-o enquanto repetia para mim mesma "pare!", quando percebia meus pensamentos fugindo com imagens assustadoras.

Contar de três em três, de cem para trás, era outra técnica útil. É muito difícil fazer esse exercício mental e se concentrar no medo ao mesmo tempo. Inevitavelmente, quando chegava perto de 70, começava a rir, os sentimentos passavam e eu me sentia "segura" de novo.

Ainda me lembro de estar no décimo quinto ou décimo oitavo andar de algum edifício, comendo sementes de girassol, puxando um elástico e contando freneticamente de trás para a frente enquanto esperava que os sentimentos de pânico se acalmassem — e torcendo para que ninguém saísse do elevador ou de algum escritório e me visse daquele jeito!

Mas eu estava naquele andar, e isso era a força motivadora mais importante.

Pratiquei diligentemente sozinha, subindo um andar de cada vez, convencida de que não seria capaz de ir adiante. Mas consegui, muitas vezes tendo que relembrar a mim mesma, quando aquele terror familiar mostrava sua face horrenda: "Você sobreviveu a esses sentimentos antes; você vai sobreviver desta vez".

A cada vez que tinha sucesso, imaginava-me fazendo musculação e ficando mais forte.

Como "presente de formatura", dez semanas após ter começado o tratamento, Joe me convidou para tomar um drinque no último andar do prédio da Gulf & Western. O restaurante, no quadragésimo quarto andar, dá vista para o Central Park e o centro de Manhattan. Entramos no elevador e subimos. Quando as portas se abriram, congelei e disse: "Não posso!". Joe disse: "Corte o *não*. Você pode, mas não *quer* — ainda não". "Mas eu *quero*", insisti, e comecei a rir. "Você me pegou!" E sem me dar tempo para mudar de idéia, saí do elevador, caminhei tremendo até a mesa mais próxima e despenquei numa poltrona.

Eu estava a seis metros da janela, mas a sensação era como se estivesse sentada no parapeito. Ousei olhar pela janela e lembro-me vivamente de pensar comigo mesma, com lágrimas correndo pelo rosto, "é magnífico". Eu adorava Nova York e ela estava linda. Eu estava realmente olhando para a cidade lá embaixo? Era possível que eu estivesse realmente sentada no quadragésimo quarto andar de um edifício e olhando pela janela, apesar das ondas de medo, terror e pânico?

Eu me sentia como se tivesse acabado de ganhar uma medalha de ouro nos Jogos Olímpicos.

* * *

Contei um pouco dessa história para Gail a fim de mostrar-lhe que ela não estava sozinha. Expliquei também que era fácil entender por que os médicos que havia consultado não tinham conseguido diagnosticar seu problema. Até recentemente, pouco se sabia sobre como reconhecer e tratar os distúrbios de ansiedade. As pessoas que sofrem disso parecem geralmente perfeitamente normais. E quem jamais experimentou pessoalmente as sensações esquisitas e apavorantes de um ataque de pânico pode, facilmente, confundir os sintomas relatados com algum tipo de fingimento ou síndrome imaginária.

O fato de eu ter passado por ataques de pânico me dá uma credencial que certamente não me empenhei em conquistar. Mas, ironicamente, isso tornou-se um de meus maiores trunfos como clínica.

Conforme disse a Gail, trabalho atualmente em contato com médicos que sabem muito a respeito de distúrbios de ansiedade. Seus conhecimentos especializados são essenciais para vários dos programas de tratamento de meus pacientes. E, embora sejam necessários tentativa e erro para descobrir exatamente qual o tratamento ou combinação de tratamentos que irá funcionar melhor, eu estava em condições de transmitir a Gail minha confiança em sua recuperação.

2
O TRABALHO COMEÇA

Em 1977, eu já havia terminado meu mestrado em psicologia pela New School for Social Research, ao mesmo tempo em que me graduava pela Clínica de Fobias do Hospital Roosevelt. Eu, finalmente, conseguira controlar minha fobia por alturas.

A terapia que funcionou para mim era chamada na época de "terapia de exposição", ou "terapia contextual", o que significava encarar a situação amedrontadora na vida real, no *contexto* da verdadeira situação provocadora de medo. Esse tratamento foi refinado com o passar do tempo e hoje é mais amplamente conhecido como terapia cognitiva-comportamental.

Eu estava passando aquele verão em Washington, D.C., quando certo dia recebi, inesperadamente, um telefonema de um psiquiatra da cidade, Robert L. DuPont. O dr. DuPont, que tinha sido diretor do Instituto Nacional para o Abuso de Drogas, interessou-se pelo tratamento dos pacientes fóbicos e visitou a clínica do Hospital Roosevelt. Os terapeutas de lá mencionaram minha experiência e o fato de eu ter formação acadêmica em psicologia.

"Você estaria interessada em trabalhar com alguns de meus pacientes fóbicos?", perguntou ele. Se eu *estaria interessada*? Eu não podia imaginar outra coisa que quisesse fazer na vida!

Menos de uma semana depois, nos encontramos para conversar, e ele me convidou para participar de seu grupo de fobia naquela mesma noite. Quando a sessão terminou, o dr. DuPont entregou-me um pedaço de papel com quatro nomes escritos. "Estes são os seus pacientes", disse ele. "Me telefone se tiver alguma dúvida".

Fiquei chocada. E também em êxtase. E apavorada. Será que Bob DuPont se dava conta de que minha experiência com pacientes se limitava a um único — eu? Mais tarde, ele me assegurou de que isso significava mais experiência do que a maioria dos psiquiatras e psicólogos que então tratavam de pacientes fóbicos poderia ter. Assim, sustentada pela confiança que ele depositava em mim, no dia seguinte fui ao encontro de meu primeiro paciente.

Seu nome era Mildred, uma mulher de 68 anos de idade, que, há cinqüenta anos, não conseguia andar de elevador. Há meio século, passava de um psiquiatra a outro e continuava subindo pelas escadas.

Apenas três semanas após termos começado a trabalhar juntas, pude vê-la sair do elevador que vinha do último andar. A alegria e o sentimento de triunfo em seu sorriso eram contagiantes. Ela quase reluzia graças à vitória. Foi então que soube que ajudar pessoas com fobias se tornaria o trabalho de minha vida. Mildred tinha dezoito anos de idade quando andou de elevador pela última vez. Pensei comigo: "Se posso fazer isso por ela, quem mais poderei ajudar?".

A cura de Mildred foi a primeira de uma série de recuperações notáveis de pacientes com quem o dr. DuPont e eu trabalhamos. Outros poucos pioneiros no resto do país também estavam aprendendo a nova técnica e usando-a com sucesso.

À medida que as histórias pessoais dessas curas aparentemente miraculosas começaram a vazar, os repórteres entraram em cena e surgiram artigos, primeiro na imprensa local, depois em publicações nacionais. O aparecimento de pacientes e terapeutas na tevê e no rádio tornou-se comum. Quanto mais a notícia se espalhava, mais brotavam programas de tratamento de fobias em todo o país. E o que foi mais gratificante: milhares de pessoas com distúrbios de ansiedade ficaram sabendo, pela primeira vez, que não eram aberrações, que havia outros, muitos outros como eles e, mais ainda, *havia finalmente lugares onde conseguir ajuda.*

Em 1979 fui convidada pela prestigiosa Associação Americana de Psiquiatria para apresentar um trabalho sobre tratamento de fobias em sua reunião anual, em São Francisco, Califórnia. Poucos meses depois, meu trabalho foi publicado no *American Journal of Psychiatry*. Ele me marcou no meio profissional como uma especialista nesse novo tipo de tratamento que obtinha, com freqüência, resultados tão notáveis. Fui inundada por pedidos de assistência na montagem de programas, no ensino da terapia, e para simples informações sobre fobias. Em conseqüência, em 1980, **Bob DuPont**, eu e vários outros profissionais de saúde mental, **junto com pacientes** em recuperação, formamos a Sociedade de Fobias da América. Tratava-se de uma entidade sem fins lucrativos destinada a servir de centro de estudos para profissionais e consumidores e como uma fonte de informação pública sobre esse distúrbio, sobre o qual se sabia tão pouco até então.

A MISSÃO EXPANDE-SE

A partir do final da década de 70, as pesquisas sobre o cérebro e a química cerebral revolucionaram nosso conhecimento das emoções e comportamentos humanos. No decorrer desse remapeamento, os pesquisadores e trabalhadores clínicos começaram a compreender as fobias como parte de uma rede mais ampla de distúrbios físico-mentais, doenças que eram ao mesmo tempo psicológicas e biológicas.

Comissões especializadas da Associação Americana de Psiquiatria estabelecem periodicamente novos padrões para o diagnóstico e tratamento dos distúrbios psiquiátricos, que são então publicados no *Diagnostic and Statistical Manual* (DSM). Os profissionais de hoje seguem geralmente a terminologia e a orientação do DSM para tratamentos, que define fobias como um dos vários distúrbios de ansiedade. Refletindo essa pesquisa, em 1990 o conselho de direção da Sociedade de Fobias da América decidiu mudar o nome da organização para Associação dos Distúrbios de Ansiedade da América.

De acordo com a definição do DSM, cuja quarta edição foi publicada no início de 1994, os distúrbios de ansiedade compreendem cinco perturbações mentais distintas. Há, porém, uma sobreposição significativa entre eles e, embora possam ocorrer separadamente, com freqüência ocorrem dois ou mais juntos.

Faço a seguir uma descrição resumida dos cinco distúrbios: síndrome de pânico, fobias, obsessão-compulsão, stress pós-traumático e ansiedade generalizada. À medida que eu apresentar pacientes individuais nos capítulos seguintes, você saberá mais sobre os vários sintomas, causas e tratamentos para cada distúrbio. Cada paciente é único, e cada paciente expande nossa compreensão das muitas faces da ansiedade.

SÍNDROME DE PÂNICO

O corpo humano evoluiu de tal forma, que o homem primitivo podia ligar instantaneamente a "luz vermelha" quando havia ameaça física, a chamada reação de ataque ou fuga. Essa reação ainda faz parte da constituição fisiológica e psicológica do homem moderno. Em resposta a uma imagem ou alguma outra forma de informação transmitida por um dos sentidos, os neurotransmissores — substâncias químicas que as células do cérebro usam para se comunicar — desencadeiam uma série de mudanças fisiológicas. Quando espalham-se do cérebro para o resto do corpo, essas mensagens podem ter o efeito de aguçar os sentidos, disparando o coração e mandando sangue para certos músculos, a fim de que o corpo se prepare para lutar ou fugir.

Mas a natureza não é perfeita e, por motivos ainda não completamente compreendidos pelos cientistas, algumas pessoas mandam imagens para o cérebro que podem disparar o equivalente a um alarme falso. Um ataque de pânico não é realmente uma mobilização total para a reação de ataque ou fuga, mas a experiência é *sentida* como tal porque o cérebro interpretou mal a imagem ou percepção que desencadeia o processo. Talvez tenha sido apenas um pensamento fugidio, ou um mau funcionamento químico provocado por um trauma pessoal. Pode haver uma vulnerabilidade de família, de forma que quase tudo pode provocá-lo.

Com mais freqüência, os ataques de pânico ocorrem pela primeira vez no final da adolescência ou aos vinte e poucos anos, mas podem acontecer em crianças e, às vezes, surgem na velhice. Por motivos desconhecidos, as mulheres têm o dobro de probabilidade de sofrer desse distúrbio. O Instituto Nacional de Saúde Mental calcula que 3% dos norte-americanos terão síndrome de pânico em algum momento de suas vidas e, pelo menos 2,4 milhões de pessoas podem estar sofrendo desse mal. Especula-se que muitos homens sofrem de pânico mas escondem-no atrás do álcool e de outras substâncias, numa tentativa de se automedicar. As mulheres, freqüentemente, fazem o mesmo.

Tendo em vista que os sintomas também se assemelham aos que acompanham várias anormalidades cardíacas, problemas de tireóide ou problemas respiratórios, os pacientes com pânico temem muitas vezes que estejam morrendo, em vias de desmaiar, tendo um ataque cardíaco, ou perdendo o controle mental. Uma das descrições mais comuns dos pacientes nessas condições é: "me senti como se estivesse enlouquecendo".

Normalmente, os médicos não acham nada errado com o coração, os pulmões ou outros órgãos e tendem a descartar os pacientes como neuróticos ou hipocondríacos. Os pacientes (em sua maioria, mulheres) ficam constrangidos e envergonhados e tornam-se deprimidos ou desenvolvem fobias, além dos ataques de pânico.

Mas o medo durante um ataque é real, brutal, esmagador e dominador. O impulso para escapar é irresistível. Não é imaginário. Também não representa uma ameaça de vida.

34

A definição do DSM da síndrome de pânico exige que haja quatro episódios em um período de quatro semanas que incluam quatro dos seguintes sintomas: suor, respiração ofegante, coração disparado, aperto no peito, calafrio, sentimentos de sufocação, formigamento, ondas de frio ou de calor, fraqueza, tremor, náusea, sensações de irrealidade e medo de perder o controle, morrer ou ficar louco. Ou pode haver um único episódio seguido de uma *antecipação* incapacitante de outro ataque. Mesmo que ele nunca ocorra, o medo de que possa acontecer tem o mesmo efeito de um ataque.

FOBIAS

Cerca de um terço das pessoas que sofrem de síndrome de pânico desenvolvem *agorafobia*, o medo e o hábito de evitar lugares e situações públicas que estão associadas aos temidos ataques de pânico. (Em grego, agorafobia significa literalmente "medo do mercado".)

É quase impossível aceitar a premissa de que um alarme assim tão forte não tenha causa e, inevitavelmente, a pessoa tente achar algum tipo de explicação para o perigo contra o qual está sendo alertada. Se um ataque de pânico acontece, digamos, numa estrada movimentada, a pessoa atribuirá o início do pânico a dirigir em estrada. Assim, no futuro, ela poderá evitar dirigir em estradas e até entrar em pânico ao pensar nisso. Ou evitar o perigo pode estar em não sair de forma alguma, ou pelo menos, sem uma pessoa "segura".

Uma "pessoa segura" é alguém com quem o indivíduo se sente confortável, alguém que conhece o segredo, alguém que estará presente se acontecer algum desastre. A pessoa com fobia geralmente tem consciência de que não há perigo inerente no que ela teme. A segurança sentida na presença da pessoa segura é, na verdade, parte do "pensamento mágico" que acompanha o distúrbio.

As fobias dividem-se em três categorias amplas: *agorafobia*; *fobia específica*, um medo irracional voltado para uma situação ou objeto em particular, tais como animais, espaços fechados (claustrofobia), ou alturas (acrofobia); e *fobia social.*

A fobia social, uma espécie de timidez exacerbada, pode acorrentar a pessoa a uma vida de solidão. Os fóbicos sociais podem temer qualquer ato realizado em público — tomar uma xícara de café, preencher um cheque, almoçar. Essas pessoas têm o tempo todo um tipo de medo de platéia extremamente exagerado. Algumas podem ter dificuldades de se relacionar com outras pessoas. Possuem freqüentemente uma auto-estima baixa e imaginam que todo mundo os considera objetos de zombaria. Por outro lado, têm consciência angustiante de que esses sentimentos são irracionais. Sem tratamento, são incapazes de tomar qualquer medida em relação a isso. As fobias são, freqüentemente, objeto de troça. Mas elas não são nada *engraçadas*. Certamente, uma fobia de estar no alto de montanhas não perturbará muito a vida de alguém que vive num estado plano como Ohio. Mas fobias de dirigir, de elevadores, de insetos, de altura, de comer em público, de falar em público ou de relacionar-se com outra pessoa são motivos de destruição de qualidade da vida.

DISTÚRBIO OBSESSIVO-COMPULSIVO

Para o observador de fora, o Distúrbio Obsessivo-Compulsivo (DOC) é, provavelmente, o mais bizarro dos distúrbios de ansiedade. É algo assim como uma gagueira emocional. Suas vítimas tornam-se prisioneiras ou obcecadas por certos pensamentos, atividades ou preocupações. Uma delas é a limpeza. Lavam compulsivamente as mãos literalmente durante horas porque vivem obcecadas com a contaminação por germes. Outro distúrbio é chamado de *checking* (inspeção, conferência): a pessoa é capaz de voltar cinqüenta vezes para conferir se uma luz está apagada ou se uma porta está fechada, até aliviar a ansiedade. Alguns pacientes de DOC precisam contar incessantemente qualquer coisa: telhas no telhado, partículas de poeira, janelas de um edifício. Outros vivem sob o terror de que possam matar alguém por acidente. Alguns passam horas voltando repetidamente ao lugar da estrada em que viram uma criança numa bicicleta, por exemplo. São compelidos a se certificarem de que não atingiram a criança com o carro. Alguns colecionam coisas e têm quartos cheios de tampinhas de garrafa, elásticos, ou qualquer outra coisa, normalmente inconseqüente e sem valor. Outros desenvolvem rituais complicados que devem ser seguidos antes de fazer qualquer outra coisa, mesmo em emergências.

Muitos desses pacientes têm dolorosa consciência de que seus pensamentos e ações não são racionais e fazem de tudo para esconder seu comportamento. Mas isso não vai a favor deles, e quanto mais cedo começarem o tratamento, maior a probabilidade de que o distúrbio seja controlado. Alguns medicamentos novos são particularmente eficazes para esse distúrbio, em especial quando usados junto com a terapia cognitivo-comportamental.

STRESS PÓS-TRAUMÁTICO

O Stress Pós-Traumático (SPT) apareceu nos últimos vinte anos como um distúrbio muito mais comum do que se acreditava anteriormente. Ele veio à luz com força devido a sua preponderância entre os americanos e americanas que serviram no Vietnã, mas os especialistas perceberam rapidamente que se tratava de uma conseqüência possível de qualquer trauma emocional, inclusive estupro, incêndios, enchentes, acidentes de avião e automóvel, ou cativeiro. Os sintomas variam de insensibilidade emocional a pesadelos e *flashbacks*, e às vezes podem ser tão graves como se o trauma fosse revivido sem parar. O SPT pode causar o afastamento da família ou dos amigos e súbitas irrupções de mau humor, com pouca ou nenhuma provocação. Às vezes, barulhos ou outros eventos súbitos — até mesmo uma palavra — podem jogar a pessoa de volta ao trauma. Pode estar associado a ataques de pânico e levar, com freqüência, suas vítimas ao abuso de drogas como forma de esquecimento.

O SPT pode surgir dias, semanas ou meses após o trauma, mesmo que, anteriormente, a vítima parecesse estar tendo controle sobre a situação. Às vezes, como pode acontecer nos casos de molestamento de crianças, os sintomas da síndrome do stress pós-traumático só aparecem muitos anos depois do acontecimento precipitador.

DISTÚRBIO DE ANSIEDADE GENERALIZADA

Algumas pessoas são "preocupadas de nascença". Mas os indivíduos com Distúrbio de Ansiedade Generalizada (DAG) fazem até mesmo essas pessoas parecerem relaxadas.

Quem sofre de DAG se preocupa sem nenhum motivo: com dinheiro, embora tenha uma situação financeira satisfatória; com um filho que está na escola, em perfeita segurança; com quase tudo. Eles se consomem com essas preocupações quase todo o tempo. Sentem-se sempre trêmulos e, como costumam dizer, "no limite". Com freqüência, sofrem de depressão, pelo menos moderada. Podem também sentir calafrios, ter dores musculares, ficar inquietos, estar sempre cansados, perder o fôlego e sofrer com palpitações, insônia, suor, mal-estar abdominal, tontura, dificuldade de concentração e irritabilidade. De acordo com o DSM, a presença de pelo menos seis desses sintomas com nenhuma outra causa aparente autoriza o diagnóstico de DAG.

TRATAMENTOS PARA TODOS

Apesar do notável sucesso no tratamento desses distúrbios com várias psicoterapias e medicamentos novos — ou de aplicação recente —, dados do Instituto Nacional de Saúde Mental indicam que apenas cerca de 23% das pessoas com distúrbios de ansiedade estão recebendo tratamento que pode restaurar a qualidade total de suas vidas. Todavia, a grande maioria dos que sofrem com essas doenças comuns pode ficar suficiente bem para funcionar efetivamente e até com alegria.

Nos próximos capítulos você conhecerá alguns de meus pacientes que evocarão vividamente as agonias desses distúrbios, a luta para superá-los, sua coragem e persistência e, no final, o doce gosto da vitória.

3

LORRAINE: AGORAFOBIA

Subjacente a qualquer fobia está o impulso irresistível de fugir de um objeto, lugar ou situação que, na verdade, não representa nenhuma ameaça ou perigo real. Embora a agorafobia seja definida, de forma ampla, como "o medo de espaços abertos", os ataques de pânico associados à agorafobia e à necessidade concomitante de fugir podem ocorrer em qualquer lugar. Mesmo em um escritório de vendas...

Lorraine tem trinta anos e é representante de marketing muito bem-sucedida de uma rede nacional de hotéis de luxo. Ela encontra-se, freqüentemente, com clientes para fazer apresentações. "O incrível é que quando estou no trabalho, mesmo quando essas ondas de terror estão percorrendo meu corpo e estou convencida de que de alguma maneira vou perder o controle de mim mesma, eu consigo funcionar. Mas me sinto *péssima*."

Lorraine revela-se imediatamente uma pessoa muito simpática, com uma personalidade cordial. Em sua primeira consulta, enquanto está na sala de espera, conversa tranqüilamente com minha recepcionista. Na segunda visita, minha recepcionista já está na expectativa de revê-la. Lorraine é uma daquelas pessoas que irradiam vitalidade, entusiasmo e autoconfiança — traços de personalidade que são vantagens óbvias para o tipo de trabalho que faz.

Mas, quando a porta se fecha e ela começa a falar sobre o que vem lhe acontecendo, o quadro que emerge é bem diferente:

"Tudo começou cerca de seis meses atrás, pouco depois que meu marido e eu viemos de Detroit para cá. Nós queríamos muito essa mudança, embora estivéssemos deixando nossas famílias e muitos amigos para trás.

"Poucas semanas depois que chegamos, meu pai ficou muito doente e quase todos os finais de semana eu ia para Detroit ajudar minha mãe a cuidar dele. Foi muito difícil estar tão longe de minha família num momento como esse. E, suponho, toda aquela tensão emocional e física, combinada com montar uma casa nova, começar em um novo emprego e não ter nenhum amigo aqui acabou me pegando.

"Certa manhã, depois de conversar ao telefone com meu pai, que já estava se recuperando da doença, eu ia descendo para o escritório de meu gerente quando senti, de repente, que iria ficar doente — um tipo esquisito de doença. Fiquei tonta, com náuseas e sem conseguir respirar direito. Meu coração disparou assustadoramente. Mas, o pior, eram aquelas ondas de terror que atravessavam meu corpo. Eu não tinha idéia do que estava acontecendo comigo, mas sentia uma urgência irresistível de correr — para qualquer lugar, simplesmente correr!"

Mas Lorraine não correu. Ela *andou* até o escritório de seu gerente e, para sua surpresa, ficou perfeitamente calma e composta enquanto discutia uma questão altamente técnica com ele — *como se nada tivesse acontecido.*

"Mas algo *tinha* acontecido e, quando voltei para minha sala, comecei a chorar e telefonei para o meu médico."

"Está tudo bem, Lorraine", disse-lhe o médico naquela noite, depois de verificar sua pressão arterial, examinar o coração e fazer uma porção de perguntas. Ele sugeriu que ela talvez estivesse sob muita tensão e precisasse simplesmente de um pouco de repouso.

"Eu queria acreditar nele", diz Lorraine para mim, "mas não conseguia. Duas semanas depois, quando aqueles sentimentos horríveis voltaram, quando eu estava comprando roupas com meu marido — e de novo, no dia seguinte, quando estava almoçando com um colega —, tive a certeza de que havia algo de muito errado comigo. Dessa vez, quando falei com meu médico, ele sugeriu que fizesse alguns exames e me encaminhou para um neurologista."

Com total incredulidade de que pudesse ter tais pensamentos, Lorraine descreveu como, enquanto esperava pelos resultados dos exames, viu-se quase *desejando* que tivesse um tumor cerebral: "Pelo menos, teria uma explicação para o que estava ocorrendo de errado comigo!".

Os exames neurológicos foram negativos, mas os sintomas assustadores continuaram, com mais intensidade e freqüência nas semanas seguintes.

"Então, procurei outros médicos", conta-me Lorraine com frustração crescente em sua voz. "Nos últimos meses, parece que a única coisa que faço é ir de médico em médico. O que está *acontecendo* comigo?"

Recentemente, Lorraine começou também a ter terríveis cólicas estomacais, palpitações, náuseas e tontura; e ela relata que essas ondas de terror surgem em todos os lugares — no trabalho, quando sai com o marido ou amigos, nas lojas.

"Sinto-me doente e continuo consultando médicos, mas todos dizem que não tenho nada. Digo-lhes que às vezes não consigo respirar direito — não consigo tomar fôlego — e depois começo a ficar com tontura, completamente zonza, como se fosse desmaiar. Às vezes sinto como se algo estivesse apertando minha cabeça e meu peito. Sinto realmente como se fosse explodir! *Odeio* isso. Não são sensações normais. Sei que há algo errado comigo. Mas consultei meu clínico, um neurologista, um gastrenterologista, um cardiologista e outros, que nem me lembro. Todos dizem que estou bem e me fazem sentir como uma hipocondríaca. Nem conto para eles tudo o que está acontecendo comigo, porque fico constrangida demais. Eles iriam pensar que estou louca. Talvez esteja."

O fato de os médicos de Lorraine terem lhe passado um atestado de saúde, de seus sintomas sugerirem fortemente que sofra de síndrome de pânico com agorafobia — uma condição tratável — e de ela estar pessoalmente motivada para melhorar, permite-me assegurar-lhe com confiança que o prognóstico de sua recuperação é extremamente positivo. Porém, demorará um pouco para que ela confie nisso por si mesma.

Lorraine sabe que as pessoas gostam dela e tem uma auto-imagem basicamente positiva, mas seus sentimentos de ruína iminente parecem-lhe irracionais e seu sentimento de "estar enlouquecendo" acrescentou um fardo obsessivo aos seus sintomas físicos.

Nas últimas semanas, Lorraine tem saído mais cedo do trabalho, tem tirado folgas, e telefona avisando que está doente. Às vezes, quando vai para o trabalho, começa a sentir um "aperto" e, em seguida, vêm a náusea e a tontura. Tem dificuldades para respirar. Seus braços começam a tremer. Quando fica tão ruim que não consegue mais agüentar, diz para seu chefe que precisa ir para casa.

"O que acontece depois que você sai?", pergunto para ela. "Você se sente melhor?"

"Às vezes. Mas então começo a pensar: 'E se eu não puder ir mais ao escritório? O que acontecerá se não puder mais trabalhar? E se estiver doente demais para continuar?'"

A frustração e a raiva de Lorraine, às vezes, dirigem-se contra ela mesma; em outras ocasiões sua ira se projeta contra os que estão mais próximos, como seu marido. Quando ela veio ao meu consultório pela primeira vez, sua vida conjugal não ia bem, e Lorraine começou a se sentir culpada.

Ela se lembra de ter assistido na televisão a uma entrevista de uma mulher agorafóbica que deixou o trabalho e ficou completamente presa em casa. Quando viu o programa, mais de dois anos atrás, Lorraine pensou: "Que coisa esquisita. Como pode acontecer isso com alguém?".

Agora, seu maior terror é que aquilo possa acontecer com ela. Ela se observa detalhadamente e vê todos os sinais: comportamento de evitação, as desculpas, as sensações físicas de terror e os pensamentos apavorantes.

Seu mundo está se estreitando. "Estou começando a pensar que isso pode acontecer em qualquer lugar. Em breve, serei totalmente incapaz de ir a qualquer lugar."

E depois disso tudo?

Ela se vê no futuro como uma mulher solitária e apavorada, encolhida em um canto de sua casa, com medo de pôr os pés na rua.

Em certa ocasião, seu pânico foi tão forte que ela foi levada às pressas para uma sala de emergência de hospital. Seus aflitivos sentimentos de desgraça, o coração disparado, a falta de ar, tudo a convencia de que estava tendo um ataque do coração.

O pessoal do hospital não teve a certeza de que não se tratasse disso e ela ficou internada a noite toda, fazendo exames cardíacos e neurológicos.

Quase todos que sofrem de agorafobia poderão admitir que já passaram por experiência semelhante. Com efeito, um terço das pessoas que chegam às salas de emergência com sintomas de ataque cardíaco estão, na verdade, tendo um ataque de pânico. Contudo, até recentemente, poucos médicos de pronto-socorro, e até mesmo cardiologistas, estavam treinados para identificar ataques de pânico.

O resultado dos exames de Lorraine foram todos negativos (embora caros) e o médico lhe disse na manhã seguinte que ela "não tinha nada com o que se preocupar". Isso, evidentemente, fez com que ela se preocupasse mais ainda.

Lorraine descreve como ela se sentiu chegando ao fim da linha no dia em que seu clínico lhe disse: "Lorraine, você tem de reagir, colocar sua vida em ordem. Não há nada errado com você. É psicossomático. Está tudo na sua cabeça!".

A primeira coisa que posso fazer por Lorraine é assegurar-lhe de que seus sintomas eram reais.

"Sua condição *está* parcialmente na sua cabeça", expliquei, "mas não da maneira que seu médico pensa. Está comprovado que os distúrbios de ansiedade, quaisquer que sejam seus sintomas, envolvem uma ou outra das substâncias químicas existentes no cérebro conhecidas como neurotransmissores. Essas substâncias agem como mensageiros entre certos neurônios no cérebro, e também em outras partes do corpo. Quando esses sistemas sofrem alteração, podem causar diferentes reações emocionais e físicas em várias partes do seu corpo. Começa em sua cabeça e, certamente, faz parte do cérebro, mas nem por isso deixa de ser uma entidade biológica. Afinal, sua mente *faz parte* de seu corpo!"

"Isso certamente faz sentido para mim", diz Lorraine, "mas por que, então, meu médico disse que meus sintomas eram psicossomáticos?"

"Bem", eu explico, "com a descoberta dos neurotransmissores, o significado da palavra 'psicossomático' mudou totalmente, mas infelizmente não aos olhos do observador casual ou mesmo aos olhos de alguns médicos. O termo 'psicossomático' não significa que o distúrbio seja imaginário, nem que possa ser controlado com 'autodisciplina'."

"O que isso significa", digo para Lorraine, "é que a mente e o corpo estão inextricavelmente ligados, e aquilo que afeta um deles terá algum tipo de efeito sobre o outro. Sendo assim, embora esses distúrbios estejam baseados em um mau funcionamento dos processos biológicos do cérebro, o tipo de terapia psicológica que farei com você, a terapia cognitivo-comportamental, ajudará a curar o mau funcionamento."

Lorraine compreende o que estou dizendo e quer acreditar em mim, mas não está convencida de que pode ser ajudada. Eu, certamente, sinto empatia por seu ceticismo, tendo em vista tudo o que ela já passou. Como muitos outros pacientes, ela tem a sensação de que "este tratamento é minha última esperança. E se não funcionar?".

Acalmei um pouco a ansiedade de Lorraine contando-lhe que na última década acumulou-se uma grande quantidade de informação sobre como tratar os distúrbios de ansiedade e que se um tipo de tratamento não funciona, há muitas outras opções. No caso dela, começaríamos com uma abordagem cognitivo-comportamental e, se necessário, acrescentaríamos medicamentos. Se o primeiro remédio escolhido não funcionasse ou tivesse efeitos colaterais desagradáveis, a dosagem poderia ser ajustada, ou o medicamento trocado até acertar.

43

Lorraine estava confusa sobre o fato de poder funcionar bem em algumas situações, como quando estava com clientes, e passar mal em situações muito menos ameaçadoras — lojas de departamentos, em casa de amigos, restaurantes. Parecia não haver nenhuma consistência quanto ao lugar, o motivo, e até mesmo a maneira que os sintomas atacavam. "Do que tenho medo?", perguntou ela. "Tudo isso não faz sentido."

Pedi para que fizesse uma pequena experiência: que fechasse os olhos e colocasse o polegar diante dela, concentrando toda a atenção nele. "Diga-me quando você tiver alguma sensação, qualquer uma — latejo, pulsação, formigamento, calor — no seu polegar."

Em vinte segundos, Lorraine disse estar com uma leve sensação de pulsação. Perguntei-lhe então: "Quantas vezes durante o dia você tem consciência de que seu polegar está pulsando?".

Ela riu. "Nunca. Não costumo pensar em meu polegar."

"Aha! Mas agora pense no que acontece quando você começa a sentir seu coração bater e você põe toda a sua atenção no peito, ou quando sente náuseas e concentra toda a atenção no estômago. Se é tão fácil aumentar sua consciência de sensações que você normalmente nem percebe, como a pulsação em seu polegar, apenas concentrando a atenção nele, imagine o que acontece quando você concentra sua atenção em sensações corporais potencialmente *aflitivas*. O que você acha que acontece, então?"

"Suponho que elas devam ficar bem exageradas", disse Lorraine. "Parece que quando estava concentrada no meu polegar — mesmo por poucos segundos —, não estava pensando em mais nada. Então, provavelmente, quando meus sintomas horríveis começam a agir, eu só penso neles!"

"Exatamente", disse eu. "E, à medida que você se concentra mais nos sintomas, bloqueando outras coisas em torno de si, as sensações amedrontadoras aumentam progressivamente, chegando muitas vezes ao ataque de pânico. Se você está numa loja ou restaurante e as sensações começam a aumentar, é provável que você associe aquele lugar aos sentimentos desagradáveis, embora o que esteja acontecendo internamente não tenha nada a ver com o ambiente externo. Apenas *parece* que tem a ver."

"Pense sobre o que aconteceria se neste instante um tigre entrasse nesta sala. Enquanto seu corpo ligasse o mecanismo de ataque ou fuga, seu coração dispararia, você provavelmente começaria a suar frio, se sentiria tonta, nauseada, e quereria desesperadamente sair daqui. Você não se preocuparia com o fato de ter esses sintomas, nem sobre o lugar em que estivesse. Você desejaria, simplesmente, escapar.

"Por algum motivo, certas pessoas como você têm um sistema de alarme de ataque ou fuga que dispara sem razão aparente; ele age como se houvesse um tigre na sala quando, de fato, não há nenhum perigo. Essa reação provoca a mesma seqüência de mudanças biológicas no corpo que ocorreria como se estivesse se preparando para entrar em batalha.

"Numa parte importante da terapia cognitivo-comportamental que vamos fazer, ensinarei você a formar percepções novas e mais precisas dessas penosas sensações psicológicas e fisiológicas. Então, quando seu sistema de alarme disparar, sem motivo aparente, você reconhecerá aquilo pelo que é e não ficará tomada pelas sensações amedrontadoras."

Se Lorraine estivesse em um grupo com outras pessoas fóbicas, todas compreenderiam o que os outros querem dizer com "ataque de pânico", mesmo que as situações que desencadeiam esses ataques e os sintomas específicos pudessem ser bem diferentes para os diversos membros do grupo. Para alguns, apenas uma ou algumas poucas situações podem ser ameaçadoras. Os temidos ataques de Lorraine podiam acontecer em qualquer lugar.

Expliquei a ela que a agorafobia se manifesta de várias formas. Algumas pessoas ficam assustadas com a possibilidade de ficarem "presas" em um local público e podem deixar de andar de ônibus, de ir ao cinema, ou freqüentar shopping centers (que são construídos justamente como uma armadilha para as pessoas!). Outras podem evitar espaços abertos como campos, corredores longos em prédios, ou ruas largas. Algumas pessoas têm dificuldade de ficar em qualquer lugar *sozinhas* — inclusive em suas próprias casas —, mas são capazes de viajar livremente com uma companhia de confiança. Outras ainda recusam-se a sair de casa, ficando a portas fechadas durante dias, semanas e até mesmo anos, ou arriscam-se somente num caminho fixo entre a casa e o trabalho.

Todas evitam situações em que temem ser tomadas pela ansiedade e/ou terem um ataque de pânico e não poderem fugir imediatamente para um ambiente em que se sintam seguras, ou para junto de uma pessoa com quem se sintam à vontade.

Algumas pessoas têm ataques de pânico espontâneos que parecem vir do nada, que não estão associados com algum lugar ou situação em particular e não resultam em qualquer comportamento de evitação. Essas pessoas sofrem de síndrome de pânico *sem* agorafobia. De forma oposta, há quem sofra de agorafobia sem ataques de pânico. Porém, quando interrogadas cuidadosamente, essas pes-

45

soas geralmente lembram-se de ter tido pelo menos um ataque de pânico antes do início da agorafobia. O medo de ter outro ataque pode levar aqueles que são vulneráveis a evitar lugares e situações que *pensam* poder provocar outro ataque.

Independentemente de que leve a um comportamento de evitação, o medo de ter um ataque de pânico pode se tornar obsessivo e cada novo episódio reforça o medo. Na verdade, o medo de ter um ataque provoca tanta ansiedade quanto o próprio ataque. Aprender a lidar com essa *ansiedade de antecipação* seria outro foco importante do tratamento de Lorraine.

"Tudo isso está relacionado com o stress, como disse meu primeiro médico?", perguntou-me Lorraine. "Terei de diminuir meu trabalho? A pressão é incrível quando estamos fazendo uma grande apresentação."

Eu estava em condições de tranqüilizar Lorraine: "ter um distúrbio de ansiedade não significa que você não possa ter um emprego de alto stress. O que você está sentindo não é a mesma coisa que a ansiedade normal que todos sentem sob a pressão do trabalho".

"O stress pode ter sido um deflagrador de seu primeiro ataque de pânico", continuei, "mas não foi a causa. Nós todos temos certas vulnerabilidades biológicas que afloram sob stress. Outra pessoa poderia ter reagido às mesmas circunstâncias com enxaquecas ou colites. Você está biologicamente predisposta a ataques de pânico."

Como expliquei posteriormente para Lorraine, as tensões sob as quais ela estava, na época de seu primeiro ataque — uma nova cidade, um novo emprego, a doença de seu pai —, combinaram-se para fazê-la sentir que sua vida estava fora de controle. O stress da separação, perda e mudança rápida podem ser especialmente difíceis para pessoas propensas a ataques de pânico. Mas, para repetir, eles são apenas um elemento do quadro.

Eu tinha, no entanto, uma sugestão para o dia de trabalho de Lorraine. Durante nossa entrevista inicial, percebi que ela era uma grande consumidora de café, começando cada manhã com duas ou três xícaras e continuando ao longo do dia, no escritório. Suspeitei que isso poderia estar contribuindo para seu problema: as pessoas que sofrem de pânico são extremamente sensíveis à cafeína.

A cafeína é uma droga e, em doses elevadas, pode provocar, *em qualquer pessoa*, sintomas de nervosismo, ansiedade, taquicardia e dificuldade respiratória. Os pacientes contam, com freqüência, que café, chá e refrigerantes à base de cola — todos contendo cafeína — fazem-nos sentir como se estivessem experimentando ataques de pânico. As pesquisas demonstram que os indivíduos que sofrem de síndrome de pânico têm um aumento significativo de ansiedade, nervosismo, medo, náusea, inquietação e palpitações cardíacas como reação à cafeína.

No final de nossa primeira sessão, eu disse para Lorraine que havia algo que ela poderia fazer imediatamente para se ajudar: eliminar café, chá, colas e até chocolate de sua dieta.

Delineei um plano de tratamento: nos encontraríamos semanalmente — às vezes em meu consultório, às vezes "no campo" — durante cerca de oito a doze semanas, tempo em que eu lhe ensinaria muitas técnicas redutoras de ansiedade e formas de enfrentar as situações. Além disso, Lorraine participaria de meu grupo de terapia de doze semanas, onde conheceria outras pessoas que compartilhavam de muitas de suas preocupações, frustrações e esperanças de recuperação.

"Há pessoas do grupo que têm tido tanta dificuldade quanto eu em tentar descobrir o que há de errado com elas?", perguntou Lorraine enquanto se levantava para sair.

"Infelizmente, alguns a superaram no número de médicos que consultaram antes de saberem que nome dar à sua condição", respondi. De fato, até recentemente, o número médio de especialistas consultados por alguém com distúrbio de ansiedade, antes de obter um diagnóstico, era *dez*! Hoje, porém, essa situação está mudando, e um número cada vez maior de profissionais da saúde conhece os sinais, sintomas e formas de tratamento dos distúrbios de ansiedade.

4

JERRY: FOBIA SOCIAL

SEU NOME É JERRY. Ele me diz isso com grande dificuldade, enquanto seus olhos vasculham a sala, como se tentassem achar um lugar confortável para aterrissar o olhar. Finalmente, olha para baixo, fixando suas mãos enquanto esfrega nervosamente as palmas uma na outra. Sua voz é quase inaudível. Ele sorri e depois recua rapidamente do sorriso. Os pais de Jerry aguardam pacientemente na sala de espera, imaginando — como fiquei sabendo mais tarde — se essa é a última chance para seu filho.

Jerry sofre de fobia social. À primeira vista, a fobia social parece uma timidez extrema. Mas diferente da timidez comum, a fobia social é tão grave que interfere no funcionamento diário no trabalho, na escola e em quase todas as relações interpessoais (exceto com a família imediata). Trata-se de uma timidez tão dolorosa emocionalmente, que muitas das pessoas que sofrem desse distúrbio evitam qualquer tipo de contato social.

Como a maioria das pessoas com fobia social, Jerry vive com um medo persistente de ser examinado por outros e de se humilhar ou se embaraçar em público.

Ele tem 19 anos. Quando seus pais marcaram a consulta comigo, disseram que Jerry sempre foi, desde pequeno, um pouco tímido. Mas até chegar ao segundo grau da escola, sua timidez não o impedia de fazer amigos ou participar de atividades sociais. Era mais quieto que as outras crianças, mas parecia bastante normal e feliz.

Quando entrou na adolescência, seus pais notaram que estava ficando cada vez mais reservado, mas atribuíram seu comportamento à idade. Era um estudante sério, bem-educado e ansioso por agradar, traços que quaisquer pais gostariam de ver em seus filhos adolescentes. Quando Jerry não aceitava convites para ir a festas ou shows com seus amigos, usando os deveres da escola como desculpa, eles ficavam aliviados e sentiam-se afortunados por não terem de se preocupar com o perigo das drogas e da bebida e de deixá-lo dirigir tarde da noite.

Mas eles tinham, sim, bons motivos para se preocupar. Sem tratamento, a fobia social, que afeta significativamente 2 a 3% da população, pode levar a limitações vocacionais, debilitação social e dependência financeira, bem como agorafobia, alcoolismo e depressão. Suas vítimas podem também ser assediadas por idéias de suicídio, ou mesmo tentar efetivamente se matar. Afetando um pouco mais as mulheres do que os homens, a fobia social começa tipicamente entre os 15 e os 20 anos. Os pais de Jerry lembram sua inflexibilidade em não querer uma festa de aniversário de dezesseis anos; olhando em retrospecto, todos os sinais estavam lá.

A média A de Jerry garantiu-lhe uma vaga numa das melhores universidades do país. Embora fosse a primeira vez que ele sairia de casa, seus pais estavam certos de que se daria bem. Supondo que superaria sua timidez no novo ambiente, mandaram seu único filho para a faculdade, jamais imaginando que ele poderia abandonar os estudos. Foi assim que ficaram chocados quando ele telefonou duas semanas antes do final do primeiro semestre para avisar que estava voltando para casa — sem retorno.

"Meus pais ficaram arrasados", relembra Jerry. "Meu pai é gerente financeiro de uma firma internacional e minha mãe é vice-diretora de uma grande repartição do governo: eles não entendem a expressão 'não posso'. Foi incrivelmente frustrante tentar explicar as coisas para eles. Lembro-me de uma vez, ao telefone, tentando transmitir como se tornara difícil, para mim, ficar no meio de colegas. Meu pai, com sua voz mais 'simpática', disse: 'Oh, eu também era tímido na sua idade, mas eu simplesmente *me obrigava* a sair e me encontrar com as pessoas.'' Não me lembro de ter-me sentido mais sozinho e amedrontado do que naquele momento.''

Durante seus poucos meses na faculdade, Jerry não fez um único amigo. De início, ele conseguia ir às aulas, mas logo isso também se tornou difícil demais e sua freqüência começou a diminuir. Na metade de dezembro, parou totalmente de freqüentar as aulas. Conseguia acompanhar o curso, mas, como não fazia os trabalhos em classe, suas notas despencaram.

Por fim, Jerry raramente saía de seu quarto, exceto para as refeições. Em geral, entrava no restaurante universitário pouco antes da hora de fechar e comia sozinho. Depois que disse a seus pais que não queria continuar na faculdade, eles tomaram providências para trancar sua matrícula. Agora que está em casa, fica em seu quarto e ouve música o dia inteiro.

Pergunto-lhe o que ouve, pensando que talvez seja um aficionado de música, que adore ópera ou algum tipo de música clássica. "As quarenta mais", responde ele, enquanto seu rosto fica vermelho. Ele luta para encontrar uma posição confortável na cadeira. Surpreendentemente, ele é capaz de falar sobre seu problema — até parece gostar da chance de poder fazê-lo. Conta-me que quando encontra alguém pela primeira vez, seu coração bate tão furiosamente que ele é capaz de ouvir o sangue correndo em seus ouvidos. Ele morre de medo de não saber o que dizer, ou pior, não conseguir nem falar.

Jerry descreve como era sua vida na faculdade. "A pior coisa para mim era estar em uma aula em que tivesse que trabalhar em grupo com outros alunos. Por algum motivo estranho, estar perto de pessoas mais velhas do que eu não me causava problemas, mas estar na classe com gente de minha idade era uma tortura. Não tenho idéia do porquê. Cada vez que entrava na sala de aula, começava a suar profusamente, minha boca parecia estar cheia de algodão e achava que não seria capaz de falar, mesmo se minha vida dependesse disso. Então começava a sentir um calor intenso subindo pelos meus braços, pernas e rosto e ficava vermelho, como se todo o meu corpo se ruborizasse."

Por um instante Jerry parece esquecer que estou na sala com ele e cerra os punhos, senta-se muito ereto e quase grita: "Era o tipo mais horrível de embaraço que alguém pode imaginar!".

Recompondo-se, afunda novamente na cadeira e começa a brincar com um fio solto da manga de seu suéter, mergulhando aparentemente em pensamentos aflitivos. "Quando a professora começava a falar", murmura ele, como se estivesse falando consigo mesmo, "eu não conseguia me concentrar no que ela estava dizendo; só conseguia pensar em como estava me sentindo péssimo e quão desesperadamente queria sair dali. Era impossível para mim aprender qualquer coisa ensinada em classe."

Jerry compreende o embaraço "normal". "Se você derruba ketchup na toalha branca de alguém", diz ele, "isso é constrangedor." E ele conhece o embaraço que alguém sente quando é rude sem intenção com outra pessoa. "Mas como você chama um constrangimento tão intenso que começa com a palavra 'alô'? Que tipo de embaraço é esse que o simples fato de entrar numa sala com outras pessoas faz você se sentir como se seu corpo estivesse pegando fogo?'' Jerry tentou se ajudar. No colégio, forçou-se mesmo a fazer uma aula de oratória, uma atitude incrivelmente corajosa para alguém com fobia social. A experiência foi torturante e, embora no final da aula tivesse conseguido fazer um discurso, não fez nenhuma diferença; na vez seguinte, quando teve simplesmente de se apresentar para alguém, enrubesceu, gaguejou e retirou-se rapidamente.

Depois de três semanas de faculdade, em resposta às provocações de seu companheiro de quarto, Jerry tentou convidar uma garota para sair, mas as palavras não saíram de sua boca. Reconhece que tinha tanto medo de ouvir um ''sim'' quanto um ''não''.

Evitar é sempre uma alternativa para alguém com uma fobia, embora as conseqüências sejam geralmente indesejáveis. A pessoa que tem fobia de dirigir em vias expressas, por exemplo, tem a opção de andar por ruas secundárias e fazer caminhos mais longos, mas ressente-se de perder um tempo precioso em que poderia estar com a família ou no trabalho. Alguém com agorafobia pode escolher fazer compras numa pequena loja de seu bairro, em vez de ir a um shopping center, com a desvantagem de provavelmente gastar mais dinheiro e ter menos escolhas. E uma pessoa com fobia social pode evitar um almoço com os colegas, perdendo amizades e a compreensão de seus colegas de trabalho.

A evitação funciona no sentido de eliminar o temido ataque de pânico ou os sentimentos irracionais de embaraço — ou pelo menos, parece assim durante algum tempo. Mas, o que acontece quando a pessoa que está evitando as vias expressas tem um ataque de pânico dirigindo numa via secundária? Ou, quando uma pessoa agorafóbica tem um ataque de pânico na lojinha do bairro? Ou quando um fóbico social fica incontrolavelmente ruborizado ao jantar com um amigo íntimo em um restaurante?

Na verdade, a evitação é uma armadilha que se auto-reforça. E a cada ato de evitação fica mais fácil cair na armadilha, até que evitar se torna uma resposta quase automática. Com freqüência, é uma simples questão de tempo para que o motorista fóbico deixe totalmente de dirigir; que o agorafóbico se feche dentro de casa, e o fóbico social se isole completamente das outras pessoas.

Finalmente em casa, em seu quarto, com a música para lhe fazer companhia, Jerry não tinha de se preocupar em ficar ruborizado ou gaguejar. Ou dizer a coisa errada. Ou não conseguir falar. Em seu isolamento, ele se sentia seguro.

Mas o isolamento tem seus riscos. Jerry conta-me que tem um canivete suíço na gaveta de sua escrivaninha. De tempos em tempos olha para a arma pensando se deveria se suicidar. Tenta imaginar se alguém iria sentir sua falta. Não tem certeza disso. Mas, jamais tentou o suicídio.

Não é difícil compreender por que aproximadamente um terço dos que têm fobia social sofrem também de depressão. A maioria das pessoas reconhece as mudanças de humor da depressão: tristeza e irritabilidade, sentimentos de desesperança e inutilidade, perda de interesse em atividades anteriormente satisfatórias. Além disso, a depressão provoca, com freqüência, sintomas fisiológicos perturbadores, como fadiga e perda de energia, dores não identificadas e mudanças de peso (ganho ou perda), apetite (maior ou menor) e sono (insônia ou excesso). E podem ocorrer sintomas cognitivos também, como dificuldade de se concentrar, de lembrar coisas ou tomar decisões.

As pessoas com fobia social desenvolvem freqüentemente sintomas de depressão em reação a uma censura interna: "Você não presta." "Você faz papel de tolo." "Todo mundo vai rir de você." "Vão pensar que você é fraco."

Enquanto explico isso para Jerry, ele assente com a cabeça e diz: "Às vezes me sinto paralisado por meu sentimento de vulnerabilidade — como se eu carregasse todos os meus medos e ansiedades no bolso da camisa para que todos vissem — e fico obcecado com o pensamento de que não há nada que eu possa fazer para evitar que as pessoas me julguem desfavoravelmente. Sei que sou inteligente, mas meus sentimentos de vergonha e constrangimento fazem-me sentir inepto e impotente, mesmo quando sei que sou mais esperto que as pessoas com quem estou".

Parte de meu trabalho com Jerry será ajudá-lo a controlar sua autocrítica devastadora. Trabalharemos juntos para "restaurar" ou mudar esses pensamentos negativos e destrutivos para outros que sejam mais realistas e produtivos. (Esse trabalho direto sobre os processos de pensamento constituem a parte "cognitiva" da terapia cognitivo-comportamental.)

Para demonstrar como faremos isso, peço-lhe um exemplo de situação em que seu embaraço deriva do fato de ser julgado negativamente.

Ele responde rapidamente: "Ontem, no consultório do meu dentista, a recepcionista queria verificar minha conta e eu não fui capaz de me lembrar quando tinha sido minha última consulta. A recepcionista achou que eu era bem estúpido, ou algo assim. Senti-me como um verdadeiro idiota".

"Que *provas* você tem de que ela pensou que você era estúpido?", perguntei.

"Ora, eu com certeza *me senti* estúpido."

"Você se sentir estúpido é a mesma coisa que alguém pensar que você é estúpido?"

"Acho que não", disse ele meio encabulado.

Continuei questionando: "Você pode encontrar alguma base racional para sua suposição negativa? A recepcionista disse alguma coisa crítica para você? Ela olhou de modo estranho para você?".

Quando terminamos esse pequeno exercício, Jerry se dá conta de que não tem provas, mas que sua mente e seu corpo estão reagindo como se ele tivesse todas as provas do mundo!

A maioria das pessoas tem algum grau de ansiedade social, ou passou por um estágio da vida em que se sentiram extremamente desajeitadas, tímidas ou constrangidas de estar com outras pessoas. Alguns adolescentes têm mais problemas do que outros nessa fase de desenvolvimento, mas usualmente esses problemas começam a passar à medida que a pessoa fica mais velha.

Jerry não está simplesmente passando por uma fase. Seu medo mórbido de se humilhar em público supera em muito a preocupação em se "encaixar" socialmente, ou "dar uma boa impressão". A ansiedade sobre seus pensamentos, sentimentos e comportamento atingiu um nível em que até mesmo sua auto-imagem está distorcida: sendo um belo jovem com cabelos escuros, traços finos e corpo atlético, ele se descreve como feio, desajeitado e gorducho. Embora muita gente pudesse se encantar com seu jeito tímido, voz macia e ruborização freqüente, ele é implacável em seu julgamento de si mesmo: "Não sou como as outras pessoas. Todo mundo encontra coisas para dizer ou sabe o que fazer em situações sociais. Eu sou desajeitado e atrapalhado".

Jerry consultou vários psiquiatras que lhe receitaram medicamentos ou combinações de remédios diferentes. Estava começando a se sentir como uma "cobaia humana", diz ele, "porque nenhum desses médicos tinha uma pista do que estava acontecendo dentro de mim e fiquei com o sentimento de que estavam me usando para suas experiências".

Há, provavelmente, algo de verdadeiro no último comentário de Jerry; não que os médicos o estivessem "usando" em sentido negativo, mas o fato é que só recentemente a fobia social foi reconhecida como um distúrbio distinto. Embora existam vários medicamentos aprovados pela Federal Drug Administration (FDA) no mercado, que ajudam no tratamento da fobia social, nenhum foi aprovado especificamente para o tratamento desse distúrbio. Dessa forma, ainda que os remédios que os médicos lhe receitaram sejam considerados seguros, precisamos de mais testes clínicos para descobrir quais os melhores medicamentos para as pessoas com fobia social. Até que tenhamos mais informações específicas, Jerry e outros como ele talvez tenham de se sujeitar ao método de tentativa e erro no que se refere à medicação.

Quando a mãe de Jerry me telefonou pela primeira vez, não me surpreendeu que embora tivesse levado o filho a três ou quatro médicos depois que ele abandonou a faculdade, há seis meses, só tenha ouvido falar do termo *fobia social* quando encontrou o psiquiatra que estava consultando, o mesmo que havia lhe indicado meu nome. Nenhum dos outros médicos parecia capaz de dar um nome a sua condição. Um deles disse que seu problema subjacente era depressão, embora os sintomas não batessem muito bem. Outro sugeriu que Jerry poderia ser um pré-esquizofrênico. Essa ambigüidade de diagnóstico não é incomum, pois a fobia social, enquanto referida como "distúrbio negligenciado", é um distúrbio diagnosticado e reconhecido recentemente, mesmo entre profissionais de saúde mental.

O atual psiquiatra de Jerry é o principal investigador de um teste clínico para fobia social realizado por uma universidade. "O caso de Jerry é complicado", me diz ele por telefone. "Embora preencha todos os critérios para fobia social, ele tem também uma boa dose de depressão. E ele parece significativamente retraído. Fiz uma extensa avaliação psiquiátrica dele e não encontrei indícios de maiores mudanças de humor, delírios, alucinações ou distúrbios de pensamento, assim, por enquanto podemos descartar que ele seja esquizofrênico ou maníaco-depressivo. Mas quero ficar de olho na depressão dele. Receitei numa combinação de Xanax (um ansiolítico) e Zoloft (um novo tipo de antidepressivo). A julgar pela sua resposta inicial, estou otimista de que essa combinação coloque alguns de seus sintomas sob controle."

O psiquiatra continua, dizendo que explicou para Jerry que, embora possam ajudar a diminuir algumas das sensações fisiológicas e até mesmo psicológicas, os medicamentos sozinhos não vão "curá-lo". Ele precisa aprender a mudar seus pensamentos e comportamentos negativos e não-produtivos, bem como desenvolver habilidades básicas de funcionamento social.

É por isso que Jerry está sentado em meu consultório.

Quase no final da sessão, descrevo em detalhes, para Jerry, a parte comportamental de seu tratamento. Primeiro, asseguro-lhe de que ele jamais será "forçado" a fazer algo que não queira. "Começaremos a trabalhar aqui no consultório, num ritmo em que você se sinta confortável. Quando estiver pronto, nos aventuraremos juntos em situações sociais da vida real: restaurantes, conferências, até mesmo festas. Depois que você desenvolver algumas boas habilidades para enfrentar as situações, conversaremos sobre sua participação em um de meus grupos de tratamento de fobia social."

Nos grupos de tratamento de fobias encontram-se pessoas que se sentem aliviadas de encontrar gente com o mesmo tipo de problema. Mas para quem sofre de fobia social, o próprio ato de participar de um grupo, qualquer que seja, está no âmago de seu medo; dessa forma, temos de esperar um pouco até acrescentar esse componente ao tratamento de Jerry.

Além de ensinar-lhe técnicas específicas para enfrentar seus pensamentos e sentimentos desagradáveis, farei um treinamento de algumas habilidades sociais elementares. Isso pode ser tão básico quanto ensiná-lo a bater papo numa festa, ou convidar alguém para sair. Tendo em vista que ele evitou a vida social desde o começo do segundo grau, ele tem muita coisa para recuperar.

Jerry fica um pouco nervoso quando menciono isso, mas asseguro-lhe novamente de que vamos dar um passo de cada vez. "Afinal, essa é apenas nossa primeira sessão. Não *espero* que você nem mesmo pense em fazer as coisas que estou mencionando — ainda não!"

Ele força um sorriso e me diz que realmente quer ajuda, mas tem medo de que possa ser difícil demais. Já teve tantas experiências ruins, que agora não se sentia seguro de si mesmo.

Mas ele está dizendo tudo isso para uma pessoa que encontrou pela primeira vez, há menos de uma hora. E está falando com calma, sem corar ou tremer. Antes do final da sessão, vou mencionar isso a ele. Hoje, aqui, comigo, ele já começou a praticar — e se saiu bem.

5

DOUG: UM PROBLEMA DUPLO

Quando marcou sua consulta comigo, Doug me garantiu: "basicamente não tenho muitos problemas". Ele apenas se sente um pouco ansioso em situações de grupo em que talvez lhe peçam para falar. Na verdade, Doug sente-se muito mais do que "um pouco" ansioso diante da possibilidade de lhe pedirem para dar uma palestra ou fazer uma apresentação. Ele fica *aterrorizado* de que possa entrar em pânico, perder o controle e humilhar-se publicamente. Tal como Jerry, Doug tem fobia social. Porém, diferente de Jerry, cuja fobia atinge todos os aspectos de sua vida, o problema de Doug manifesta-se somente nas situações em que precisa falar em público. Ele tem outros problemas físicos e mentais que irão complicar seu tratamento, mas que não são imediatamente aparentes.

Doug trabalha na divisão de pesquisas de uma grande companhia farmacêutica. Tem 38 anos, casou-se e divorciou-se duas vezes. Tem um sorriso simpático e parece satisfeito consigo mesmo.

Exceto por esse medo de ter de falar em público. Ele me conta que está entediado com seu emprego atual, mas sabe que, para alguém em sua posição, falar em público é um pré-requisito para progredir. Ele teme o dia em que possam lhe oferecer a promoção que realmente quer e merece, pois seria forçado a se levantar e falar em reuniões, em conferências, na sala da direção.

"Eu sei que não conseguiria."

Algumas pessoas podem considerar falar em público como uma oportunidade de ouro para ficar sob a luz dos refletores. Doug não. Cada vez que pensa em ficar diante de uma platéia, ele revive seu primeiro ataque de pânico, relembrando vividamente cada detalhe.

"Aconteceu pela primeira vez cerca de 14 anos atrás. Iniciei um discurso — na verdade, uma pequena palestra para um grupo de cidadãos locais — e, de repente, comecei a suar frio. Meu coração disparou, comecei a tremer. Minha garganta parecia estar fechando, impedindo-me de soltar as palavras. Tudo aconteceu tão rápido... *não sei de onde veio...*" Os sentimentos aterrorizadores passaram tão rapidamente quanto apareceram, mas ele ficou agitado pelo resto da apresentação.

Abalado, ficou imaginando se seria algo único, ou se aconteceria de novo. Seis meses após essa primeira experiência, teve de encarar outra platéia, um grupo de colegas aos quais iria apresentar alguns dados de sua pesquisa. Ficou preocupado durante semanas, mas por algum motivo — e para seu alívio e surpresa — não teve problemas. Sua confiança cresceu nas semanas seguintes. Assim, quando seu chefe pediu-lhe para apresentar um pequeno relatório para um grupo de executivos da companhia numa reunião bimestral da diretoria, ele ficou, na verdade, aguardando ansiosamente o desafio.

Foi bem preparado para a reunião, sentindo-se satisfeito com o material que planejara apresentar, mas não estava, de forma alguma, preparado para o que aconteceu quando começou a falar. Na metade de suas observações iniciais, sem nenhum motivo aparente, as sensações terríveis voltaram: os tremores, os suores, a taquicardia. Sua garganta fechou-se e ele sentiu que as palavras não iriam sair.

As palavras saíram. Mas com a boca seca e as pernas bambas, Doug pensou que fosse morrer. Quanto mais tentava não perder o controle de si mesmo, mais tomado ficava por uma sensação de irrealidade e sentimentos de desgraça iminente.

Doug estava certo de que todos os presentes notavam o que estava se passando com ele. Como não poderiam ver suas mãos tremendo e as gotas de suor que brotavam de seu rosto? Com certeza, podiam ouvir o tartamudeio e o tremor de sua voz. Tal como no "ataque" anterior, os sentimentos amedrontadores diminuíram e ele conseguiu terminar sua apresentação. Lembra-se, vagamente, de alguém ter-lhe dito que havia feito um bom trabalho. Mas ele soube, enquanto ouvia quietamente o apresentador seguinte, que jamais quereria se colocar naquela situação novamente, mesmo que isso significasse desistir de uma promoção.

À medida que vamos conversando, delineia-se um perfil de família. A mãe de Doug é "muito nervosa", tem dificuldade para andar em elevadores e toma Valium há muitos anos. Seu irmão já foi várias vezes para a emergência do hospital achando que estava tendo um ataque do coração. Os exames sempre foram negativos. Doug lembra-se que sua tia materna, já falecida, não atravessava pontes dirigindo o carro. Nunca ocorreu a Doug que os problemas dos seus familiares tivessem relação com seu próprio problema. Contudo, as pesquisas vêm demonstrando que há um componente genético na vulnerabilidade a um ou outro dos distúrbios de ansiedade. Não está claro por que um membro da família pode ter fobia por elevadores, e outro, de falar em público; certos fatores ambientais talvez interajam com susceptibilidades herdadas. Porém, está claro que histórias familiares de distúrbios de ansiedade, freqüentemente, atravessam por várias gerações.

Isso é uma surpresa para Doug e ajuda-o a perceber que há uma base fisiológica para seus sintomas.

Para descobrir por que o pânico de Doug ficou associado a falar em público, um psicanalista poderia investigar as experiências de sua primeira infância. Em relação a muitas pessoas, é possível descobrir "causas" subjacentes enterradas nessas experiências. Doug, por exemplo, lembrava-se de que, aos oito anos, lhe pediram para fazer um trabalho de ciências para seu tio, um professor que ele idolatrava na escola. O tio foi extremamente crítico à apresentação de Doug e "repreendeu-o bruscamente", nas palavras de Doug, quando o sobrinho respondeu errado a certas questões. Doug lembra-se de ter saído da sala em prantos, sentindo-se totalmente humilhado.

Ele ainda teme as críticas de quem está em posição de julgá-lo. Mas trazer à tona esse ou algum outro evento de seu passado, por mais que seja um precursor de seus problemas atuais, terá provavelmente pouco impacto na eliminação dos seus sintomas.

O *insight* sozinho não é eficaz no tratamento dos distúrbios de ansiedade. Conhecer a origem da fobia, tal como saber que é irracional, não faz com que ela vá embora. Quando a maioria das pessoas procura ajuda, a reação fóbica já está profundamente entranhada. Atualmente, Doug tem suas angustiantes sensações fisiológicas mesmo quando está apenas antecipando uma situação em que terá de falar em público.

Na verdade, ele está tão sensível ao fato que levantar-se diante de uma platéia (até mesmo numa sala de reuniões cheia de colegas) pode deflagrar um surto de terror tão grande que seu corpo reage até às oportunidades mais elementares de falar em público, como se fossem ameaças à sua vida. De qualquer forma, algo em seu cérebro vê seus colegas como tigres ferozes, prontos para atacar. Exatamente o quê, por que e como isso acontece, é ainda matéria de intensa pesquisa.

O medo de falar em público não é incomum. Conheço várias pesquisas nacionais que pedem para as pessoas classificarem seus maiores medos, e falar em público está sempre *em primeiro lugar.* O medo de *morrer* fica geralmente em s*exto ou sétimo lugar!* Até mesmo o veterano mais experiente pode ser afetado por um acesso de "ansiedade de desempenho" ou "medo do palco". Mas o medo de Doug não é normal; se assim fosse, ele poderia dominá-lo. Doug tem medo de ter um ataque de pânico diante de uma platéia. Os ataques de pânico trazem uma sensação avassaladora de maus presságios e ruína, o sentimento de que se está à beira da loucura ou da morte. Isso é suficientemente ruim quando se está sozinho, e é simplesmente insuportável pensar em tê-los em público.

Doug e as pessoas que sofrem do mesmo problema sentem como se fazer uma palestra fosse o mesmo que ser colocado numa situação de ameaça à vida ou à saúde mental e, por isso, não conseguem se "preparar" para um compromisso desse tipo. Mesmo que passem horas decorando e ensaiando um discurso, não se sentirão protegidos daquela horrível sensação de perigo. À tensão e ao nervosismo normal que alguém sente antes de fazer uma apresentação importante, soma-se a pergunta fatal: "Terei um ataque de pânico, perderei o controle e ficarei humilhado?".

Na continuação da entrevista, pergunto a Doug se ele tem algum problema de saúde e quando fez o último *check-up.* São perguntas de rotina que sempre faço aos meus pacientes novos. Muitas condições médicas crônicas, como hipertireoidismo, arritmias cardíacas, prolapso da válvula mitral, hipoglicemia e epilepsia lobotemporal podem precipitar ansiedade e causar sintomas semelhantes aos do pânico e das fobias. Portanto, essas condições devem ser descartadas antes de se fazer um diagnóstico de distúrbio de ansiedade.

Doug conta-me que esteve sob cuidados médicos devido a uma hipertensão moderada, que o médico teve dificuldade de controlar. Quando pergunto sobre os remédios que andou tomando, ele menciona que no início de seu tratamento da hipertensão foi-lhe receitado Inderal (hidrocloreto de propranolol), um medicamento que diminui e estabiliza os batimentos cardíacos. Como efeito colateral inesperado, sua fobia de falar melhorou. "Foi a única coisa até hoje que me ajudou de verdade", diz Doug.

Isso não me surpreende. O propranolol tem uma ação ampla sobre o sistema nervoso. Muitos atores e músicos hipertensos que tomaram esse medicamento por causa da pressão arterial ou por problemas cardíacos descobriram que seu medo do palco desaparecia.

O remédio tornou-se um artigo popular no mundo dos bastidores e hoje muitos médicos receitam-no para a ansiedade de performance. "Mas, se o Inderal o ajudava, por que parou de tomá-lo?", pergunto a Doug. Ele me diz que o remédio não baixou suficientemente sua pressão e o médico receitou-lhe outro medicamento. Para frustração de Doug e de seu médico, nenhum dos outros remédios comuns para hipertensão funcionou. Continuo nossa entrevista perguntando-lhe sobre seus hábitos alimentares e atividade física. Então pergunto: "Você bebe muito?". Ele responde despreocupadamente: "Ah, mais ou menos uma garrafa de vinho por dia". "Na mosca", pensei.

O hábito de beber de Doug estaria na base de sua resistência ao tratamento da pressão arterial? Com certeza, interferiria no tratamento da fobia.

As pessoas com fobia social descobrem, com freqüência, que as bebidas alcoólicas aliviam um pouco a ansiedade. Alguns estudos mostram que cerca de 10 a 20% das pessoas com fobia social têm também um sério problema com bebida. E um terço dos alcoólatras tem uma história de síndrome de pânico ou alguma forma de fobia social antes de começar a beber. Quando o alcoolismo ocorre junto com o distúrbio de ansiedade, o problema da bebida deve ser tratado em primeiro lugar.

Doug assegura-me de que só bebe à noite e que não usa a bebida como meio de automedicar-se antes de falar; todavia, consumir uma garrafa inteira de vinho por noite constitui um problema sério que exige tratamento. Não estava claro para Doug se o que teria começado primeiro era o excesso de bebida ou a fobia de falar em público — eu teria de investigar melhor —, mas era óbvio que seria preciso tratar seu problema alcoólico.

Com a permissão de Doug, telefonei para seu médico logo depois de nossa sessão. "Você sabia que seu paciente tem um problema bem sério com bebida?", perguntei-lhe. "O que lhe faz pensar isso?", respondeu ele, com certo ceticismo. Repeti o que Doug me contou.

O médico chamou Doug para outro exame e, levando o problema da bebida em conta, receitou-lhe outro remédio, que começou a controlar a hipertensão. Ainda incomodado, o médico telefonou-me para perguntar como eu havia descoberto que ele bebia. "Eu perguntei a ele", respondi.

* * *

Em nossa sessão seguinte, discuti com Doug algumas alternativas para colocar a bebida sob controle. Recomendei enfaticamente que começasse a ir a uma reunião dos Alcoólicos Anônimos (AA). "E terei de falar diante de toda aquela gente?", perguntou ele, enquanto ficava vermelho. Esse é um verdadeiro dilema para pessoas como Doug. É, provavelmente, o motivo central para que tantas pessoas com fobia de falar em público ou outros tipos de fobia social e que usam o álcool como remédio, não consigam ajuda para fugir do alcoolismo, ainda que o queiram. Pedir para essas pessoas que assistam a uma reunião dos AA é como lhes pedir para enfrentar um tigre, cara a cara — sem munição.

Levando isso em consideração, ofereci a seguinte sugestão a Doug: "Uma vez que o tipo de terapia que ajudará você com relação à fobia é mais eficiente em situações da vida real, por que não usamos os encontros dos AA como lugar para praticar? Dessa maneira, você começará a enfrentar seu problema de bebida e, ao mesmo tempo, dará um salto inicial em seu tratamento da fobia de falar em público".

Percebendo a apreensão crescente de Doug, acrescentei: "Você não precisa falar na reunião até que se sinta pronto para isso, e pode sair a qualquer momento. Estarei lá, junto com você para ajudá-lo a enfrentar qualquer sentimento inquietante que possa surgir".

Doug estava decidido a ficar melhor e, embora soubesse que teria de enfrentar muitos obstáculos nas semanas seguintes, deu seus primeiros passos antes de deixar meu consultório: concordou em telefonar para os AA naquela mesma noite e trazer para a nossa próxima sessão uma lista dos locais de encontro.

6

NORMAN: DISTÚRBIO
OBSESSIVO-COMPULSIVO

Sentado em meu consultório pela primeira vez, Norman descreve como é fazer as malas para viajar. "Digo a mim mesmo que vou planejar cuidadosamente desta vez, para não esquecer nada e não ter de conferir. Ponho tudo em cima da cama. Conto as camisas que vou levar e depois conto de novo para ter certeza de que estão todas ali. Tiro a roupa de baixo do armário e conto. Faço o mesmo com as calças, sapatos, cintos, gravatas, artigos de toalete... Então ponho tudo na mala e fecho. Aí penso em alguma coisa que esqueci de guardar na mala. Tento lembrar se guardei — acho que coloquei na mala, mas não tenho certeza. Tiro tudo para fora, empilho em cima da cama e conto. Está tudo lá, ponho tudo de volta na mala. Conto cada grupo de roupas ou objetos de toalete enquanto guardo. Fecho a mala. Mas poucos minutos depois fico preocupado. Fiz um erro. Eu *devo* ter deixado alguma coisa de fora. Tiro tudo de novo..."

Eu pergunto: "Na última vez que você saiu em viagem, quanto tempo demorou para fazer as malas?".

"Cinco horas."

"Quantas malas você estava levando?"

"Uma."

* * *

Para Norman, cada dia está carregado de perigos.

Norman, um homem de 36 anos, de aparência dócil, é pesquisador de um departamento do governo. Veste um terno escuro caprichosamente passado; sua camisa imaculadamente branca tem colarinho engomado.

Ele é casado, sem filhos, e o casal não pretende tê-los: a simples idéia de introduzir mais caos e desordem em sua vida está além de sua imaginação. Desde os 17 anos, Norman luta com *obsessões*, pensamentos, imagens ou impulsos perturbadores persistentes e repetitivos, e *compulsões* — a necessidade de realizar um ritual ou uma rotina para ajudar a aliviar a ansiedade causada pelas obsessões —, embora seu conteúdo e sua intensidade tenham mudado ao longo dos anos. Ainda que não se lembre de nenhum problema sério na infância, em retrospecto podia-se ver, claramente, sinais precoces do distúrbio.

"Como é que a maioria dos pais não consegue mandar os filhos tomar banho e nós não conseguimos *tirá-lo* do banho?", ele se lembra de que seus pais se queixavam quando estava na terceira ou quarta série. Jamais sentindo-se "suficientemente limpo", ele lavava e relavava cada parte do corpo, demorando às vezes uma hora no banho.

Quando brincava com outras crianças, sempre sentia necessidade de correr para casa e lavar as mãos, mesmo se não tivesse nenhum contato físico direto com os outros. Acreditava firmemente que se o suor do corpo de alguém encostasse nele, ficaria de alguma forma contaminado.

"Eu me sentia extremamente ansioso até me convencer de que tinha esfregado o bastante para eliminar todos os 'germes' deles de meu corpo."

Embora isso interferisse um pouco em sua rotina diária e o sujeitasse a alguma provocação de seus pais e amigos, sua necessidade de estar perfeitamente limpo não teve maior impacto sobre seu trabalho escolar ou sua capacidade de se socializar, até a metade do último ano no colégio. Ele não tem a menor idéia do que precipitou a mudança, mas algo aconteceu naquele ano que ampliou enormemente seu comportamento irracional. Leitor ávido, Norman viu-se, de repente, com grandes dificuldades para fazer as leituras exigidas na escola, às vezes relendo uma frase ou um parágrafo várias vezes para ter certeza de que não estava pulando alguma palavra. Podia levar horas para terminar uma página de livro. Não porque não pudesse se concentrar ou reter a informação: ele simplesmente tinha a sensação de ter-se esquecido de ler algo.

E então começou essa história de contar. Ele relembra ter perdido o ponto no qual deveria descer do ônibus, certo dia, quando ia visitar um amigo, porque não conseguiu parar de contar os assentos — repetidamente, até "acertar", o que significava estar satisfeito por não ter esquecido nenhum. Inventou uma boa desculpa para o atraso, mas na vez seguinte que o amigo o convidou, Norman disse que estava ocupado. Essa tornou-se sua resposta-padrão para qualquer amigo que o chamasse.

Aliviar-se da ansiedade — lavando, contando e, mais tarde, conferindo as coisas sem parar — tornou-se uma atividade exaustiva para Norman. Hoje, há muitas situações que ele precisa evitar se quer que sua vida vá em frente, mesmo que ao ritmo de uma lesma. Se lê a primeira página de um jornal, não consegue largá-la até estar certo de ter lido cada artigo três vezes. "Por quê?", pergunto, sabendo que não será uma questão fácil de responder.

"Não estou certo de por que tenho de reler cada artigo, ou por que tenho de fazê-lo três vezes", responde ele, sabendo que não há qualquer explicação lógica para seu comportamento. "Mas acho que se não fizer isso, minha ansiedade será tão forte que não conseguirei tolerá-la. Enquanto estou na agonia de minha ritualização, acredito realmente que preciso continuar se não vou deixar passar algo importante — ou que não vou lembrar de tudo que li. Depois que termino e estou aliviado de minha ansiedade, percebo quão ridículo foi meu comportamento. Mas, de alguma forma, isso não se reflete em minha próxima leitura de jornal." Por enquanto, Norman decidiu que é melhor não ler totalmente o jornal da manhã, do que se arriscar a chegar horas atrasado no trabalho.

Ele também desistiu de comer mingau de cereal pela manhã porque, quer sua mulher o cozinhasse ou ele próprio, depois perdia vinte minutos conferindo se o fogão, de fato, estava apagado.

O número nove tornou-se recentemente um elemento de seus rituais. Quando tira a roupa à noite, começa outro ritual. Ele segura as calças e conta: "um, dois, três, quatro, cinco, seis, sete, oito, nove". No final da contagem, examina os bolsos e conta "um, dois, três, quatro, cinco, seis, sete, oito, nove". Pendura as calças no cabide, estica os vincos, confere como estão penduradas, verifica o formato das dobras. Estão bem penduradas? Vão amassar? Ele segura o cabide de novo. "Um, dois, três, quatro, cinco, seis, sete, oito, nove."

Finalmente, por algum motivo inexplicável, sente-se satisfeito e pode colocar as calças e o cabide no armário. Mas então, justamente quando vai fechar a porta, ocorre-lhe que pode ter-se esquecido de verificar os bolsos traseiros. Pega as calças e examina os bolsos. Não há nada dentro. Mas agora as calças não estão mais penduradas direito no cabide. Ele começa a esticar o vinco, então percebe que não pode fazê-lo direito. Seus pensamentos irracionais obrigam-no a tirar as calças do cabide e começar tudo de novo. Ele repete o ritual desde o início, contando até nove em cada estágio: "um, dois, três...".

Todas as manhãs, Norman acorda para enfrentar a barragem de ansiedades do dia. Apenas para sair de casa, ir para o trabalho e atravessar o dia, ele precisa superar obstáculos desanimadores. Se fica preso no ritual de contar até nove quando está se vestindo, pode demorar uma hora ou mais para pôr as roupas.

Nas últimas semanas, conta-me Norman, ele vem colocando o relógio para despertar cada vez mais cedo, levantando-se às vezes às quatro e meia da manhã para poder sair de casa às oito e meia. Assim consegue chegar ao trabalho no horário.

Até poucos meses atrás, ele pôde esconder suas compulsões de seus colegas de trabalho. Na verdade, muitos de seus traços — ordem, meticulosidade, atenção aos detalhes — seriam normalmente considerados qualidades positivas, especialmente para alguém numa posição de pesquisa. Mas quando ele não pôde ir a uma reunião importante porque não conseguiu parar de contar as teclas de seu computador, percebeu que seria apenas uma questão de tempo para que seu desempenho no trabalho começasse a ser prejudicado.

Foi isso que finalmente levou Norman a falar com o pastor de sua igreja, uma única pessoa fora da família a quem ele sabia que poderia confiar seu segredo desconcertante e constrangedor. O pastor tinha assistido a uma palestra que eu dera poucas semanas antes sobre distúrbios obsessivo-compulsivos e lhe deu o programa, com o meu nome.

Em nosso encontro inicial, Norman trouxe um bloco de notas que colocou sobre o joelho, fazendo muitas anotações durante nossa conversa. Quando começamos a segunda sessão, uma semana depois, pegou o bloco e mostrou-me como havia organizado seu problema. Ele criou três "categorias" para seus rituais e compulsões obsessivas: 1. conferir *dentro* de casa; 2. conferir *fora* de casa; e 3. evitar contaminação. Deu-me os seguintes exemplos:

Conferir o lanche que leva ao trabalho entra na categoria de conferir *dentro* de casa.

Primeiro, ele tem de pôr a carne e a alface no pão de uma certa maneira e cortar o sanduíche em certo ângulo. Então deve descascar e fatiar uma cenoura e uma fruta, colocando-as cuidadosamente em sacos plásticos separados. Quando está tudo pronto e disposto no balcão, ele examina seu lanche para certificar-se de que não se esqueceu de nada. Em seguida, coloca o sanduíche empacotado, a cenoura e a fruta num saco de papel e dobra caprichosamente a boca do saco três vezes. Sentindo-se ansioso porque pode ter deixado algo de fora, precisa conferir de novo. Abre o saco e tira tudo de dentro, colocando sobre o balcão. Olha um pouco para ter certeza de que está vendo realmente que está tudo ali e então volta a colocar todos os itens dentro do saco, dobrando novamente três vezes. Então, sacode o saco para ter certeza de que pode "ouvir" que está tudo lá dentro. A menos que sua esposa ou o telefone o interrompam, pode facilmente repetir esse ritual dez ou vinte vezes. Depois que sai da cozinha, muitas vezes volta tarde da noite, tira o saco da geladeira e começa o ritual de verificação novamente.

Outro problema *dentro* de casa é tentar fazer o balanço de seu talão de cheques. A tarefa é dolorosamente prolongada. Para Norman, ela é mais do que somar os cheques recentes e comparar com o extrato do banco; isso é só o começo. Depois que termina esse processo, precisa repassar todos os cheques emitidos e certificar-se de que não se esqueceu de nenhum. Depois, precisa revisar todos os números. Se começa esse processo no início da noite, talvez sejam duas ou três da manhã quando finalmente larga o talão de cheques e desmaia, exausto, na cama. Mesmo assim, não terminou. Seu primeiro pensamento, na manhã seguinte, provavelmente será: "esqueci um cheque, cometi um erro". E na noite seguinte, assim que chega do trabalho, repetirá tudo de novo.

A categoria *fora* de casa inclui o medo que Norman tem de que possa ter atropelado alguém. Se passa por uma saliência na estrada, ou alguma coisa que *parece* uma saliência, tem de parar o carro, descer e caminhar em volta várias vezes, observando cuidadosamente para ter certeza de que não há um corpo embaixo do carro.

Norman ficou bastante surpreso e aliviado quando eu lhe disse que muita gente com DOC tem exatamente esse sintoma. Certa vez, trabalhei com um homem que, tal como Norman, sabia intelectualmente que não tinha atropelado ninguém, mas *sentia* isso com tanta força que chamava a polícia e se entregava — às vezes duas ou três vezes numa semana.

A terceira categoria dos temores de Norman envolve a contaminação. Para ele, o simples ato de apertar a mão de um amigo ou colega pode deixá-lo tão ansioso que se sente incapaz de funcionar enquanto não lavar os germes imaginários.

Falei-lhe sobre outra paciente que também tinha medo de contaminação. Perguntei a ela o que sentia, exatamente, se não lavasse as mãos depois de tocar em alguém. Ela respondeu: "Imagine como você se sentiria se enfiasse a mão numa pilha de esterco de vaca e lhe dissessem que não poderia lavá-la durante uma semana!".

"É *exatamente* o que sinto", disse Norman, "só que nunca fui capaz de dizer isso para alguém — até agora."

67

Tal como muitas outras pessoas com DOC, Norman achou confortante saber que não era o único a sofrer com esse problema. Na verdade, esse distúrbio afeta perto de quatro milhões de norte-americanos.

"Não é que eu queira que os outros sofram", diz ele, "mas certamente ajuda saber que não sou tão esquisito assim se tanta gente tem os mesmos sintomas."

Disse-lhe que o início de sua doença era também bastante típico. Os sintomas tendem a aparecer na adolescência ou no início da idade adulta, com cerca de um terço das pessoas com DOC mostrando os primeiros sinais do distúrbio na infância. Como na experiência de Norman, uma vez iniciados os sintomas, com o tempo eles se tornam cada vez mais incisivos.

Embora recentemente tenha havido um progresso considerável no entendimento, diagnóstico e tratamento desse distúrbio, ainda não sabemos, com certeza, sua causa. Houve um tempo em que os pesquisadores achavam que o DOC resultava de atitudes familiares ou experiências da infância, entre elas a disciplina rígida dos pais. Mas, atualmente, os indícios apontam para fatores biológicos como os principais contribuintes para o desenvolvimento de DOC.

As pessoas com esse distúrbio sentem a compulsão de realizar certos rituais. Essa compulsão é, muitas vezes, acompanhada da crença supersticiosa de que uma tragédia se abaterá sobre uma pessoa querida se o ritual não for executado. A ânsia cresce de tal forma que a única maneira de aliviá-la é realizar o ritual.

O problema, evidentemente, é que os rituais não ajudam: eles proporcionam uma sensação de alívio temporário da ansiedade avassaladora, mas *apenas* temporário. Cada ritual precisa ser repetido sem parar, mas os sentimentos de alívio dissipam-se tão rapidamente que os próprios rituais se tornam cada vez mais exigentes. Uma pessoa com Distúrbio Obsessivo-Compulsivo pode ter momentos de tranqüilidade, quando parece que "deu conta de tudo", mas esses momentos são fugazes demais. Quase que, instantaneamente, a necessidade volta — de contar, lavar, conferir, guardar ou repetir tediosos ditados ou orações para si mesmo.

Muitas pessoas com DOC sofrem também de outros problemas, tais como depressão, pânico ou um distúrbio de impulso-controle. Portanto, era importante que eu excluísse quaisquer dessas condições que pudessem afetar o tratamento e a recuperação de Norman. Tendo em vista a amplitude e intensidade dos seus sintomas obsessivo-compulsivos, fiquei surpresa que ele não mostrasse nenhum sinal de depressão. Na verdade, parecia bastante ajustado em muitos aspectos de sua vida. Funcionava responsavelmente no trabalho, tinha alguns amigos íntimos, embora não muitos, e tinha uma relação amorosa com sua esposa — que ele dizia ter conhecido *graças* ao seu DOC. "Eu estava esperando para tomar um avião e não conseguia afastar o olho do painel de partidas, conferindo sem parar se não tinha perdido meu vôo. De repente, essa bela jovem interrompeu meus rituais e pediu-me para ficar de olho na bagagem dela enquanto corria até o balcão para trocar uma passagem. Evidentemente, fiz o favor e descobri depois que ela estava no mesmo vôo que eu. O resto é história!"

Convido Norman a trazer sua esposa na sessão seguinte. Cheryl é uma mulher de rosto agradável, com os cabelos prematuramente grisalhos presos em um coque. Veste calças justas e uma blusa muito colorida. Seu aperto de mão é firme.

Embora soubesse que Norman tinha alguns hábitos "estranhos" antes de se casar com ele há sete anos, Cheryl não estava preparada para a quantidade desses hábitos que iriam interferir em sua vida cotidiana. Nem sabia quão disseminado era seu problema ou que iria ficar cada vez pior. Para reduzir a tensão e os atrasos provocados por suas obsessões e compulsões, Cheryl tenta tornar as coisas mais fáceis para ele. Ela prepara tudo se ele tem que viajar a negócios, garantindo-lhe várias vezes que tudo o que ele precisa está na mala. Ou paga as contas no fim de cada mês, protegendo-o das horas que ele perderia com elas. Às vezes, fica diante da porta da garagem depois que ele tira o carro de manhã, demonstrando que a porta está trancada para que ele não se atrase no trabalho.

Cheryl diz que esperava que, participando dos rituais dele, ela poderia tranqüilizar Norman de que ele não tinha de fazer todas aquelas coisas, ou que ele perceberia a falta de sentido de seu comportamento e seria capaz de parar. Mas nada disso funcionou e, depois de um certo tempo, ela viu-se tão presa ao distúrbio dele que sentia-se completamente exaurida.

"Às vezes fico tão irritada e frustrada que simplesmente grito: 'Pare com isso!'. Então me sinto culpada porque sei que ele não consegue se ajudar."

Explico para Cheryl que tanto a raiva quanto a culpa são reações normais diante da natureza confusa e perturbadora do DOC. Ela ama o marido e quer ajudá-lo, mas não sabe como — ainda.

"Uma das primeiras coisas que você pode fazer para ajudar Norman é aprender o máximo possível sobre a doença dele. E quanto mais entender o DOC, menos vitimizada você se sentirá por ele.

"Há várias maneiras de você aprender sobre o DOC e participar da recuperação de seu marido. De vez em quando pode assistir às sessões de terapia de Norman para se familiarizar com algumas das técnicas para enfrentar o problema que ele usará para controlar suas obsessões e compulsões. Você pode participar de um grupo de apoio familiar e conhecer outras pessoas que lutam com as mesmas questões que você enfrenta. E pode ajudar Norman a praticar em casa o que ele aprender na terapia."

Depois de sentir-se impotente em relação à doença do marido durante tanto tempo, Cheryl parece acolher com simpatia qualquer papel que tenha de desempenhar na recuperação dele — mesmo que isso signifique fazer coisas que a deixem constrangida.

Para dar um exemplo de como ela poderia ajudar Norman, peço-lhe que descreva uma situação específica da qual ela tenha participado no comportamento obsessivo-compulsivo.

Ela conta: "Na noite passada, depois de uma bela noitada com minha irmã e seu irmão, Norman e eu fomos para a cama bem tarde. Ambos estávamos exaustos. Cinco minutos depois, Norman disse que ia descer para conferir a porta e certificar-se de que estava fechada. Lembrei-o de que já fizera isso várias vezes depois que chegamos em casa. Ele perguntou-me se eu tinha certeza, eu disse que sim — eu vi quando ele colocou a tranca. Dissemos boa-noite um para o outro e não passou nem um minuto até ele me perguntar novamente se eu tinha certeza de que ele trancara a porta. Ele não deveria descer e conferir? Novamente, garanti-lhe que a porta estava trancada. Eu estava tão exausta que finalmente disse que desceria e conferiria, se isso o ajudasse a dormir. Ele disse que sim, então desci as escadas e conferi a fechadura. Eu mal voltei para a cama e ele começou a me questionar de novo se eu tinha certeza de que estava trancada. Eu estava a ponto de gritar!".

"Muito bem", disse eu, "o que acha que iria acontecer se você não respondesse às perguntas dele nem tentasse terminar o ritual por ele?"

"Ele continuaria me fazendo perguntas e me enlouquecendo até que eu respondesse ou conferisse a porta — e mesmo assim, não ficaria satisfeito."

"Exatamente. E sua reação não somente não detém o comportamento dele, como, ao contrário, reforça-o. Porque ele *sabe* que você vai responder às perguntas dele. Intelectualmente, Norman sabe que a porta está trancada e que seu pensamento é obsessivo. Mas, por alguma razão, que os pesquisadores não compreendem completamente ainda, as pessoas com DOC *sentem* como se a ação não tivesse acontecido. É como se acontecesse um curto-circuito em seus cérebros e a mensagem não se completasse.

"Assim, por mais que você procure tranqüilizar Norman de que determinada ação foi realizada, a experiência emocional dele é a de que ela não ocorreu. E, para superar essa discrepância de percepção, ele tem de aprender a confiar em suas ações — ou nas ações dos que estão em torno dele —, em vez de confiar em seus pensamentos."

Cheryl compreende rapidamente onde quero chegar. "Do que você está dizendo, parece que a melhor maneira de eu ajudar Norman a desenvolver a confiança de que a porta está trancada ou o forno desligado — ainda que seu pensamento defeituoso lhe diga diferente — é *não* ceder às suas exigências de tranqüilização.

"Exatamente. Você pode responder *uma vez* ou demonstrar a ele *uma vez* que um determinado comportamento aconteceu, mas, depois disso, diga-lhe que não vai responder a perguntas obsessivas ou participar de rituais. Sei que não vai ser fácil para os dois, mas é essencial para que ele se recupere."

"Você tem razão", reage Cheryl. "As coisas não podem ser mais difíceis do que estão agora."

Norman quer ser capaz de pendurar suas calças como uma pessoa normal, sem ficar conferindo repetidamente. Ele gostaria de fazer o balanço do talão de cheques e ler o jornal sem temer que esses atos sejam exaustivos. Ele gostaria de dirigir sem ter de parar o carro e descer a cada vez que passa por um defeito na pista.

"Você acha que *um dia* serei capaz de fazer essas coisas?", pergunta ele.

"Com certeza", respondo. "Desde que compreenda que o grau de progresso que fará no tratamento está diretamente relacionado à disposição em praticar o que aprender. Isso significa expor-se *todos os dias* às mesmas coisas que o incomodam. E significa parar de fazer as coisas que o tranqüilizam. Essa terapia se chama "exposição com prevenção de resposta" e é o melhor tratamento sem medicamentos para o distúrbio obsessivo-compulsivo. Mas você tem de estar disposto de início a tolerar a ansiedade intensa que irá sentir quando se impedir de realizar seus rituais.

Discuto então um plano de tratamento com Norman.

"A maneira mais eficaz de mudar os padrões negativos de comportamento de uma pessoa é interferir rápida e consistentemente. Vou recomendar que comecemos na próxima semana um programa cognitivo-comportamental intensivo, três vezes por semana, durante três semanas. Nesse período, vou ensinar-lhe muitas técnicas que o ajudarão a livrar-se de pensamentos, imagens e crenças indesejáveis. Elas também vão aliviar suas compulsões."

Durante a parte de *exposição* do tratamento, Norman terá de passar longos períodos de tempo em situações que o deixam incomodado, tais como ir a uma festa e apertar a mão de todos com quem falar.

Com a técnica de imaginação ativa ele será guiado a visualizar-se mentalmente em situações angustiantes e retratar vividamente as conseqüências que teme caso não realize seus rituais. Poderei, por exemplo, pedir-lhe que descreva em detalhes a imagem de sua casa queimando por ele não ter conferido o fogão.

Quando a *prevenção ritualística* for acrescentada, pedirei que Norman evite completamente os comportamentos rituais. Por exemplo, pedirei que saia de casa sem conferir a porta da garagem e que pendure suas roupas à noite sem contar. Ao enfrentar seus medos sem ceder às compulsões, ele ficará gradualmente menos ansioso.

"Talvez decidamos acrescentar algum medicamento mais tarde, mas a maioria de seus problemas está relacionada com comportamentos ritualísticos, que envolvem ações e pensamentos. Esses casos reagem muito bem à terapia cognitivo-comportamental. O tratamento seria mais complicado se você tivesse apenas pensamentos obsessivos. Os pensamentos sozinhos são mais difíceis de mudar e controlar. Há, atualmente, vários medicamentos que podem ajudar a combater os pensamentos obsessivos e os rituais compulsivos, mas gostaria de deixar o remédio como uma opção, até determinarmos se é necessário."

Norman completou a parte intensiva do tratamento e continuou a se encontrar comigo uma vez por semana durante cerca de dois meses, freqüentando semanalmente um grupo local de apoio (Cheryl participou de um grupo paralelo para esposas), e praticando diariamente com diligência. Então, certa tarde, Norman entrou em meu consultório com um enorme sorriso no rosto.

"Cheryl e eu vamos à Jamaica por uma semana", disse ele. "E adivinha? Fiz a minha mala em menos de vinte minutos!"

E depois acrescentou: "Cheryl demorou 25 minutos... Você sabe como são as mulheres!".

7
IRIS: DISTÚRBIO DE STRESS PÓS-TRAUMÁTICO

A voz do outro lado da linha parecia ao mesmo tempo esperançosa e confusa. A pessoa que telefonava identificou-se como Iris e disse: "Ouvi você no rádio na semana passada. Uma mulher queria saber se ela conseguiria superar sua fobia de dirigir. Ela disse que o problema era tão grave que não era capaz nem de sair da garagem, mas você foi muito animadora. Você disse para ela que, com tratamento apropriado, seus prognósticos de recuperação eram excelentes. "Fiquei excitada ao ouvir isso, porque eu também tenho fobia de dirigir. Recentemente perdi as esperanças de poder entrar em um carro de novo, como motorista ou passageira. Mas à medida que ouvia a discussão, percebi que meu problema é muito diferente do da mulher que telefonou para a rádio. Os medos dela parecem vir do nada e não fazem sentido. Mas eu sei de onde vêm meus medos. E eles fazem muito sentido."

Quando Iris descreveu rapidamente seu problema para mim, ficou claro que o problema dela, de fato, era o comportamento de evitação comumente identificado com uma fobia. Mas suspeitei que ela provavelmente estava sofrendo de um distúrbio de ansiedade diferente: o Distúrbio de Stress Pós-Traumático (DSPT). O comportamento de evitação é um dos vários sintomas possíveis da DSPT.

Sugeri a Iris que viesse ao meu consultório para uma avaliação e diagnóstico e assegurei-lhe de que mesmo que fosse diferente do da mulher do rádio, seu problema seria tratável. Ela também podia esperar pelo dia em que voltaria a entrar em um carro, tanto como passageira, quanto como motorista.

Muitos dos sintomas de DSPT não são facilmente identificáveis e o comportamento de evitação nem sempre aparece no decorrer de uma avaliação física ou psiquiátrica de rotina. Contudo, uma vez identificado, não é clinicamente difícil diferenciar entre um paciente com DSPT e um com fobia.

Por exemplo, se eu pedisse a alguém com fobia de dirigir para descrever do que sente medo, ele provavelmente diria algo como: "Não sei. Só sei que tenho esses sentimentos horríveis — tontura, dificuldade de respirar, impressão de que tudo vai acabar — que me dominam sem motivo aparente cada vez que penso em dirigir". Ou: "Meu coração bate tão depressa cada vez que tento dirigir que tenho medo de ter um ataque cardíaco e morrer". Ou ainda: "Tenho medo de perder o controle de mim mesmo e entrar de propósito na pista oposta". A pessoa reconheceria que esses medos são irracionais e não têm nada a ver com uma ameaça ou perigo real.

Mas quando peço a Iris — uma professora universitária de 45 anos, solteira, vestida com elegância, que veio ao meu escritório dois dias depois do telefonema — para contar-me por que parou de dirigir e de andar de automóvel, sua resposta foi bem diferente. E de dar calafrios.

"Estou andando de carro, só no banco do passageiro, pois deixei de dirigir depois do primeiro episódio. Quando o carro entra num cruzamento, de repente, sem aviso, minha mente é tomada por essas nítidas imagens aterrorizantes: da transversal sai um caminhão enorme que avança em direção à porta de meu carro — e não vai parar! Vejo-o inclinar-se violentamente, fora de controle. Sem pensar, encolho-me para me proteger, ponho as mãos nos ouvidos para bloquear os sons. Mas eles não páram. Fecho meus olhos e começo a gritar a plenos pulmões. Mas por mais que feche os olhos, cerre os punhos ou cubra meus ouvidos, não consigo apagar a visão do caminhão vindo, os gritos dos passageiros, o choque cruel do impacto..."

O stress pós-traumático foi identificado pela primeira vez como um distúrbio psiquiátrico distinto no final da década de 70, quando veteranos do Vietnã começaram a registrar *flashbacks* apavorantes de experiências de combate. Em guerras anteriores, esse distúrbio ficou conhecido com outros nomes. Os médicos da Guerra de Secessão chamaram-no de "coração de soldado". Depois das duas grandes Guerras Mundiais e da guerra da Coréia, soldados apresentaram problemas semelhantes, então chamados de "neurose de guerra" ou "estafa de batalha".

Mas o DSPT, que afeta entre 2 e 9% da população norte-americana, não se restringe aos veteranos de guerra. Ele pode acontecer após qualquer acontecimento extraordinariamente doloroso, tal como estupro, incêndio, enchente, abuso sexual, cativeiro, acidente de avião ou de automóvel — que foi o que deflagrou a doença de Iris. Ela conta: "Minha amiga Carrie e eu estávamos voltando de uma festa. Carrie estava dirigindo. Lembro-me de ter visto uma luz verde passar para o amarelo justamente quando chegávamos num cruzamento. Carrie acelerou para passar — uma sensação que ainda sinto em meus ossos. Pelo canto do olho vi o enorme pára-choque e a grade de uma jamanta. O caminhão vinha a toda velocidade em direção à minha porta. A última coisa que posso me lembrar foi ter ouvido um barulho de rugido, o guincho dos freios, o som da buzina, o grito de Carrie e o esmigalhamento do aço. Então, tudo ficou escuro". Iris sofreu ferimentos graves. Ficou em coma durante nove dias e só saiu do hospital três meses depois. Sua amiga Carrie estava morta.

O acidente aconteceu em 1987. Depois de um ano, Iris já tinha se recuperado quase que por completo fisicamente, mas tinha pesadelos freqüentes e ficava nervosa sempre que andava de carro. Depois, aos poucos, os pesadelos passaram, embora ainda tivesse alguma dificuldade para dormir, e as lembranças do acidente começaram a sumir de sua consciência desperta. Então, em janeiro de 1991, Iris envolveu-se em outro acidente. Foi coisa pequena, uma batida na traseira. Ela havia parado num semáforo e o motorista do carro de trás não freou a tempo. Sozinha no carro, ela foi sacudida, mas não se feriu.

Porém, esse segundo acidente desencadeou algo. Poucos dias depois, estava no carro de seu amigo Alan, passando a baixa velocidade por um grande cruzamento, quando o "olho mental" de Iris percebeu, de repente, um enorme caminhão. Ele veio do nada, em direção a seu lado no carro, a uma velocidade enorme. Poucos minutos antes do impacto, ela sentiu o coração batendo contra suas costelas. Gritou, apertou a cabeça com as mãos e encolheu-se na posição fetal.

Alan parou o carro e olhou para ela. Iris estava soluçando.

Não havia nenhum caminhão. Não houve acidente. Ninguém estava em perigo. Iris tivera um *flashback*, uma revivescência mental de um acontecimento traumático como se ele estivesse realmente ocorrendo. Às vezes, como no caso de Iris, um *flashback* pode ser tão sério que o indivíduo começa, inconscientemente, a agir como se estivesse vivenciando o trauma.

Assustada com o pensamento do que poderia teria acontecido se estivesse dirigindo quando o *flashback* ocorreu, depois daquele incidente, Iris recusou-se a dirigir novamente. Então, o pesadelo vivo

75

repetiu-se poucas semanas depois, quando Iris e sua irmã estavam indo ao supermercado, e continuou a acontecer em saídas posteriores com a família e amigos. Iris passou a achar doloroso demais e pouco seguro para ela andar de carro, mesmo como passageira, e todos os que testemunharam seus acessos alarmantes só poderiam concordar.

As pessoas que sofrem de DSPT podem apresentar uma variedade de sintomas e os sintomas específicos e sua intensidade podem variar consideravelmente. Mas um diagnóstico de DSPT raramente é feito, exceto se o indivíduo tem pelo menos um, de cada uma de três categorias distintas de sintomas: 1. pesadelos e *flashbacks*; 2. comportamento de evitação (especificamente, evitação de atividades ou circunstâncias que possam reviver lembranças de experiências traumáticas; 3. reações hiperexcitadas, como raiva súbita e não-provocada, sintomas pronunciados de ansiedade (tais como suor ou taquicardia), nervosismo, uma extrema sensação de estar "em guarda", má memória ou dificuldade de concentração.

Ficou imediatamente claro para mim que Iris apresentava sintomas das duas primeiras categorias e, à medida que fui lhe perguntando sobre humores, emoções e relações, apareceram também sintomas da terceira categoria.

"Eu costumava ser uma pessoa bastante calma, equilibrada. Era preciso muito para me tirar do sério. Mas agora que estamos falando disso, começo a me dar conta de que nos últimos anos venho tendo um sentimento constante de estar no limite, sobressaltando-me facilmente e, às vezes, sendo áspera ou ríspida com as pessoas sem motivo aparente. Acho que posso ter perdido alguns amigos por causa de meus acessos despropositais de raiva."

Iris fica subitamente muito quieta. Seus olhos enchem-se de lágrimas. "O que me deixa tão triste é que me afastei de algumas das pessoas que me deram apoio e estímulo para ir em frente quando estava no leito do hospital, recusando-me a fazer fisioterapia porque achava que não suportaria mais um segundo de dor."

Iris passou a descrever sua personalidade antes do acidente. "Eu era considerada uma pessoa muito simpática e carinhosa — às vezes meus amigos me provocavam de propósito." Mas, nos últimos anos, ela teve dificuldades de sentir e expressar suas emoções (exceto seus acessos inesperados de raiva), particularmente em relação aos mais próximos dela.

"No ano passado, Linda, uma de minhas amigas íntimas mais querida, perdeu o emprego e buscou em mim apoio emocional. Ela não estava pedindo muito, apenas um ouvido para escutar e um ombro para se apoiar de vez em quando. Eu queria desesperadamente ajudá-la, mas não consegui. Deixei de responder aos seus telefonemas e não queria estar com ela. E não era porque seus problemas me deprimissem. Eu simplesmente não estava me importando. Sentime uma pessoa terrível."

Iris ficou um pouco aliviada quando lhe expliquei que é muito comum as vítimas de DSPT sentirem uma espécie de entorpecimento emocional. Com muita freqüência, as pessoas expostas a um acontecimento traumático sentem-se desligadas e afastadas daqueles com quem antes mantinham relações próximas e íntimas. Esse tipo de "anestesia emocional" é uma maneira de evitar um pouco da dor psíquica.

Embora os sintomas de DSPT apareçam normalmente poucas semanas depois do trauma, às vezes pode haver uma longa distância entre o evento deflagrador e o início do distúrbio. Podem passar-se meses ou até anos depois que o choque inicial se desfez e a vida parece ter voltado ao normal. Às vezes, um paciente que busca tratamento para o que parece ser um problema de ansiedade ou depressão apagou completamente o incidente de sua memória. Ou então deixa de mencioná-lo ao terapeuta, achando que não é importante. Isso pode tornar difícil o diagnóstico do DSPT.

Iris lembra-se totalmente do trauma precipitador. Mas até que os *flashbacks* começassem, um observador não especializado poderia não relacionar seus sintomas mais sutis com DSPT. Porém, à medida que continuei minha avaliação, ficou claro que Iris realmente começou a ter sintomas poucas semanas após o acidente.

Ela se recorda, por exemplo, de sua tremenda dificuldade de se concentrar ou dormir durante vários meses, mesmo depois de sair do hospital. Ela também se recusava a falar da experiência.

"Quando as pessoas, e inclusive meus médicos, me perguntavam sobre o acidente, ou sobre Carrie, eu começava a soluçar histericamente e dizia que não queria falar do assunto. Não querendo aumentar minha dor emocional, eles recuavam. Depois de um tempo, não falaram mais disso — nem eu."

Ninguém pode dizer, com certeza, se uma intervenção clínica precoce teria evitado algum ou todos os problemas psicológicos de Iris. Mas sabemos que as pessoas envolvidas em um acontecimento traumático têm menos probabilidades de desenvolver um DSPT se forem tratadas imediatamente após o trauma. O tratamento deve incluir intervenções psicológicas, nas quais a pessoa afetada tem a oportunidade de descarregar e extravasar sentimentos e emoções. Ele deve incluir também, quando apropriado, medicação para ajudar a combater sintomas perturbadores, como insônia e ansiedade severa. Dados recentes mostram que um trauma grave pode provocar mudanças no cérebro, e quem não for tratado imediatamente tem maior probabilidade de desenvolver uma condição crônica difícil de reverter. No longo prazo, Iris poderia ter sofrido menos problemas subseqüentes se as pessoas à sua volta a tivessem encorajado a falar sobre o acidente ou sobre a perda de sua amiga, mesmo que isso a perturbasse. Durante muito tempo, os pesquisadores perguntaram-se por que as pessoas traumatizadas desenvolvem DSPT e outras não. E também não entendiam por que cerca de 50% dos que sofrem desse distúrbio se recuperam, sozinhos, poucos meses após o início dos sintomas, enquanto que outros sofrem por períodos muito mais longos. Porém, já está demonstrado através de pesquisas que quanto mais grave o trauma, maior a probabilidade de alguém desenvolver DSPT. E alguém que tenha sido exposto a um trauma anterior (mas não necessariamente o mesmo, como no caso de Iris) ficará mais sensível a eventos traumáticos posteriores e, portanto, mais vulnerável ao distúrbio. Mas, como assegurei a ela, a boa notícia é que existem agora vários tratamentos eficazes para as pessoas cujos sintomas persistem.

Uma parte da terapia de Iris incluiria a intervenção terapêutica primária que utilizo com meus pacientes fóbicos: acompanhá-los enquanto enfrentam, gradualmente, a situação temida, ao mesmo tempo em que aplico técnicas de redução da ansiedade. Mas, nesse caso, iríamos dar passos menores e mais lentos, para não voltar a traumatizá-la.

Tal como outras vítimas de DSPT, Iris iria precisar de ajuda para recuperar seu autocontrole e começar a sentir-se segura novamente no cenário desestruturador. Planejamos fazer juntas um trabalho cognitivo-comportamental a fim de ensinar-lhe técnicas específicas para mudar sua forma de pensar e agir sobre seu problema. Também passaríamos algum tempo fazendo terapia tradicional. Isso, possivelmente, ajudaria Iris a "processar" a experiência traumática e compreender melhor — e assim poder enfrentar com mais eficácia — seus sentimentos e emoções confusos e perturbadores. Além disso, Iris precisava de ajuda para reduzir seus acessos despropositados de raiva, nervosismo e *flashbacks*. Disse que lhe ensinaria alguns exercícios de relaxamento com esse objetivo, mas também sugeri que ela procurasse o psiquiatra de minha equipe para uma consulta sobre medicação. Os remédios podem ajudar a diminuir os sintomas, o que, por sua vez, torna a terapia mais fácil, porque fica possível falar sobre os pensamentos e emoções recorrentes sem um mal-estar tão intenso.

Perto do final de nossa primeira sessão, dei a Iris um folheto sobre DSPT publicado pela Associação de Distúrbios de Ansiedade da América. Após dar uma olhada na lista de sintomas e problemas relacionados, ela disse: "Exceto pelo fato de nunca ter buscado conforto nas drogas e bebidas, parece que sou um caso típico. Sinto-me bem só de ter colocado um nome no que estava sentindo. Mas tenho uma pergunta a lhe fazer:

"Quando estava na rádio falando com a mulher com fobia de dirigir, você disse não ter medo de andar de carro com gente que sofre de ataques de pânico, e que por mais apavorados que fiquem, eles não perderão o controle ou farão algo perigoso. Mas quando tenho um *flashback*, realmente perco o controle e meu comportamento pode ser perigoso. Você está realmente disposta a entrar em um carro comigo?"

Iris tinha razão: não tenho medo de entrar em um carro, como motorista ou passageira, com alguém que tem fobia de dirigir. Na verdade, digo-lhes que enquanto não se sentirem à vontade andando com um fóbico de dirigir, não estão prontos para a terapia de exposição. As pessoas que sofrem de ataques de pânico acham que vão perder o controle e fazer coisas perigosas, mas não acontece nenhuma das duas coisas. Para que um terapeuta seja capaz de assegurar um paciente disso, ele próprio precisa acreditar nisso.

Um *flashback*, no entanto, é diferente de um ataque de pânico. "Sim", digo a Iris, "estou disposta a entrar em um carro com você. Mas embora uma parte do trabalho que faremos seja semelhante ao que faço com meus pacientes fóbicos, há uma diferença fundamental em como enfrentaremos tal situação.

"Quando estou trabalhando com um paciente fóbico, encorajo constantemente a entrar na zona de 'desconforto' e ir adiante tentando controlar seus sentimentos. Quando trabalhar com você, irei ajudá-la a encontrar uma maneira de *restaurar o senso de controle* que você tinha antes do acidente. Assim, quando estiver pronta para dirigir de novo, ou mesmo viajar como passageira, você terá readquirido sua confiança."

Iris marcou uma nova consulta para a semana seguinte. Ela estava saindo do consultório quando se voltou para mim, sorriu e disse: "Não lhe contei que deixei minha carteira de motorista vencer. Não podia nem pensar em renová-la — até o dia de hoje".

Percebi que nosso trabalho havia começado.

PARTE II

Retratos da recuperação

8

UMA REVOLUÇÃO NA TERAPIA

Quando comecei a trabalhar com gente que, como eu, sofria de um distúrbio de ansiedade, os novos pacientes chegavam ao meu consultório cheios de fichas médicas. Logo descobri que isso era a norma. Ainda hoje, os pacientes vão de médico em médico, de especialista em especialista, tentando encontrar respostas para "essa coisa esquisita que tenho".

Com efeito, foi estimado que antes de um paciente ter seu distúrbio de ansiedade diagnosticado ele terá consultado uma média de dez médicos. Meus pacientes já consultaram normalmente o médico da família, cardiologistas, neurologistas e/ou gastroenterologistas. Alguns também passaram por formas tradicionais de psicanálise ou psicoterapia. Eventualmente, fazem análise há anos. Esses pacientes conseguem muitas vezes uma visão introspectiva considerável de suas vidas, mas seus distúrbios de ansiedade continuam a prejudicá-los.

Hoje em dia aceita-se amplamente que os distúrbios de ansiedade constituem manifestações complexas da química do cérebro que, no entanto, respondem às terapias aparentemente mais simples e de senso comum. Ainda assim, não há dois pacientes iguais e enquanto um deles pode responder a uma determinada abordagem, outro pode necessitar de algo bastante diferente.

Quando comecei a trabalhar com Bob DuPont, o que chamávamos de terapia contextual — aquela que me ajudou tanto — ainda não havia sido cientificamente testada e era bastante suspeita aos olhos da maioria dos especialistas da saúde mental. DuPont era um profissional muito respeitado, mas a idéia de um psiquiatra saindo com os pacientes para ajudá-los a encarar seus medos era quase es-

83

candalosa. Como ousávamos tratar da ansiedade deles sem examinar suas histórias de infância, determinar quais os traumas infantis que causavam seus problemas, como havia sido seu treinamento de esfíncter, se suas mães os amavam?

Mas o fato é que nosso tratamento funcionava. Pouco a pouco, a notícia começou a se espalhar. Vários meses depois que eu estava trabalhando com ele, um dos colegas de DuPont em um grande hospital universitário convidou-nos para dar uma palestra sobre as novas técnicas para os residentes em psiquiatria.

Era o mesmo que ser convidado para visitar um covil de leões. Tivemos que encarar uma sala cheia de psiquiatras em treinamento que tinham acabado de se formar em medicina. Descrevemos um de nossos primeiros casos de sucesso — o de Grace, cuja agorafobia a manteve presa em casa durante trinta anos (relato essa história no capítulo 9). Relatei como fui à casa dela e ajudei-a a dar o primeiro passo para fora. Bob confirmou que depois de cinco meses ela conseguia sair, fazer compras e visitar amigos, coisas que anteriormente tinha pavor de fazer. Então abrimos a palestra para perguntas. Pensei que seríamos esquartejados ali mesmo.

Os jovens médicos ficaram especialmente ultrajados com DuPont, que deveria ser supostamente um deles. ''Que história é essa de resolver isso em cinco meses, sem examinar a história mental dela, sem resolver seus conflitos de infância, obviamente, subjacentes a seus sintomas?'' Eles colocaram em dúvida nossos êxitos, afirmando que tal tratamento apenas suprimia os sintomas e que os problemas imersos logo se manifestariam de outras formas, possivelmente mais perigosas.

Bob DuPont ficou impressionantemente calmo. ''Quando fui estudar medicina'', disse ele, ''fiz o juramento hipocrático de fazer tudo ao meu alcance para curar os pacientes. Quando vejo um paciente melhorar porque estamos saindo com ele e porque estamos fazendo coisas que não são convencionais, então acredito que é meu dever prosseguir com aquele tipo de tratamento com aquele paciente.'' Destacando que Grace estava trabalhando, fazendo compras e funcionando, ele completou: ''Obviamente, nós tratamos do problema''.

Os jovens médicos continuaram tão hostis que cheguei a considerá-los ameaçadores. No dia seguinte, Bob e eu recebemos um telefonema, seguido de uma carta do chefe do departamento pedindo desculpas pelo comportamento deles.

Cerca de um ano depois, o mesmo chefe nos convidou para que voltássemos, mas com uma diferença. Na primeira vez, tinham pedido para apresentar nossa terapia. Agora, o convite afirmava, os residentes tinham ouvido tantas coisas boas sobre nosso trabalho que queriam que voltássemos para *ensiná-los a fazê-lo!*

O que chamávamos então de *terapia contextual* — dessensibilizar pacientes *no contexto* de seus medos — teve como pioneiros dois psicanalistas, Manuel Zane, na Costa Leste, e Arthur Hardy, na Costa Oeste. Eles eram analistas freudianos tradicionais, mas ambos viram-se com pacientes que eram incapazes de sair de casa para fazer terapia. Os dois abandonaram os dogmas e começaram a atender na casa dos pacientes. Zane disse mais tarde que seu objetivo inicial era simplesmente tornar os pacientes suficientemente corajosos para que fossem visitá-lo no consultório, mas descobriu que se conseguisse fazê-los sair de casa, eles fariam grandes progressos em outros aspectos de seus problemas psiquiátricos. A ajuda não era sempre uma questão de compreender de onde vinham as questões psicológicas. Às vezes, era apenas caminhar até a caixa de correio da esquina.

A terapia contextual não é, porém, uma simples questão de expor as pessoas aos seus medos e mostrar a elas como não têm fundamento. Não é como a sabedoria comum de que se você cai de um cavalo, deve montar de volta, imediatamente, ou jamais conseguirá fazê-lo novamente. As pessoas com fobias têm de lutar não apenas com a situação que causa medo, mas também com os pensamentos negativos e as interpretações errôneas de sensações corporais associadas a ela. Quando chegam para se tratar, já adquiriram hábitos arraigados, padrões de pensamento e comportamento que funcionam quase automaticamente para manter a fobia no lugar. Alguns pacientes podiam voltar repetidamente à situação causadora do medo sem melhorar, mas sim, reforçando seu aprendizado negativo. Era isso que tínhamos de atacar.

Na década de 70, o dr. Aaron Beck, psiquiatra da Universidade da Pensilvânia, ficou famoso por seu trabalho pioneiro no tratamento da depressão através do exame dos padrões de pensamento associados à disposição de ânimo negativa. Mais tarde, ele e seus colegas aplicaram técnicas semelhantes no tratamento dos distúrbios de ansiedade. A abordagem de Beck, batizada de "terapia cognitiva", deu nova precisão às tentativas dos terapeutas de romper o círculo vicioso do pânico.

Na base da terapia cognitiva está a observação de que muitos sentimentos que parecem surgir espontaneamente se originam de um pensamento. Por exemplo: "estou preso, não posso sair daqui!" é um pensamento que pode desencadear sentimentos e ações poderosos. Em alguns casos, o sentimento ou reação pode surgir tão rapidamente que não temos consciência do pensamento. Mas se podemos mudar ou deter o pensamento, podemos mudar o sentimento ou parar a reação. A consciência e o controle cada vez maior desses processos de pensamento são o objetivo central da terapia cognitiva. Em outros casos, o pensamento é totalmente consciente, mas errado. Se nosso coração dispara durante um exercício, por exemplo, podemos dizer para nós mesmos "estou fazendo realmente um bom treinamento", ou "estou tendo um ataque cardíaco". Se o coração dispara inesperadamente, como muita gente experimenta durante um ataque de pânico, com maior probabilidade pensaremos: "estou tendo um ataque cardíaco". Ensinar novas maneiras de interpretar experiências (o que chamamos de "restauração") é também básico para a terapia cognitiva.

A terapia comportamental, como diz o próprio nome, concentra-se em identificar e mudar padrões negativos de comportamento. Baseia-se em pesquisas modernas sobre como se adquire inicialmente um comportamento, como se formam os hábitos, o que faz um comportamento se repetir e o que o interrompe ou detém. Os terapeutas comportamentais desenvolveram muitas técnicas para modificar diretamente o comportamento de uma pessoa. Eles também sublinham a importância da prática no aprender ou reaprender. Muitas das técnicas terapêuticas que ensinamos aos nossos pacientes — do relaxamento progressivo e reeducação da respiração até os "Seis Pontos" de Manuel Zane — baseiam-se em técnicas de aprendizado comportamentais.

Há quinze anos, um estudante do método de Zane pegou-me pela mão e ajudou-me a vencer minha fobia de alturas. Seu sistema de me ajudar a "provar" ao meu cérebro que eu realmente não queria pular de uma janela combinava técnicas cognitivas e comportamentais. Meu sucesso pessoal com esse tipo de tratamento, os sucessos subseqüentes de meus pacientes e as provas científicas de sua eficácia levaram-me a me tornar uma discípula apaixonada e devota da terapia cognitivo-comportamental.

Na década de 80, novas pesquisas levaram os terapeutas a se concentrarem mais nos aspectos físicos da síndrome de pânico. O dr. David Barlow, da Universidade Estadual de Nova York, em Albany, demonstrou o valor de ensinar aos pacientes sobre a fisiologia dos ataques de pânico e a oxidação excessiva do sangue, reeducando seus padrões de respiração e corrigindo concepções errôneas sobre os sintomas físicos da ansiedade. O dr. David Clark, da Universidade de Oxford, teorizou que os ataques totais de pânico são, na verdade, causados pela má interpretação que as pessoas fazem de sensações corporais normais de ansiedade como sendo sintomas de ataques do coração, enlouquecimento ou morte.

O período entre o final da década de 70 e início da de 80 também assistiu à explosão do conhecimento sobre o funcionamento do cérebro. Não passava uma semana sem que um neurobiólogo ou psiconeurologista anunciasse a descoberta de um novo mensageiro do cérebro, aquelas pequenas proteínas chamadas de neurotransmissores que levam mensagens de uma célula do cérebro para outra e governam todo o nosso ser consciente e inconsciente, do ódio à paixão por chocolate, da atração sexual ao medo das alturas.

Essas descobertas tiveram duas grandes conseqüências sobre o tratamento dos distúrbios de ansiedade. Primeiro, forneceram indícios sólidos de que os distúrbios tinham um importante componente biológico. Em segundo lugar, deram aos farmacologistas e químicos que desenvolvem medicamentos um vasto campo novo para explorar. Começaram a aparecer no mercado novos remédios para inibir ou potencializar essas substâncias químicas do cérebro.

No início da década de 60, o dr. Donald Klein, do Colégio de Médicos e Cirurgiões da Universidade de Colúmbia, observou que antidepressivos bloqueavam os ataques de pânico de alguns pacientes. Mas, somente anos depois seu trabalho foi inteiramente aceito.

Para aqueles dentre nós que tinham tido tanto sucesso com variações da terapia cognitivo-comportamental, a medicação de pacientes parecia ser um simples remendo. Os defensores da terapia farmacológica achavam o mesmo de nossa abordagem. Nos primeiros encontros da organização que fundamos — a Sociedade das Fobias, mais tarde conhecida como Associação dos Distúrbios de Ansiedade da América — houve debates acalorados entre os que defendiam o uso de medicamentos e os que eram contra.

Então, aparentemente, da noite para o dia, os debates se tornaram praticamente festivais de amor.

O que ocorreu foi a surpreendente descoberta de que não só as duas abordagens funcionavam, como quando usadas juntas eram sinergéticas, ou seja, a terapia medicamentosa e a cognitivo-comportamental pareciam funcionar melhor juntas do que cada uma por si.

Se a pessoa não está sofrendo demais, ainda prefiro começar somente com a terapia cognitivo-comportamental (por motivos que explico no capítulo 11). Mas posso atualmente dizer aos meus pacientes, com muita confiança, que se não houver uma melhora significativa em, digamos, cinco ou seis semanas, há outros métodos e combinações de métodos que podemos tentar. Nem todos os distúrbios respondem a todas as terapias e nem todos que sofrem do mesmo distúrbio reagem da mesma forma a uma determinada terapia. Mas a boa nova é que existem agora muitas opções de tratamento à disposição.

Por mais eficazes que sejam nossos atuais tratamentos, existem ainda muitas barreiras. O primeiro obstáculo encontra-se, com freqüência, nos próprios pacientes. Uma vez que os distúrbios de ansiedade me parecem esquisitos para suas vítimas, elas sentem-se obrigadas a esconder seus sintomas do resto do mundo. Elas pensam assim: "Se me parece irracional entrar em pânico por nada — encontrar com colegas, entrar em elevador, fazer compras —, ou se tenho compulsão para contar coisas, ou medo de dirigir em pontes, então imagine como isso deve soar esquisito para o resto do mundo". Para muita gente, esconder o distúrbio torna-se uma tarefa exaustiva e realizada muita vezes tão bem que nem mesmo o médico da família o detecta. A educação dos médicos e das próprias vítimas é a chave para sair a público — aliás, literalmente, para alguns pacientes.

A falta de conhecimento dos médicos de primeiros socorros é um segundo obstáculo ao tratamento. Isso está sendo atacado pelo Instituto Nacional de Saúde Mental dos EUA, que vem realizando campanhas nacionais de educação para profissionais de saúde e pacientes.

O dr. Frederick K. Goodwin, diretor do Instituto, atribui um pouco da falha em identificar pacientes com distúrbios de ansiedade a um tipo de pobreza da linguagem. Em uma recente conferência, ele disse: "Todo mundo entra em pânico. Eu estava a uns trinta quilômetros daqui e tinha vinte minutos para chegar e então entrei em pânico. Isso é uma trivialização e é culpa de nossa língua, que usamos palavras comuns como pânico, depressão e ansiedade para falar de sentimentos humanos normais e, ao mesmo tempo, esperamos que as mesmas palavras indiquem um distúrbio mental sério. Temos de corrigir isso. Temos que educar o público que pânico com P maiúsculo é uma questão diferente do pânico a que todos se referem como fazendo parte de suas vidas normais".

O dr. Thomas Uhde, da Universidade Estadual de Wayne, que dirigiu o programa de pesquisas sobre distúrbios de ansiedade no INSM durante muitos anos, acredita que outro obstáculo ao tratamento é a tendência de muitos terapeutas de se agarrar a uma única terapia ou a um único medicamento. Ele destaca que os diferentes distúrbios de ansiedade são governados por diferentes neurotransmissores, e que diferentes medicamentos e terapias agem em sistemas específicos. Um grande número de neurotransmissores já foi identificado e, embora eles se sobreponham com freqüência, cada um desses mensageiros regula funções mentais e físicas específicas. Pacientes com sintomas semelhantes podem estar sofrendo de um distúrbio em territórios de neurotransmissores diferentes. Assim, como você verá nos estudos de caso seguintes, a maneira de tratar deve ser sempre sob medida para as necessidades do paciente.

Nossos maiores êxitos aconteceram em um dos distúrbios mais comuns: pânico, com e sem fobias. E é sobre ele que discorrerei com mais detalhes.

Os cientistas agora sabem que os medicamentos podem influenciar os neurotransmissores. Sabem também que as terapias psicológicas podem ter a mesma influência, embora possa demorar mais.

Os pioneiros da terapia cognitivo-comportamental mostraram que conduzir seus pacientes pela mão através das situações que induzem os sentimentos mais ansiosos pode realmente mudar a química do cérebro de maneira curativa, poderosa e duradoura.

Os distúrbios de ansiedade são crônicos e podem reaparecer, especialmente após algum acontecimento traumático, como a morte da esposa ou de um filho, por exemplo. Os pacientes mais bem-sucedidos e os que têm maior probabilidade de recuperação rápida em qualquer recaída no futuro são aqueles que trabalham duro durante nossas sessões de terapia e depois em casa, praticando o que estão aprendendo. Somente dessa forma eles podem se convencer realmente de que a química de seus cérebros pode ser modificada e os sintomas perturbadores podem ser abrandados.

Tenho dirigido com meus pacientes, subido em elevadores, caminhado até caixas de correio nas esquinas, voado em aviões, atravessado grandes pontes, literalmente, e observado eles atravessarem pontes no sentido de se libertarem das ansiedades e preocupações que mutilaram suas vidas.

Durante um tratamento típico, encontro-me individualmente com um paciente pelo menos uma vez por semana, mas com maior freqüência, se necessário. (De início, encontro-me três vezes por semana com quem sofre de distúrbio obsessivo-compulsivo.) Além disso, a maioria dos pacientes participa de um programa de doze semanas de terapia de grupo. Tanto nas sessões em grupo como nas individuais, o paciente "pratica" o confronto com os sentimentos e situações que vem evitando, ao mesmo tempo em que apresento muitas das técnicas que estão descritas nas partes II e III deste livro.

Perto do início do programa, cada paciente estabelece objetivos e usa um diário ou caderno para medir seu progresso. Embora o objetivo último seja ser capaz de levar uma vida normal, sem restrições, os pacientes aprendem também que isso não significa ficar livre de ansiedade para sempre; isso seria irrealista até mesmo para o "mais calmo" de nós!

Os pacientes que completam o tratamento aprendem que embora os sintomas de seu distúrbio de ansiedade possam se apresentar de vez em quando, eles não precisam mais ser governados pelos sintomas. Mesmo depois que termina o programa de tratamento, a prática constante é essencial para evitar recair nos velhos padrões. Portanto, meu objetivo enquanto terapeuta não é apenas ajudar a prática do paciente em várias situações, mas também estimular o hábito de praticar que deve continuar depois do final da terapia. Nos próximos capítulos você conhecerá sete pessoas cujas histórias ilustram com mais detalhes as principais formas de tratamento disponíveis atualmente. Em cada caso, as técnicas da terapia cognitivo-comportamental — muitas vezes combinadas com medicamentos — levaram a uma recuperação significativa. Como você verá, o compromisso dos pacientes com o trabalho duro e sua determinação em melhorar também foram essenciais para seu eventual sucesso. Os obstáculos que enfrentaram também são típicos.

Junto com suas volumosas fichas médicas, muitos de meus primeiros pacientes trouxeram com eles um livro pequeno e geralmente em frangalhos. Era quase sempre uma das várias obras escritas por Claire Weekes, uma pioneira australiana no tratamento de fobias e síndrome de pânico. Embora alguns dos livros de Weekes — *Hope and Help for Your Nerves, Peace From Nervous Suffering* — usassem a linguagem de uma geração anterior, seus conselhos acertavam notavelmente no alvo e seu tom era simpático e encorajador. Quem descobria seus livros carregava-os quase como um cobertor de segurança.

Há cerca de dez anos, pouco antes de morrer, Claire Weekes veio participar de uma de nossas conferências e ficou em minha casa. Àquela altura, ela havia se tornado quase que uma heroína dos terapeutas dos distúrbios de ansiedade nos Estados Unidos e no Canadá, e seus livros tinham estado na lista dos mais vendidos na Inglaterra. Infelizmente, como me contou, era quase desconhecida em seu próprio país e considerada meio maluca pelos médicos australianos. Tomei emprestado seu tema de esperança e ajuda para subtítulo de meu livro. Gostaria de pensar que minha obra reflete sua filosofia compassiva, com um pouco da ciência e da experiência clínica que desde então têm confirmado seu valor.*

---

* O subtítulo do original em inglês é: *A book of help and hope for people with anxiety, panic attacks and phobias* (um livro de ajuda e esperança para pessoas com distúrbios de ansiedade, pânico e fobias). (N.E.)

9

GRACE: ENCARANDO OS MEDOS

Imagine a expressão no rosto de alguém que se aventura, fora de casa pela primeira vez, em dez, vinte ou mesmo trinta anos. Seu triunfo está contaminado pelo arrependimento: quanta coisa ela perdeu todo esse tempo! E o medo de sair ainda está ali; talvez estará sempre. Mas não há como se enganar com a expressão de alegria em seu rosto enquanto ela caminha pela calçada, admirando as árvores, a grama e o céu, olhando espantada para as pessoas estranhas que passam. Estar presente num momento como esse é um privilégio que só posso comparar ao de testemunhar um nascimento.

Grace foi uma das pacientes com agorafobia que tratei logo depois que me mudei para Washington, D.C., em 1978 e comecei a trabalhar com Bob DuPont. Grace estava tão presa à sua casa que talvez nunca tivesse encontrado ajuda, não fosse pela atenção de uma assistente social. Nosso primeiro contato foi indireto, através de um telefonema de Peggy McMahon, membro da equipe de um grupo de serviços jurídicos para idosos.

Peggy explicou rapidamente o motivo da chamada. Havia lido sobre o trabalho que Bob e eu estávamos realizando com pacientes fóbicos em um artigo publicado no *Washington Post*. O artigo descrevia uma mulher com agorafobia e discutia as experiências antes e após o tratamento.

Peggy lembrou-se do artigo quando recebeu um telefonema de Grace, uma senhora de 60 anos que estava respondendo a um anúncio que Peggy colocara num jornal local pedindo alguém para preencher envelopes. Grace disse a Peggy que precisava ganhar algum dinheiro e estava ansiosa para ajudar, mas que precisaria que alguém levasse os envelopes até sua casa. Grace morava cerca de sete quadras do escritório de Peggy. Quando esta perguntou-lhe por que não podia ir até o escritório, Grace foi evasiva, dizendo que simplesmente não podia ir. "Você precisa de uma carona? Ajudaria se alguém pegasse você e trouxesse de carro até aqui?", perguntou Peggy. Grace disse que não. Não havia nada errado. Sua saúde estava boa e sabia onde era o escritório, mas não podia ir até ele. Peggy disse que entraria em contato com ela dentro de poucos dias.

Quanto mais Peggy pensava sobre aquela conversa, mais curiosa ficava sobre Grace. Era quase como se ela tivesse alguma deficiência que não quisesse admitir. Com a matéria do *Washington Post* fresca na memória, Peggy ficou imaginando que o motivo de Grace não poder ir até o escritório talvez fosse o fato de não poder sair de casa!

Depois do almoço e armada com uma cópia do artigo do jornal, Peggy foi ao apartamento de Grace. Ninguém atendeu ao primeiro toque da campainha, nem ao segundo.

Por fim, Peggy bateu na porta com força. Ouviu então uma voz distante: "Estou indo! Estou indo!". Mas demorou muito até que a porta se abrisse — e só uma fresta.

Nessa primeira visita, Peggy não conseguiu entrar, mas deu o artigo para Grace, que o leu avidamente. Sua reação não deixou dúvidas em Peggy: "*Oh, meu Deus, esta sou eu! Sou eu!* Você acha que as pessoas que ajudaram aquela senhora poderão me ajudar?".

Foi por isso que Peggy me telefonou. Poderia ajudar Grace?

Com certeza, eu tentaria, respondi, e anotei o telefone.

* * *

A voz que respondeu à chamada era trêmula e interrogativa. Mas à medida que fomos conversando, pude sentir Grace ouvindo atentamente, prendendo-se a cada palavra de meu discurso. Então bateu o medo.

"Preciso ir agora", disse ela de repente. Mas não desligou. Ela estava com medo de ter um ataque de pânico ao telefone — apavorada por perder o controle e ficar constrangida. Contudo, não desligou, como me disse mais tarde, "em nome da vida".

Sim, ela havia lido meu artigo e havia conversado com Peggy. As pessoas do artigo descreviam sentimentos semelhantes aos dela — sentimentos que ninguém jamais compreendeu ou descreveu a ela. Essa podia ser a sua única esperança; seu medo de perder a oportunidade de obter ajuda foi mais forte que o medo de falar comigo.

Mas a atração de querer melhorar estava em guerra com a repulsa, o medo do que teria de fazer. Eu iria obrigá-la a sair e fazer coisas de que tinha medo? Eu a colocaria diante de situações que a apavoravam? Ela dificultou muito minha visita. Quando finalmente consegui marcar um encontro, ela telefonou de volta para dizer que não sabia se queria me encontrar agora. Estava com dor de cabeça. Não se sentia bem. Prometeu que telefonaria outro dia. Nessas conversas eu simplesmente deixava que ela falasse o que tinha a dizer e assegurava-lhe de que tudo o que queria era ir visitá-la. Disse-lhe que não teria de fazer nada que não quisesse. Na verdade, não precisava nem deixar-me entrar no apartamento. Disse que iria apenas até a porta; ela podia me ver pelo olho mágico e se decidisse que não me queria ali, eu iria embora.

Eu sabia que cada centímetro de avanço seria significativo. *Qualquer* movimento seria um progresso, mesmo que fosse simplesmente deixar-me ir até sua casa e ficar diante da porta.

Na manhã de nosso primeiro encontro, Grace telefonou de novo e tentou cancelar, mas concordou em me "examinar" do lado de fora do apartamento.

Depois que concordou com isso, ficou muito protetora: não era uma vizinhança segura, disse-me exatamente onde deveria estacionar e que não deveria esquecer de trancar a porta. Não havia campainha, mas garantiu-me que estaria me observando pela janela.

Encontrei seu prédio e estacionei diante dele, mas não havia sinal de Grace. Na porta da frente, que levava ao corredor de entrada, espiei por uma janela que dava para um vestíbulo. Não havia ninguém lá. Bati com força.

Depois de um instante, uma fresta abriu-se e Grace espiou para fora. Fixou-me com tanta intensidade que parecia estar olhando *através* de mim. Os olhos eram os de um animal ferido ou de uma criança aterrorizada que não sabe se pode confiar. Seus cabelos estavam em desalinho. Usava um *tailleur* fora de moda que parecia ter saído de um catálogo da década de 50. Mas sua pele era perfeita: pálida, intocada pelo sol, a cútis translúcida de uma mulher que não havia saído de casa nos últimos trinta anos.

Nos penetrantes olhos azuis de Grace havia puro terror e um apelo por ajuda.

Os olhos aterrorizados eram os de uma mulher que *queria* confiar — mas, como poderia pôr sua vida nas mãos dessa estranha, diante de sua porta? Observava-me, observava cada movimento que eu fazia, pensando se deveria deixar-me entrar — literal e figurativamente.

Deixou-me entrar, primeiro no prédio e, por fim, em seu apartamento, onde imediatamente recuou para uma grande poltrona desgastada no extremo oposto da sala. Ali se enrodilhou, agarrando-se no braço da poltrona. Parecia não saber para onde olhar. Não tinha a menor idéia de como se relacionar comigo. Então, começou a falar. Sua fala era ininterrupta, incansável, como se tentasse lembrar-se de cada detalhe dos eventos que precederam seu aprisionamento em sua própria casa por trinta anos.

Tudo começou em 1948, com uma ida ao cabeleireiro.
"Eu estava me preparando para ir a uma festa à fantasia, sentada sob o secador de cabelos de um instituto de beleza. De repente, sem motivo nenhum, meu coração disparou. Então esse tipo esquisito de sensação doentia chegou e me dominou completamente. Senti uma necessidade urgente de arrancar os rolos da cabeça e gritar a plenos pulmões. Não sabia o que estava acontecendo comigo. Sentia como se minha mente e meu corpo estivessem me traindo. Queria correr, mas estava assustada demais, constrangida demais.
"Aí não pude agüentar mais. Saí do secador do jeito que estava. Joguei cinco dólares no balcão e corri para casa, chorando sem parar. Não sabia o que havia de errado comigo. Eu só soluçava, soluçava e soluçava.
"Não voltei ao salão de beleza. Não fui à festa naquela noite. Poucos dias depois, ainda estava desnorteada, mas sentindo-me melhor. Estava na mercearia falando com uma vizinha e uma sensação começou a chegar. 'Oh, meu Deus...' Era assustadoramente familiar. 'Oh, meu Deus, está acontecendo de novo. Preciso sair daqui.' Deixei os meus pacotes e corri para casa.
"Depois, aconteceu no trabalho. Com amigos. Quando estava na rua. Não sabia como explicar para as pessoas, então, não falei. Simplesmente dava desculpas. Fui ao meu médico e disse-lhe que estava com uma doença terrível. Ele disse que não, que eu estava bem. Mas não acreditei nele. Fui a outros quatro ou cinco médicos. Eles também disseram que eu estava bem.
"Então fui a um psiquiatra. Ele me disse que era 'apenas nervos', que deveria ficar em casa e descansar." Grace riu. "Fiquei em casa, com certeza — por trinta e tantos anos..."

Antes de ficar presa em casa, Grace levava a vida de uma profissional de carreira na capital do país, na década de 40. "A bela do baile", ela se autoproclamava. Tinha uma excelente posição de secretária executiva de um órgão do governo. Com seus amigos, Grace era a alegria da festa. Era aquele tipo de pessoa que facilmente pode ser convencida a levantar-se no meio de uma festa e cantar aos berros uma canção de amor.

Mas, depois que começaram os ataques de pânico, "fiquei com tanta raiva de mim mesma que não saía mais de casa, mal me mantendo do lado de cá da linha estreita, que divide a sanidade da loucura. Temia que, se atravessasse aquela linha, perderia a cabeça. Sabia muito pouco sobre as coisas que aconteciam do lado de fora. Passaram-se décadas. Lembro-me vagamente do assassinato do presidente Kennedy. Sabia que a guerra do Vietnã estava em andamento, mas não prestei muita atenção. Eu *não podia* prestar atenção. Eu não podia me concentrar porque toda a minha energia era gasta me concentrando em minha ansiedade e meus medos".

Durante o tempo em que ficou presa em casa, Grace passou por períodos em que não conseguia falar ao telefone. Às vezes, não conseguia ir até a cozinha para pegar comida; tinha medo de tomar banho, e se estivesse no chuveiro, tivesse um daqueles ataques terríveis e não conseguisse sair rapidamente? Ela ficaria presa!

Depois de um certo tempo, nem mesmo controlava a passagem dos dias, das semanas, dos anos. Simplesmente parou de dar atenção à passagem do tempo. Mal ligava a televisão. Quando o fazia, era para assistir aos pregadores eletrônicos, com os quais rezava alto: "POR FAVOR, alguém me ajude!". Às vezes, bebia e, a certa altura, pensou em suicídio.

"Certa ocasião, houve um incêndio em meu prédio. Quando o alarme disparou, todos os moradores saíram para a rua. Mas eu fiquei. Lembro-me de discutir comigo mesma: 'Grace, se não sair, você pode morrer!'. Mas o medo de ter um daqueles ataques parecia pior que morrer. Fiquei paralisada. Felizmente, apagaram o fogo logo e não fui atingida. Mas a percepção me atingiu em cheio: 'Meu Deus, o que aconteceu comigo? O que aconteceu com minha vida?'."

Durante alguns anos, Grace teve uma amiga, Trixie, que dividia com ela o apartamento. Tinham também um quarto para o pai de Trixie, que era inválido, e de quem Grace cuidou até sua morte. Com alguém sempre no apartamento e com Trixie fazendo as compras e outras coisas fora, havia atingido um certo equilíbrio. Grace jamais teve de sair enquanto Trixie morou com ela. Com a amiga contribuindo para o orçamento doméstico, Grace podia sobreviver com a pequena renda que recebia da herança do pai. Ao cuidar do pai de Trixie, achava que estava dando também sua contribuição.

Um ano antes de eu conhecer Grace, tudo tinha mudado. Trixie tinha morrido de câncer nos braços de Grace. Depois disso, ela ficou sozinha e acabou ficando também sem dinheiro. Foi quando telefonou para a organização de Peggy McMahon.

Embora precisasse desesperadamente de ajuda, Grace estava decidida a me convencer de que sua situação não tinha saída. Repetiu várias vezes que não imaginava como eu poderia ajudá-la. "Você *não pode* entender", disse ela. "Você não pode ter a menor idéia de como é."

"Acho que posso, Grace", respondi. Quando comecei a lhe descrever meus ataques de pânico, o terror em seu rosto se dissipou. Começou a ouvir com uma espécie de fascínio, e a fazer perguntas. As questões brotavam quase sem pausa, enquanto ela tentava compreender o que havia acontecido comigo e o que talvez estivesse acontecendo com ela. "Mas você parece tão normal", ela repetia. "Como é que você consegue sair e fazer coisas? Quando aquilo acontece, o que você faz? Conte de novo. Você se sentia como se fosse ficar louca de repente?"

"Sim, Grace, eu me sentia assim. Parecia que aquele sentimento não iria mais embora. E depois que passava, eu começava a pensar: 'E se acontecer de novo e dessa vez eu ficar realmente louca?'".

"É isso! É isso! *Quando vai acontecer de novo?*"

Senti uma ligação instantânea com Grace. Apesar da gravidade de sua situação — era de longe o caso mais extremo que eu já havia visto ou ouvido falar —, quando olhei em seus olhos, vi alguma coisa que me disse que eu poderia ajudá-la. Na superfície, seu comportamento era algo bizarro, mas ela, certamente, não era psicótica, nem estava fora de contato com a realidade — nem, acreditava eu, havia perdido alguma vez esse contato, embora vivesse no pavor constante de cruzar a linha. Ela queria melhorar e isso era tudo o que eu precisava saber.

Expliquei-lhe cuidadosamente como iríamos trabalhar juntas.

"Você vai me *obrigar* a fazer coisas", protestou ela.

"Grace", disse eu, "não vou forçá-la a fazer nada. Estou aqui para ajudá-la, não para obrigá-la a fazer qualquer coisa que você não queira. Não vou tentar controlá-la ou pressioná-la. Vamos andar bem devagar."

"Ok, por onde começamos?", perguntou ela.

"Que tal sair caminhando pela porta?"

"Você sabe que eu não posso fazer isso."

"Certo. Que tal pôr um pé para fora da porta?"

"Isso é bobagem", e sorriu. "Eu posso pôr um pé para fora."

"Muito bem, vamos começar assim. Mas se você pode pôr um pé para fora, pode pôr os dois."

Ela colocou um pé para fora. Depois deu um passo e estava do lado de fora da porta, com os pés juntos. Rapidamente, ela recuou.

"Ok, eu fiz."

"Certo", disse eu. "Vamos fazer de novo e ficar ali. E enquanto você faz isso, quero que conte de cem para trás, de três em três, o mais rápido que puder."

"Ora, isso é tão bobo", exultou ela. "Eu posso fazer isso." Ela hesitou, depois acrescentou: "Mas eu não quero dar um passo para fora".

"Bem, vamos fazer juntas. Eu saio, então você sai, com os dois pés, e a gente conta."

Pouco depois estávamos as duas do lado de fora contando em voz alta: "97, 94, 91, 88, 85...".

Olhando uma para a outra enquanto contávamos, caímos na risada. Então, um olhar aterrorizador surgiu em seu rosto.

"Continue contando", disse eu. "82, 79, 76, 73..." O medo passou.

Voltamos para dentro. Grace estava triunfante. "Não foi tão ruim assim!"

"Vamos fazer de novo", eu disse rapidamente, "e desta vez, vamos dar *dois* passos." Ela assentiu.

Repetimos o exercício várias vezes, sempre contando de três em três em ordem decrescente. Continuamos com a contagem, uma vez que isso parecia ajudar. Aos poucos, avançamos para longe da porta e descemos os degraus da frente. Quinze minutos depois que tínhamos começado a sessão, estávamos a vários metros da porta da frente do edifício.

Eu disse: "Meu carro está bem na frente de seu apartamento. Grace, você acha que pode caminhar até lá, tocar no meu carro e voltar para casa?".

"De forma alguma", ela respondeu imediatamente. "Não vou fazer isso!"

"Você não precisa fazer, se não quiser. E, se não quiser fazer nessa sessão, podemos esperar até a próxima vez. Mas não vai ser mais fácil da próxima vez. E se podemos fazer agora, você saberá que *fez*. Por mais assustador que seja, nada vai machucá-la. Estou aqui com você: eu não deixaria nada de errado acontecer."

Grace tinha confiado em mim na hora de dar alguns passos para fora de casa. Mas ir até o meu carro e voltar era outro tipo de desafio.

"Você *realmente* teve essas sensações?'', perguntou ela, seus olhos azuis penetrantes me examinando. "Você sentiu realmente isso?"

"Sim. Eu sei como é assustador. E eu sei que esses sentimentos não são perigosos — são amedrontadores, mas não perigosos. E sempre passam."

Ela meditou sobre minhas palavras. Então, de repente, sem avisar, saiu correndo, atravessou a calçada, tocou no carro e voltou na mesma velocidade.

"Eu consegui! Eu consegui! Certo?"

"Certo." Deixei que retomasse o fôlego. "Agora, quero que você repita. Quero que você caminhe até o carro, devagar desta vez, e conte até dez antes de voltar."

"Ah, não", disse ela desapontada. "Jerilyn, não me obrigue a fazer isso, não me obrigue a fazer isso!"

"Grace, você quer ficar melhor?"

"Sim."

"Ok. Quero que você vá até lá e tente *ficar lá* até contar até dez."

Era importante que ela ficasse o tempo suficiente para ver que as sensações assustadoras iriam passar.

Passo a passo, ela caminhou até o carro e ficou parada com a mão na capota, os olhos no chão, contando em voz baixa, os lábios movendo-se. De repente, levantou os olhos com orgulho, olhou em torno e sorriu.

"Como foi?", perguntei-lhe quando retornou para casa.

"Foi... foi tudo bem", respondeu ela, recuperando o fôlego. "Na verdade, não foi tão ruim como na primeira vez."

"Quer fazer de novo?"

"Claro", disse ela com um sorriso largo e forçado. "Mas isso não é realmente grande coisa."

"É uma coisa muito importante, Grace", disse eu. "Você acaba de ganhar sua primeira medalha olímpica."

Peggy McMahon tinha se oferecido para ajudar Grace a "praticar" entre as sessões. Então deixei uma lição de casa: "Quando encontrar Peggy, pratique as coisas que fizemos hoje. Saia de seu prédio e vá até o meio-fio. Deixe Peggy acompanhá-la da primeira vez. Depois faça ela esperar na porta enquanto você vai e volta sozinha, várias vezes, até que você possa ficar no meio-fio durante vários minutos. Quando se sentir ansiosa, saiba que isso é parte de sua recuperação. Leve um elástico e faça-o estalar entre os dedos enquanto diz 'eu me senti assim antes e as sensações passaram — e vão passar de novo'."

Saí da primeira sessão totalmente exausta — e entusiasmada.

A semana seguinte não foi menos desafiadora. Assim que cheguei, Grace disse: "Quase cancelei desta vez. Não queria que você viesse. Mas, ao mesmo tempo, queria. Acho que é como tomar um remédio ruim para ficar melhor. Diabos, isso é duro. Mas eu vou fazer...".

Ela se referiu várias vezes à nossa conversa anterior, quando eu lhe disse que sofria de ataques de pânico. Fez várias perguntas pessoais, e eu as respondi. Isso parece tê-la tranqüilizado. Estava começando a confiar em mim.

Como havia acontecido na primeira vez, Grace queria ficar em casa e conversar. Era muito difícil para mim, enquanto terapeuta — e pessoalmente —, dizer-lhe que não podíamos conversar sobre as coisas que ela queria. Mas tinha de dizer. Se eu quisesse ajudar Grace, tínhamos que continuar avançando.

"Grace, estou aqui para ajudá-la. Tudo que você tem a me contar sobre sua vida é importante. Mas, neste instante, temos outra coisa a fazer. Precisamos fazer você sair. Podemos conversar, mas enquanto fazemos isso, vamos dar uma volta."

Para Grace, conversar era uma distração e uma manipulação. Eu tinha de deixar muito claro que meu papel era ajudá-la a sair de casa. Outras coisas poderiam ser tratadas mais tarde. Mas, de qualquer forma, fiquei muito dividida.

Estabelecemos a caixa de correio da esquina como alvo. Ela achava que não conseguiria ir tão longe. Durante a semana, entre nossos encontros, ela trabalhou com Peggy e agora já conseguia ficar diante de sua casa. Mas a caixa de correio estava a meia quadra de distância.

"Grace, quero que você me descreva o que vê."

"Por quê? Para quê?"

"Você vê flores?"

"Sim, vejo flores."

"De que cor elas são?"

"Ah, isso é tão bobo."

Expliquei-lhe que ela poderia fazer uma escolha. Podia se concentrar no medo dentro dela, ou podia se concentrar no que estava diante dela: as flores, os carros, as pessoas na rua. Ela começou a descrever o que estava vendo. Vi um sorriso nascendo em seu rosto.

"Quanto tempo vou levar para ir até a caixa de correio?", perguntou.

"Vamos cronometrar. Vou até lá e volto, enquanto você conta o tempo." Deixei-a, caminhei até a caixa de correio e voltei. "Quanto tempo levou?"

"Cerca de um minuto."

"Grace, por pior que você se sinta, é capaz de suportar por um minuto — sabendo que isso irá ajudá-la a se recuperar?"

"Acho que posso suportar", disse ela. "Mas e se eu desmaiar? E se enlouquecer?"

"Você ficou louca ou desmaiou antes?"

"Não", respondeu ela, encabulada. Depois perguntou: "Você tem feito isso com outras pessoas?".

"Grace, eu trabalhei com muitas, muitas pessoas, com todos os tipos de fobias. E a maioria delas sente-se exatamente como você, como se fosse perder o controle do corpo e da mente. Mas adivinhe com quantas isso realmente aconteceu?"

"Quantas?"

"Nenhuma."

"Nenhuma?" Ela me olhou fixamente. "*Nenhuma?*", repetiu incrédula.

"Nenhuma. Zero. As pessoas não perdem o controle. Mesmo que você sinta que está perdendo o controle, trata-se apenas de uma sensação. Alguma vez você perdeu o controle nos trinta anos em que esteve dentro de casa?"

"Não, mas cheguei perto..."

Expliquei a Grace que havia uma grande diferença entre estar perto e perder de fato o controle. "É como ter dor no peito. A dor pode ser um sintoma de indigestão ou de ataque cardíaco. Os sintomas podem ser semelhantes, os medos podem ser semelhantes, mas indigestão e ataque cardíaco são coisas bem diferentes. O mesmo acontece com o que você está sentindo. Eu sei que você se *sente* como se fosse perder o controle de si mesma. É um pensamento apavorante. Mas é *apenas um pensamento* e não está, de forma alguma, relacionado com qualquer psicose ou doença física. Esse pensamento, ou as sensações associadas a ele, não são mais perigosos para sua mente ou qualquer parte de seu corpo do que uma indigestão é para o seu coração."

Grace estava de olhos fixos em mim, atenta a cada palavra. Nunca me senti tão examinada. Do ponto de vista dela, sua vida dependia literalmente da avaliação que fazia de mim. Poderia confiar no que eu estava dizendo, ou não?

"Grace, se um leão estivesse atacando você agora, seu medo seria uma reação adequada ao que estaria acontecendo. Mas, ao contrário, você está sentindo medo quando não há perigo. Estou aqui com você. Não há nada ameaçando-a. É o sistema de alarme de seu corpo disparando na hora errada, reagindo como se você estivesse em perigo. Na verdade, você tem medo do próprio medo. Você tem medo de que esse sentimento a domine e você se entrega a ele. Mas é *apenas* medo. Você ainda não confia em si mesma; assim, o que estou ajudando-a de fato é fazer com que confie em mim — confie que não deixarei nada lhe acontecer."

Ela acreditava em mim? Seus olhos estavam parados. Eu tinha de fazê-la sentir-se segura comigo, mesmo que ainda continuasse com a sensação de que alguma coisa terrível poderia lhe acontecer.

"Eu ando de carro com pessoas que têm as mesmas sensações que você", contei-lhe. "Não tenho nenhum problema de andar com alguém que me diz que está tendo um ataque de pânico. Porque sei que é apenas uma sensação. Ela não vai fazer nada perigoso."

Grace olhou para mim e para a caixa de correio. Então, tal como havia feito na semana anterior, respirou fundo, correu até a caixa de correio, bateu nela, e voltou correndo. Eu demorei quase um minuto para fazer o trajeto; ela o fez em um instante.

Esbaforida, olhou-me, fez uma careta e disse: "Já sei, Jerilyn. 'Faça de novo!'". E riu.

Enquanto repetíamos o percurso, indo e voltando, fizemos uma série de coisas para ajudar Grace a manter sua mente afastada do medo.

Às vezes, quando estávamos prontas para caminhar, ela dizia: "Não, não me deixe, não vá".

"Ok, vou dar dois passos, depois você dá dois passos. Quer segurar em minha mão?"

Dei-lhe um elástico para colocar em torno do pulso. Sempre que se sentia inquieta, estalava o elástico. O ruído e a sensação em sua mão mantinham sua mente longe do medo.

Quando começou a prestar atenção no que acontecia na rua, seus olhos arregalaram-se de espanto. Grace nunca tinha visto um sinal de pedestres. E jamais viu alguém fazendo cooper. "Não acredito!" Estava de olhos parados numa mulher que corria de camiseta e shorts. "Você viu aquela mulher de shorts? Isso é repugnante!"

"É uma mulher fazendo exercício, Grace."

"Quando elas começaram a se vestir desse jeito?"

"Grace, essa é a maneira que as mulheres se vestem hoje quando saem para correr."

Ela sacudiu a cabeça. "Repugnante!" Depois riu. "Não sou pudica. Mas nenhuma mulher ousaria se vestir desse jeito no meu tempo."

Uma semana depois estabelecemos o objetivo de dar uma volta no quarteirão. Ela praticou, novamente, com Peggy, como na semana anterior; tinham feito juntas numerosas viagens à caixa de correio. Começamos então com uma ida ao mesmo lugar. Relembrei-lhe a técnica de contar em ordem decrescente. Também fiz com que ela prestasse atenção a sua respiração. Algumas sessões mais tarde eu lhe ensinaria a "respiração diafragmática" (descrita em detalhes no capítulo 19), mas, por enquanto, era importante que ela não prendesse a respiração e que não respirasse com sofreguidão. "Respire normalmente", pedi-lhe. "Imagine que há uma bola de prata em seu peito que sobe e desce enquanto você respira. Observe-a cuidadosamente, fazendo-a mover-se num ritmo suave."

Isso ajudou-a a ritmar a respiração e lhe forneceu uma imagem para visualizar, tirando o foco do medo.

Quando percebi que seus músculos estavam ficando tensos, sugeri um exercício de relaxamento simples: "Imagine todo o seu corpo ficando mole, como uma boneca de pano. Você não pode ficar tensa e relaxada ao mesmo tempo. Você precisa escolher. Escolha ficar relaxada. Solte os ombros, sacuda os músculos, gire a cabeça e o pescoço".

Quando começamos, combinamos que eu andaria alguns passos atrás dela. "A qualquer momento que quiser saber se estou aqui, é só olhar para trás."

Ela fez isso várias vezes enquanto seguíamos adiante. A certa altura, ela parou e pareceu se encolher de medo.

"O que houve?"

"Aquele homem lá", disse ela. "Está me olhando porque acha que pareço esquisita."

"Ora, devolva o olhar."

Ela aceitou minha sugestão e encarou-o, com os olhos bem abertos. Incomodado, o homem virou o rosto e saiu andando. Grace olhou-me encantada.

* * *

Dois acontecimentos especiais destacam-se em minha lembrança da terapia de Grace, ambos representando sua confiança crescente em si mesma e sua crença em sua capacidade de recuperação. O primeiro foi sua ida à loja de discos; o segundo, o almoço de Natal. Grace adorava música e ouvia sempre os mesmos discos, sem parar. Gostava especialmente de jazz e blues antigos. Tinha uma vitrola em casa e durante os anos em que não saiu, colocava discos de Fats Waller e dançava.

Certa vez, uma amiga lhe deu um disco de Ann Murray com a canção *You Needed Me*. Grace adorou a música. Ela achava que descrevia nossa relação, como eu me sentia em relação a ela e como ela se sentia em relação a mim. Sabia quanta satisfação eu tirava do trabalho com ela, e que, de certa maneira, eu precisava tanto dela quanto ela de mim.

Depois de várias semanas de terapia, estávamos andando de automóvel quando Grace disse que queria comprar o disco para mim. Ela me daria o dinheiro se eu fosse até a loja de discos.

"Grace", disse eu, "um verdadeiro presente seria se *você* entrasse na loja. Eu vou lhe dar o dinheiro. Não quero que você pague por um presente para mim. O presente será se *você* conseguir entrar na loja e trouxer o disco para mim."

Quando chegamos na frente da loja, Grace perguntou: "Você não vai embora agora, vai?".

Tenho certeza de que seu temor teria soado estranho para qualquer outra pessoa. Por que eu, sua terapeuta, iria abandoná-la?

Mas eu também compreendia como ela se sentia. As pessoas com agorafobia têm, com freqüência, um medo mórbido de serem abandonadas. O sentimento é semelhante ao de uma criança de três anos que se perde da mãe no supermercado. Ela não percebe que a mãe certamente vai voltar, que se ficar no mesmo lugar, não há nada a temer. A criança sente-se simplesmente abandonada, perdida e em pânico.

"Grace, eu nunca enganei você. Jamais farei isso; estragaria tudo o que já conseguimos. Pense em todas as coisas que fizemos juntas porque você confiou em mim: jamais trairia essa confiança."

Ela pensou por um momento, olhando para a loja pela janela do carro.

"Você não iria, só uma vez, para me mostrar que posso cuidar de mim mesma?"

"Não. Não vou enganá-la. Aqui, é você quem manda, quem está no controle. Na verdade, você está no controle do meu controle sobre você. Você pode me dizer o que fazer e eu não vou forçá-la a fazer mais do que você quiser. Mas estou no controle no sentido de que se você precisar de mim, se achar que alguma coisa vai lhe acontecer, eu cuidarei de você. Você *quer* entrar naquela loja?"

"Sim, eu quero. Eu quero ficar melhor."

Subitamente, ela abriu a porta, saltou do carro e correu para a loja. Três minutos depois estava de volta no carro, com o rosto afogueado e o disco nas mãos.

Abraçamo-nos e choramos.

103

À medida que o Natal se aproximava, o mundo de Grace começava realmente a se expandir. Ela podia sair a distâncias curtas de sua casa ou andar em meu carro, podia entrar em várias lojas, mas ainda não tinha ido a um restaurante. Na manhã do Natal, percebi que, exceto pelo jantar com amigos à noite, tinha o dia livre. Eu sabia que Grace estaria sozinha. Telefonei-lhe.

"Grace, é dia de Natal e quero convidá-la para almoçar. Gostaria de ir a um restaurante?"

Ela ficou dividida. A terapeuta telefonar e convidar para almoçar era como um professor convidar uma aluna para um piquenique no fim de semana. Era um convite especial e ela não queria recusar. Por outro lado, estava aterrorizada: havia mais de trinta anos que não entrava num restaurante.

"Por que você quer ir a um restaurante comigo? Por que você quer fazer isso? Você não deveria estar com sua família?", perguntou ela várias vezes.

"Grace, quero passar o dia de Natal com você."

"Não posso ir a um restaurante. Meus cabelos estão um horror. E não tenho roupa."

"Bem, a gente escolhe um lugar bem simples."

"Eu *não posso* ir a um restaurante", disse ela finalmente, depois que esgotou todas as outras desculpas.

"Grace, vamos relembrar como trabalhamos. Eu passo aí, pego você e paramos na frente do restaurante. Não precisamos entrar. A gente pode simplesmente olhar."

No bairro de Grace havia uma lanchonete simples, mas simpática, um velho estabelecimento com algumas mesas e um balcão. Grace lembrava-se dele da década de 40. Ela o mencionou, mas logo acrescentou:

"Mas é chique demais."

"Pode ter sido, há trinta ou quarenta anos, mas hoje é muito simples. Vista o que você tiver e eu vou de jeans."

Quando cheguei para apanhá-la, eu estava de jeans e camiseta. Ela vestia suas calças três quartos dos anos 50. Caminhamos várias quadras até o restaurante e ficamos do lado de fora olhando.

"Não posso entrar", disse Grace. "Não consigo." Depois olhou para mim: "Você desistiu do seu dia de Natal para ficar comigo. Não posso fazer isso com você".

Eu estava disposta a fazê-la sentir-se um pouco culpada, mas somente a culpa não a instigaria a dar o próximo passo.

"Grace, para mim é um Natal ótimo estar com você e saber que avançamos até esse ponto. Se não fizermos mais nada além de ficar paradas aqui e olhar o menu, está tudo bem. E se entrarmos e sentarmos e você decidir ir embora, também está bem.''

"E se eu pedir a comida, e ela vier, e então eu tiver de ir embora?"

"Bem, a gente pede para o garçom embrulhar e leva para casa."

Eu estava ajudando Grace a estabelecer "saídas". Antes, enquanto caminhávamos para o restaurante, eu expliquei a Grace que uma "saída" é qualquer coisa que faz você "entrar". (Quando e como estabelecer "saídas" está descrito com mais detalhes no capítulo 15.) Se o fato de saber que pode sair no meio de uma refeição permite, antes de mais nada, que você entre no restaurante, está perfeitamente correto dar a você mesmo essa opção. *Saber* que você pode sair *não é o mesmo* que sair. Mas o que isso faz é dar "permissão", em sua mente, para entrar numa situação que, de outra forma, você evitaria.

"Aposto que o restaurante está cheio", continuou Grace. "E se houver um monte de gente e todo mundo olhar para mim?"

"E daí?", perguntei. Ela gemeu. "Se você se sentir muito incomodada, poderemos sair. Podemos sentar perto da porta, se você preferir. Escute, vamos fazer um pouco de teste de realidade. Vamos só dar uma olhada e ver quantas pessoas tem lá dentro."

Olhamos pela janela. Dois homens estavam sentados em uma pequena mesa, conversando discretamente. O resto do restaurante estava vazio.

Grace virou-se para mim. "Certo, só duas pessoas. Talvez eu possa tentar. O que você acha?"

Antes que eu pudesse responder, Grace deu o seu lance — de uma forma com a qual eu já estava familiarizada. Sem avisar, afastou-se e correu para dentro. Os dois homens olharam espantados enquanto Grace corria para a mesa ao lado e puxava uma cadeira. Juntei-me a ela um instante depois. Ela escondeu o rosto no cardápio.

"Veja estes preços", exclamou ela. "Não acredito! Quatro e noventa e cinco por um sanduíche de atum! Isto é um roubo! Eu costumava pagar 25 centavos."

Fizemos nosso pedido. Quando a comida chegou, Grace começou a comer seu sanduíche de atum. De vez em quando se dava conta de onde estava e começava a ficar ansiosa. Lembrei-a novamente de que suas sensações eram normais e, embora pudessem ser assustadoras, não eram perigosas. Pedi-lhe de novo para observar sua respiração e descrever as coisas em volta dela, para ajudar a baixar o nível de ansiedade. Ela conseguiu comer todo o lanche.

Quando terminou, estávamos tão alegres que mal podíamos nos conter.

105

Grace foi com Peggy a outros dois restaurantes naquela mesma semana. Tal como tudo o que estava fazendo, isso também foi ficando cada vez mais fácil.

As sete quadras entre o escritório de serviços jurídicos e a casa de Grace foi um percurso que fizemos durante várias sessões. Um dos objetivos dela era ir sozinha ao escritório de Peggy para trabalhar em tempo parcial. Um dia, ela deixou uma mensagem entusiasmada em minha secretária eletrônica: "Não só fui até o escritório de Peggy hoje de manhã, como fiquei duas horas lá — e vou voltar amanhã!".

Cinco meses depois que comecei a trabalhar com ela, Grace conseguia andar sozinha pelas vizinhanças, comprar roupas e alimentos, comer em qualquer dos vários restaurantes locais e ir ao cinema do bairro com Peggy. De preenchedora de envelopes passou para uma posição de assalariada, de maior responsabilidade, o que a deixou extremamente orgulhosa de si mesma. Embora nos mantivéssemos em contato por telefone, nossa terapia formal terminou nesse ponto. De vez em quando nos reuníamos para uma sessão de "reforço", mas Grace tinha então todos os instrumentos de que precisava para ir adiante. E foi o que fez.

Um ano depois do final da terapia, Grace entrou num curso para a terceira idade numa universidade local, o que lhe permitiu obter uma graduação em estudos paralegais. Ficava freqüentemente acordada a noite inteira estudando para os exames, tirando notas máximas em todas as matérias.

Grace contou para a maioria de seus colegas sobre sua agorafobia. Agora que estava se recuperando, achava que tinha a missão de ajudar outras pessoas que estavam na situação pela qual ela havia passado. Algum dia, alguém de sua classe teria provavelmente clientes agorafóbicos, ou sujeitos a ataques de pânico. Grace pediu-me para lhe mandar literatura sobre agorafobia e sobre o que podia ser feito para ajudar quem sofresse desse distúrbio a fim de distribuir entre seus colegas.

Pouco antes de sua formatura, ela me telefonou para contar excitada que era oradora da turma. E tinha um pedido especial: que eu fizesse uma palestra para sua classe antes da formatura.

Fiquei encantada com a notícia e o convite. Enquanto Grace explicava os detalhes, eu me percebi imaginando se ela teria mudado muito fisicamente, pois embora continuássemos em contato por telefone, fazia dois anos que não nos encontrávamos. Parecia um longo tempo, desde que eu a vira dar os primeiros passos para fora do apartamento.

106

Cheguei na sala de aula antes dela e, à medida que os minutos passavam, comecei a imaginar se havia algo errado. Por que ela não aparecia? O diretor do programa chegou e começou suas observações introdutórias. Enquanto ele falava, percorri a sala com os olhos. Grace ainda não estava lá. Ela ainda não havia chegado quando me levantei e comecei minha palestra.

Na verdade, eu tive dificuldade para reconhecer a mulher que entrou silenciosamente pela porta dos fundos da sala poucos momentos depois. Estava vestida com um *tailleur* vermelho, muito elegante. Seus cabelos estavam perfeitamente penteados. Quando sentou, lançou-me aquele sorriso travesso que eu conhecia tão bem. Eu estava totalmente despreparada para aquela visão. Assim que pus os olhos sobre aquela mulher bem-vestida, de ar profissional, com tanto controle sobre si mesma, a imagem da velha Grace, encolhida de medo no canto de seu sofá, atravessou minha mente. O que eu via agora era uma transformação completa.

Tentei continuar, mas parei. Havia uma enorme bola em minha garganta... lágrimas em meus olhos... Consegui me recompor e terminar a palestra, mas não podia tirar os olhos da nova Grace.

Duas semanas depois, foi a vez de Grace subir ao palco de um grande auditório, diante de centenas de pessoas, enquanto uma equipe de televisão apontava câmeras para seu rosto.

"Seis anos atrás", começou ela, "eu não poderia imaginar, em meus mais desvairados sonhos, que estaria aqui, diante de vocês, e muito menos fazendo um discurso. Sabem, eu estive presa em casa durante trinta anos, vítima de agorafobia..."

Atualmente, quando Grace fala da mulher que esteve confinada em sua casa por trinta anos, o faz, freqüentemente, na terceira pessoa. Ela diz que a antiga Grace é uma estranha. Muitos daqueles anos que passou dentro de casa são um borrão em sua memória. Mas o que ela se lembra muito bem são os temíveis ataques de pânico.

Uma das coisas que aprendeu quando começou a experimentar situações novas e encarar novos desafios foi que *um ataque de pânico é sempre um ataque de pânico*. Ele não muda significativamente, seja lá onde acontecer, quem estiver por perto, ou o que estiver acontecendo no momento. É sempre assustador, mas como Grace aprendeu, sempre passou e nunca a feriu.

À medida que abria caminho no mundo, Grace começou a ficar dessensibilizada em relação a esses ataques. Ela aprendeu que quando eles chegam, ela não precisa lutar contra eles. O medo de ter um ataque de pânico não a impede mais de fazer qualquer coisa.

Sim, Grace continuou a ter ataques de vez em quando, embora tenham se tornado cada vez menos freqüentes. Mas ela agora sabia que por mais assustadores que parecessem no momento, o que ela mais temia não iria acontecer com ela. Certa tarde, numa conversa por telefone, ela disse: "A velha Grace está morta — foi-se embora".

Expliquei-lhe que era importante para ela não descartar simplesmente trinta anos de sua vida. Precisava se concentrar no que era hoje, mas também ter compaixão pela parte dela que sofreu durante tanto tempo. O que havia acontecido não era culpa dela, e ela precisava compreender isso.

Quando falava sobre o tempo e as oportunidades que havia perdido, era com a tristeza apropriada. Em 1948, quando fechou a porta pela última vez, estava no meio de uma carreira bem-sucedida, com muitos amigos, vivendo uma vida maravilhosa.

Grace via os anos seguintes como uma série de oportunidades perdidas. Falava de não ter sido capaz de ir ao enterro de seu pai. Amava-o muito, mas quando ele morreu, ela não conseguiu sair de casa para ir ao funeral. Sentia-se culpada e com raiva. "O que está errado comigo?", ela gritava sem parar.

Se ela soubesse o que estava errado com ela em 1948, não precisaria suportar trinta anos de isolamento. Mas em 1948, pouco se sabia sobre o distúrbio que a deixou emocionalmente mutilada. Desde então, aprendemos mais sobre as causas e o tratamento da agorafobia do que nos quinhentos anos passados.

Enquanto escrevia este capítulo, tentei falar com Grace várias vezes a fim de pedir-lhe ajuda para relembrar alguns detalhes de nossas sessões de terapia. Para minha frustração e prazer, nunca a encontrei em casa! Quando finalmente ouvi sua voz ao telefone, perguntei em tom provocativo: "Onde você andava? Não consegui falar com você a semana inteira!". Ela riu, descreveu-me uma lista de atividades que me deixou cansada só de ouvir e disse com ar afetado: "O que você quer que eu faça, que fique em casa o dia todo?".

10
RICHARD: ESTABELECENDO OBJETIVOS E USANDO OS "SEIS PONTOS"

Muitos anos depois de se formar em direito, Richard escreveu sobre como era ser "o fantasma da faculdade de direito".

"Enquanto os outros estudantes freqüentavam as aulas e se envolviam nas atividades da escola, eu ia apenas às aulas nas quais os professores não costumavam pedir aos alunos explicações demoradas. Se o professor dissesse que a presença não era obrigatória, eu ia embora. Em outras aulas, nas quais os lugares não eram predeterminados, eu me enfiava numa cadeira do fundo da sala, de preferência atrás de alguém alto, com os olhos sempre desviados, mergulhado em meus livros. Eu me isolava, relutando em conviver com pessoas que eu conhecia há tempos, preocupado em não contaminá-los com meu medo. Materializando-me misteriosamente apenas para os exames, eu estava a caminho de me tornar o estudante invisível."

Não que Richard não soubesse as respostas ou não conseguisse fazer os trabalhos, mas evitava as aulas e os professores porque estava apavorado por ter de falar em aula. Em suas próprias palavras, ele preferiria ter de enfrentar "uma piscina com cinco tubarões famintos" do que ser chamado para dar uma resposta.

Richard era bem-sucedido nos exames, e a maioria dos professores estava disposta a fazer vista grossa para sua ausência em classe. Mas uma exigência era incontornável: ele precisava comparecer a um júri simulado, no qual os estudantes tinham de preparar e apresentar uma súmula e as apelações. O papel menos visível era o de advogado auxiliar e Richard conseguiu essa tarefa, o que significava aparecer apenas uma vez para uma argumentação oral, à noite, e não diante de toda a classe.

Os dias anteriores a esse evento foram de terror. Passou as noites em claro. A única maneira que Richard pôde imaginar para fazer o discurso foi armar-se de uma pilha de cartões, cada um contendo uma frase curta. Sentindo como se o mundo fosse desabar sobre si, teve de posicionar-se diante dos professores que faziam o papel de juízes. Antes de falar, Richard desabotoou o colarinho e afrouxou a gravata. Quando chegou sua vez, percorreu velozmente a pilha de cartões, falando com rapidez. Respondeu a algumas perguntas do "tribunal" e sentou-se logo.

Quando tudo terminou, um dos professores criticou asperamente Richard por ter afrouxado o colarinho — um ato que constituía um desrespeito à corte.

Richard não deu a mínima importância. Tinha acabado! Sua parte no júri simulado havia terminado e ele conseguiu sobreviver. A partir daquele dia até se formar em direito, Richard nunca mais falou diante dos professores ou de sua classe. Foi um recorde de silêncio, provavelmente jamais superado.

Depois de se formar, Richard teve de se defrontar com a necessidade de achar um emprego que não lhe exigisse falar em público. A idéia de ter de aparecer no tribunal, ou ter de falar numa reunião com colegas, deixava-o paralisado de medo. Não aceitou as ofertas de emprego de firmas de advocacia, sentindo que lhe seria impossível trabalhar como advogado. Por fim, aceitou um emprego de editor de obras jurídicas em Washington, D.C.

Embora tenha conseguido um nível substancial de sucesso em seu emprego, Richard era continuamente atormentado pelo pensamento de como seu medo de falar em público atrasava sua vida pessoal e profissional. Quando finalmente veio me ver, dez anos depois de ter saído da faculdade, não surpreende que estivesse deprimido. Com sua auto-estima lá embaixo e sua carreira em direito parecendo favas contadas, Richard começava a se questionar sobre como poderia sobreviver no mundo.

Ironicamente, Richard não apresentava nenhum sinal óbvio de ter algum distúrbio psicológico, parecendo ser uma pessoa completamente bem ajustada. Afinal, era advogado, tinha um bom emprego, uma esposa e filhos pequenos. Seu problema de falar em público obviamente causava-lhe aflição, mas quão grave isso poderia ser? Ele parecia tão normal. E taquicardia, suor, tremor e nervosismo antes de dar uma palestra são certamente sensações que a maioria das pessoas conhece.

Alguém poderia perguntar ingenuamente: "Por que não fazer simplesmente um curso de oratória e superar o problema?".

"Por que não pular de um avião sem pára-quedas?", seria a resposta de Richard.

Estava perfeitamente claro que Richard não estava sofrendo de ataques normais de nervosismo. Seu estado geral era bom, e ele tinha crises de pânico *somente* quando lhe pediam para falar diante de um grupo. Evitando essas situações, podia quase garantir que não teria mais ataques. Contudo, tendo em vista que a evitação era um ponto crucial de sua vida cotidiana, o distúrbio o havia afetado tão profundamente quanto a agorafobia de Grace. Era como se fosse um homem com braços e pernas cujo uso lhe tivesse sido negado durante muitos anos. Para alguém na sua posição e com sua instrução, ver-se mudo e aterrorizado diante de uma platéia era uma desvantagem grave.

A cada ano que passava, Richard sentia que seu medo estava ficando pior. Embora não precisasse falar em público em seu atual emprego, uma simples reunião com seus superiores era difícil. No cargo de editor, raramente tinha de sair de trás de sua pilha de papéis, mas sempre temia aquele momento horrível em que poderia ter de se apresentar. E, o que é pior, poderiam pedir-lhe para comparecer diante de um conselho editorial, falar numa reunião de vendas, ou apresentar um relatório.

Certa vez, o supervisor de Richard pediu-lhe que fizesse uma gravação com informações sobre um tópico jurídico que ele havia pesquisado para a firma. Richard começou imediatamente a suar frio, mas não queria falar ao seu chefe sobre seus medos. Ademais, tinha orgulho de seus conhecimentos naquela área do direito.

Disse a si mesmo que iria cumprir a tarefa. Tentou, conscientemente, praticando sozinho, ensaiando em voz alta. Mas, quando chegou a hora, entrou em pânico. Conseguiu terminar a primeira parte da fita, mas ao tocá-la, ouviu uma voz hesitante e trêmula que o deixou humilhado. Seu chefe sugeriu, com sensibilidade, que seria melhor que outra pessoa completasse o projeto a partir do texto escrito. Richard sentiu-se desmoralizado e derrotado.

Antes de me procurar, Richard tinha freqüentado um grupo de psicoterapia tradicional durante um ano, mas saiu frustrado, sentindo-se mais solitário do que nunca. Falar sobre sua família e sua infância não resolveu seu problema.

Ele também experimentou hipnoterapia. A hipnose fez com que ele relaxasse, mas teve pouco impacto sobre sua capacidade de sentir-se mais tranqüilo em situações públicas. Então, seu hipnoterapeuta mostrou-lhe um artigo de revista que tratava do trabalho que eu estava fazendo para ajudar as pessoas a superar suas fobias. "Talvez você deva tentar isso", disse-lhe o terapeuta.

111

Na primeira sessão, pedi para que Richard pensasse em alguns objetivos de curto e longo prazo. Expliquei-lhe que era muito importante estabelecer logo objetivos específicos, que poderiam ser redefinidos no decorrer da terapia, para que ele tivesse sempre passos concretos a dar e marcos em cuja direção devesse trabalhar. Para ajudá-lo a se concentrar nisso com mais clareza, pedi-lhe que começasse pensando sobre seu objetivo principal. Coloquei minha pergunta em termos deliberadamente mágicos, para que não pensasse que eu iria logo jogá-lo numa situação que não poderia enfrentar: "Se alguém o tocasse com uma varinha mágica e você acordasse amanhã e o medo tivesse desaparecido, o que você gostaria de se ver fazendo?".

Sem hesitação, Richard respondeu: "Exercer advocacia e fazer as coisas que os advogados fazem, como falar em público". Em seguida, acrescentou: "Epa, eu não deveria dizer isso. Você vai acabar querendo que eu faça algo como entrar para os *Toastmasters*". (*Toastmasters* é uma organização internacional de auto-ajuda que ensina as pessoas a fazer apresentações eficazes.)

Ambos rimos e assegurei-lhe de que não o obrigaria a fazer nada que não quisesse ou não estivesse preparado para fazer. Obviamente, ele queria ser capaz de fazer apresentações em público. Admitir isso já era um passo importante.

"Há uma grande diferença entre não querer fazer uma coisa porque você realmente não quer fazê-la e não querer porque provoca ansiedade demais", disse eu. "É melhor estabelecer um objetivo que parece ambicioso demais e deixar que eu me preocupe em como fazer você chegar lá. Por enquanto, vamos apenas guardar seu objetivo de longo prazo no fundo de nossas cabeças, certo?"

"Certo", murmurou Richard num tom que dizia "seria provavelmente mais fácil para você me fazer subir no Everest".

Nosso primeiro desafio era encontrar um ponto de partida, um alvo de curto prazo, e eu sabia que atacar o problema de Richard exigiria muita criatividade. Perto do final de nossa primeira sessão, pedi-lhe para ler um parágrafo em voz alta para mim. Ele disse: "Não, não posso fazer isso. Eu ficaria constrangido demais".

"E, que tal ler uma frase?"

"Uma frase?" Ele sorriu diante da tolice de meu desafio e disse: "Claro, posso ler uma frase, mas que diferença fará?".

Eu estava acostumada com esse tipo de resposta dos pacientes. Sabia que tinha agora meu ponto de partida. "Bem, vamos ver. Vejamos como você se sai."

Ele abriu uma revista que estava sobre a mesa, leu uma frase e olhou para mim. "Ok, li."

"Agora leia a frase seguinte."

No final da sessão, Richard já tinha lido vários parágrafos. Quando terminou, parecia alegremente entediado.

"Isso foi uma bela façanha", disse eu.

Ele deu de ombros. "Você é de confiança. Você é uma terapeuta. Grande coisa. Tenho 35 anos de idade e consigo ler diante de minha terapeuta!"

"Mas dez minutos atrás você nem pensava que poderia fazer isso!"

"É verdade."

Ele estava começando a entender meu método do "um-passo-de-cada-vez".

Perguntei-lhe então: "Como você se sentiria se eu trouxesse outra pessoa, um estranho, para as nossas sessões?".

"Nem pensar!" Falamos sobre o que ele temia: que começaria a ficar ruborizado e trêmulo. Tinha certeza de que seu nervosismo ficaria perfeitamente óbvio para quem o observasse. "Ler para alguém que não conheço parece tão difícil quanto se você me pedisse para entrar na jaula de um leão", disse Richard. "Você pode dizer 'não se preocupe, esse leão não mordeu ninguém hoje!', mas isso não faz nenhuma diferença. Continuo a me sentir da mesma maneira. Ficaria mortificado se alguém visse como fico embaraçado e apavorado."

De repente, acendeu-se a proverbial lâmpada em minha cabeça. Fiquei imaginando como seria para Richard ler para alguém que *não pudesse* vê-lo. Seria esse o seu próximo passo? Eu tinha uma idéia de como fazer isso.

Mas não lhe falei nada sobre minha idéia. Em vez disso, tratei de descrever de forma genérica algumas das técnicas que ele poderia começar a utilizar em situações causadoras de ansiedade. Mostrei-lhe como usar a respiração diafragmática para ajudar a controlar sua ansiedade e sugeri algumas maneiras de interromper seus padrões negativos de pensamento. (Essas técnicas estão descritas em detalhe nos capítulos 18 e 19.) Na segunda sessão, disse-lhe que iria introduzir outra ferramenta básica chamada de "Seis Pontos da Terapia Contextual".

Aprendi os Seis Pontos com Manuel Zane, médico psiquiatra de Nova York que foi um dos pioneiros na compreensão e no tratamento dos distúrbios de ansiedade. Psicanalista no exercício da profissão, o dr. Zane rompeu com as tradições de seus colegas, saindo dos limites de seu consultório para entrar no mundo real de seus pacientes. Tratou pessoas com fobias expondo-as aos lugares e situações reais causadoras de ansiedade e ensinando-as que ficando, em vez de saindo, os níveis de ansiedade baixam.

O dr. Zane desenvolveu os Seis Pontos para dar aos seus pacientes um apoio minuto-a-minuto nessas situações que provocam ansiedade. Os Seis Pontos proporcionam técnicas para enfrentar um ataque de pânico no momento em que ele está acontecendo e oferecem uma maneira de diminuir a ansiedade antecipatória, o medo do pânico que pode ser tão incapacitante quanto o próprio pânico. Os Seis Pontos ajudam a pessoa a se concentrar no que está acontecendo no momento, em vez de em perigos imaginários do futuro. E eles mudam todo o foco da experiência: de evitar o medo para confrontá-lo.

Tal como a maioria das pessoas com fobia, Richard conseguiu evitar ou escapar de situações que temia e que iriam provocar um ataque de pânico. Em conseqüência, achava que aquelas sensações iriam embora *porque* ele havia saído da situação: "Graças a Deus eu caí fora, bem na hora H!". Mas se ele ficasse em situações causadoras de ansiedade e aplicasse os Seis Pontos, veria por si só que a ansiedade diminuiria naturalmente. E, a cada vez que acontecesse isso, sua confiança de que os Seis Pontos funcionariam seria reforçada. Ele poderia dizer para si mesmo: "Por pior que seja, eu estive aqui antes e sobrevivi".

No início da segunda sessão, mostrei a Richard um cartão com os Seis Pontos impressos em letras grandes e negrito:

PONTO 1: Espere, permita e aceite que o medo apareça.

PONTO 2: Quando o medo chegar, pare, espere e deixe-o acontecer.

PONTO 3: Concentre-se em fazer coisas exeqüíveis no presente.

PONTO 4: Classifique seu nível de medo de 0 a 10. Observe-o subir e descer.

PONTO 5: Funcione com medo. Valorize suas realizações.

PONTO 6: Espere, permita e aceite que o medo reapareça.

O primeiro ponto, expliquei a Richard, instrui a *reconhecer* que certas situações o farão sentir-se ansioso e com medo e sugere que, em vez de lutar contra esses sentimentos quando eles surgem, você pode realmente *permitir* a presença deles. Você não precisa estar livre de medo para funcionar com sucesso!

O segundo ponto é: *Quando o medo chegar, pare, espere e deixe-o acontecer.* "É isso exatamente o que eu quero que você faça", disse a Richard. "Agora, você acha que escapar da situação assustadora é a única maneira de fazer passar o medo e o pânico, porque é isso que você sempre fez. No passado, isso 'funcionou' — se quiser entender dessa maneira. Mas, fugir dessas situações também o impediram de progredir na vida. E, também, de saber que, na verdade, se você permanece na situação, em vez de fugir, as sensações também passam. Elas *sempre* passam porque, fisiologicamente, o pico de um ataque de pânico dura apenas alguns segundos, ainda que a ansiedade antecipatória possa durar minutos, horas, dias ou semanas. Mas você não confia nisso ainda, porque nunca ficou o tempo suficiente para experimentar por si mesmo. O segundo ponto diz para você deixar o medo acontecer e passar pelo seu sistema. Simplesmente, fique com ele até passar."

"Você está brincando? Isso parece *tortura*!"

"Bem, qual a pior coisa que você acha que pode acontecer se experimentar?"

"Eu perderia o controle e faria um tolo de mim mesmo."

"Quantas pessoas você acha que perderam o controle durante um ataque de pânico?"

Richard sorriu. Ele já sabia a resposta. Zero, nenhuma!

"Você sabe disso intelectualmente, mas ainda não acredita realmente nisso porque nunca suportou as sensações o tempo suficiente para ver que, de fato, elas desaparecem. Dessa forma, assim que elas começam a vir, você supõe que o pior vai acontecer, e foge."

"Mas e se eu entrar em pânico e não conseguir falar?", protestou ele.

"Bem, o que *aconteceria*? É muito improvável, mas se você estiver discursando e descobrir que realmente não consegue falar?"

"Todos estariam de olho em mim."

"E daí? O que isso significaria?"

"Eu não saberia o que fazer."

"O que você *faria*?"

"Acho que eu teria de me sentar."

"Então, se você sentar, o que isso significa?"

"Que as pessoas iriam rir de mim."

"Por que elas iriam rir?"

"Porque eu não consegui fazer o discurso."

"Está bem. Se você estivesse na platéia e visse alguém prestes a fazer um discurso e essa pessoa sentasse, o que você pensaria?"

"Eu pensaria que ela teve um problema."

"Certo. E o que você pensaria sobre aquela pessoa?"

"Eu não saberia o que pensar. Talvez ela não estivesse se sentindo bem."

"Você seria bem compreensivo, não?"

"Seria."

"Mas você não está se permitindo ser digno da mesma compaixão dos outros", observei. "Quanto mais você se preocupa em não permitir a presença daquelas sensações, tentando escondê-las, mais duro você é consigo mesmo. Quanto mais ansioso, mais você se sente na berlinda. Você provavelmente tem medo do quanto pode perder se tiver algum problema. E quando se sente assim, fica menos propenso a se arriscar. Uma das coisas em que vamos trabalhar é na compreensão de que a pior coisa que pode acontecer é você ficar constrangido. Você suportaria ficar constrangido se isso fosse a pior conseqüência de enfrentar seu medo?"

"Eu não gostaria. Mas sei que isso não me mataria. Mas, com certeza, seria desagradável."

"Então, o pior que aconteceria seria você se sentir incomodado. Mas pense em quão incomodado você se sente *agora* ao rejeitar boas oportunidades. Você acha que pode suportar isso?"

"Eu estaria disposto a tentar."

"Se aquelas sensações vierem, o Ponto Número Três vai ajudá-lo a enfrentá-las. O terceiro ponto baseia-se no fato de que você sempre tem uma escolha. Você pode não ter escolha em relação a sentir medo ou não, mas pode escolher como reagir a ele. Você pode pensar sobre o medo e concentrar-se nele, o que o tornará ainda maior. Ou pode concentrar-se em outra coisa, afastar sua atenção, fazendo algo muito concreto, tal como tocar alguma coisa, contar de três em três em ordem decrescente, a partir de cem, estalar um elástico em seu pulso, ou olhar para o papel de parede e contar as listras. Contar quantas pessoas tem na sala, ou os números de seu relógio.

"Esse é o ponto número três, concentrar-se e realizar *uma tarefa exeqüível no presente*: descobrir alguma coisa para manter sua mente no "aqui e agora", em vez de pensar sobre os "e se...", os perigos imaginários do futuro.

"Durante um ataque de pânico, você sente que o terror vai continuar aumentando, ficando cada vez pior, para acabar em algum desastre. Na verdade, mesmo que você tenha um ataque de pânico intenso, depois de alguns segundos a ansiedade sempre diminui. Se usar seus sentidos — tocando coisas, percebendo a textura e a temperatura, cheirando algo como uma colônia ou uma flor — e concentrar-se no que está acontecendo realmente em sua volta, irá notar que sua ansiedade diminui, de fato.

"Na verdade, na vida cotidiana, seu nível de ansiedade está sempre mudando. O quarto ponto ajuda-o a ver isso: 'Classifique seu nível de ansiedade de zero a dez. Observe-o subir e descer'. Quando você sentir ansiedade, vou pedir-lhe para atribuir a ela um número de zero a dez, sendo zero a ausência de medo fóbico ou ansiedade e dez, o máximo, o ataque de pânico.

"O que você provavelmente pensou até agora é que seus níveis crescentes de ansiedade 'simplesmente acontecem', que você não tem controle sobre eles." Relembrei a Richard seus sentimentos sobre uma próxima reunião à qual seu chefe pediu que ele comparecesse para apresentar um projeto em que está trabalhando. "Ao pensar em estar na sala com seus colegas e ser chamado para falar, em que nível você se encaixa?"

"Oito ou nove. Só de pensar nisso eu fico realmente ansioso."

"De que você tem medo?"

"Bem, tenho medo de entrar em pânico de repente, enquanto estiver falando. Vou querer sair correndo, farei papel de idiota...."

Interrompi: "Richard, fale-me das pessoas que vão estar na reunião. Como elas são?".

Ele descreveu um senhor mais velho, observando como sempre se vestia bem, uma senhora com sotaque estrangeiro e longos cabelos ruivos e um jovem tão alto que tinha de se abaixar para não bater com a cabeça no lustre da sala. Começou a falar que se tratava de um grupo de pessoas diversificado e interessante. Uma delas viveu em oito países diferentes...

Deixei-o falar sobre essa pessoa por algum tempo e depois perguntei: "Qual é o seu nível de ansiedade agora?".

"Por volta de três", respondeu ele com um sorriso.

Ele deu-se conta de que quando se concentrava em algo concreto, visualizando as pessoas que encontraria e sendo bem específico na descrição do que via e estava pensando, seu nível de ansiedade diminuía. Nesse caso, eu tinha interrompido seus temores crescentes. Mas, à medida que trabalhássemos juntos, ele aprenderia a fazer isso sozinho. Assim, mesmo quando tivesse um pensamento que aumentasse seu nível de ansiedade, aprenderia que havia coisas que *ele* poderia fazer para baixar esse nível.

"Não vamos tentar afugentar o medo", continuei, "mas sim mostrar que você pode funcionar mesmo quando o medo está presente. É disso que trata o quinto ponto. Seu alvo não é *nunca mais* sentir medo ou ansiedade, mas funcionar apesar da ansiedade. Você está no caminho certo quando pode dizer: 'Sinto-me ansioso e isso não tem problema' — você está bem em relação ao que está fazendo.

"Se sua ansiedade disparar quando você estiver se apresentando numa reunião, você poderá pensar: 'eu sou um fracasso porque estou realmente ansioso'. Em vez disso, o quinto ponto manda você *concentrar-se na realização*. Tente dizer: 'sim, eu fiquei ansioso e, apesar disso, eu fiz'. Concentre-se naquilo que consegue realizar e não no sentimento.

"O sexto ponto é: *espere, permita e aceite que o medo reapareça*. Seu instinto natural é dizer: 'Ok, eu fiz uma vez e consegui vencer e isso não vai se repetir nunca mais'. Se você pensar assim, estará se preparando para o desapontamento. Ao esperar e permitir que o medo possa aparecer de novo, você pode dizer: 'bem, esse é o jeito que meu corpo e minha mente reagem às vezes'. Isso significa que, em vez de ficar surpreso e dizer 'oh, meu Deus, perdi tudo o que ganhei e estou de novo no ponto inicial, sou um fracasso!', você deve pensar que se trata de uma oportunidade para praticar e é parte normal de sua recuperação."

Em nossas sessões práticas, Richard e eu verificávamos, com freqüência, seu nível de ansiedade. Fazíamos isso por dois motivos. Richard poderia perceber repetidamente como seus pensamentos e ações influenciavam seus sentimentos. Era também importante para ele compartilhar o que estava se passando dentro dele. Por mais surpreendente que isso pareça, nem sempre fica claro quando o nível de ansiedade de uma pessoa está aumentando, mesmo para alguém como eu, que já trabalhou com centenas de pacientes e teve seus próprios ataques de pânico. Na verdade, costuma ser quase impossível perceber que uma pessoa está tendo um ataque de pânico, mesmo quando ela se sente como se estivesse morrendo! Pessoas que, como Richard, se esforçam tanto para manter escondidos seus sentimentos podem estar com um sorriso nos lábios, enquanto todo o tempo tentam controlar sentimentos de pânico que estão crescendo e aumentando.

Se alguém diz "estou no nível oito", por exemplo, posso supor que está pensando que vai ter um ataque de pânico e em todas as coisas terríveis que podem acontecer — "os perigos imaginários do futuro".

Disse a Richard: "É proveitoso pensar em termos de porcentagens. No nível sete, por exemplo, 70% de sua mente provavelmente está envolvida em algum pensamento imaginário do tipo 'e se': e se eu ficar vermelho? E se minhas pernas tremerem? E se eu parecer um idiota? E se eu entrar em pânico? E, provavelmente, apenas 30% permanecerá envolvido no que está acontecendo naquele exato momento, por estar preocupado com seus pensamentos assustadores.

"Mas, se alguma coisa no presente interromper seus pensamentos — se eu lhe perguntar sobre sua filha, por exemplo —, observe o que acontece com seu nível. Ele baixa. Quando seu nível está em torno de quatro, você está apenas 40% envolvido nos perigos imaginários do futuro e 60% envolvido no aqui e agora.

"Quando seu nível de ansiedade começa a elevar-se, embora tudo em sua mente e em seu corpo esteja dizendo para pensar no medo, enumerar seus sentimentos e tentar manter o controle — o segredo é confiar em que, ao concentrar-se em algo concreto do presente, seu nível vai baixar automaticamente. À medida que repetir isso mais e mais vezes, você começará a acreditar no fato de que a mudança irá acontecer."

"Mas, às vezes, eu vou direto de zero a dez, sem qualquer nível no meio."

"Você *pensa* que vai direto a dez, mas a ansiedade nunca sobe imediatamente até esse nível. Quando trabalharmos juntos, você verá que a mente e o corpo recebem uma porção de dicas sobre como seu medo ou ansiedade estão se acumulando, mesmo que você não tenha consciência deles no momento. Você pode usar essas dicas para deter o crescimento do medo antes que seu nível fique realmente elevado.

"Por exemplo, você mencionou que antes de ficar realmente ansioso, suas mãos ficam frias e úmidas. Assim, mesmo que não esteja sentindo medo ou ansiedade naquele momento, você sabe que quando suas mãos começam a ficar pegajosas, algo está acontecendo. Nesse instante, comece a se concentrar em coisas do presente, perguntando-se: onde estou? O que estou fazendo? Que cores vejo? Que sons estou ouvindo? Comece a fazer isso antes que a ansiedade comece a subir e adquira vida própria.

"Mesmo que você chegue a dez e tenha um ataque de pânico, saiba que o nível vai baixar de novo. A chance de chegar a um segundo dez é muito pequena. Fisiologicamente, depois que o corpo atinge um ataque de pânico, ele começa a se acalmar. Posteriormente, você poderá se sentir exausto. Talvez queira até chorar ou rir, mas o ataque acabou.

"Se puder *atravessar* o ataque de pânico, em vez de combatê-lo, você descobrirá que é quase como estar na água e pegar uma onda. Se você sobe com a onda e começa repentinamente a lutar contra ela, o que acontece? A onda pode desabar sobre você. Mas e se você flutuar sobre ela e passar para o outro lado?"

Pedi para Richard visualizar a experiência. "Imagine que você está bem no meio da onda. Imagine a água erguendo você até a crista onde você tem a escolha de nadar freneticamente na tentativa de chegar ao outro lado, ou simplesmente deixar-se levar, permitindo que a natureza siga seu curso. Ainda que seja assustador deixar de "lutar" contra a água, visualize-se colocando as mãos adiante de você e deixando a onda passar enquanto você flutua suavemente até o outro lado."

Para ajudá-lo a se preparar para sua reunião, pedi a Richard que se imaginasse chegando na sala, olhando em volta, contando-me quem estava presente, que cores via, que sons podia ouvir. Então, pedi-lhe para se imaginar olhando a mesa em torno da qual estariam todos sentados e observando coisas muito específicas, como a cor da gravata do seu chefe, a expressão no rosto da pessoa ao seu lado e o penteado da secretária.

"Se durante esse tempo sentir sua ansiedade aumentando, pergunte-se em que nível você está. Se está acima de cinco, você está provavelmente permitindo que seus pensamentos fujam para o tipo de raciocínio 'e se'. Traga-o de volta para o presente, concentrando-se o mais que puder nas coisas em sua volta. Lembre-se, da mesma forma que usa sua imaginação para trazer à tona pensamentos assustadores, você pode redirecioná-la para criar imagens agradáveis."

Duas semanas depois, numa sessão de terapia imediatamente posterior à temida reunião de equipe, Richard relatou o sucesso da manhã. De fato, ao entrar na sala, sabendo que ia ter de fazer uma apresentação curta, sua ansiedade disparou. Embora se sentisse muito incomodado, obrigou-se com toda a sua força de vontade a se concentrar em coisas em torno dele. Descreveu-me como contou as pessoas ao redor da mesa, observou as listras no papel de parede, estalou o elástico em seu pulso e fez um esforço consciente para se envolver no bate-papo prévio com seus colegas.

Quando perguntou-se novamente em que nível estava, para sua surpresa se deu conta de que tinha baixado — a prova concreta de que esses "truques" funcionam de fato.

Quando a reunião começou e pediram-lhe para fazer sua apresentação, Richard até "se esqueceu" de ficar ansioso! Envolvera-se tanto no que estava acontecendo em volta dele que simplesmente apresentou seu relatório como se fosse uma continuação de suas discussões anteriores, com os outros na sala. Richard estava começando a perceber que não precisava ser vítima de sua ansiedade.

Vocês se lembram daquela primeira sessão, quando Richard praticou ler em voz alta para mim? Embora estivesse inicialmente ansioso, acostumou-se aos poucos com isso. Mas quando lhe sugeri que lesse para um pequeno grupo de pessoas com quem eu estava trabalhando, ele achou que ainda não estava pronto. Como terapeuta, meu desafio era encontrar o próximo passo: um alvo de curto prazo que o mantivesse avançando. Eu também sabia que enfrentar coisas que têm um significado na vida real, ao invés de praticar por praticar, é importante para ajudar os pacientes a progredir. A motivação, certamente, cresce quando há a recompensa da satisfação pessoal.

Aproveitando-me da sensibilidade de Richard e de sua boa vontade para com os outros, em nossa sessão seguinte falei-lhe da idéia que tive em nosso primeiro encontro.

Uma semana depois, Richard e eu estávamos sentados numa sala com cinco outras pessoas numa sessão de treinamento para voluntários no centro de treinamento para cegos. A mulher que dirigia a sessão sugeriu que cada voluntário falasse um pouco de si mesmo.

Tínhamos passado algum tempo, antes do encontro, imaginando como Richard se sentiria mais confortável indicando-me quando seu nível de ansiedade subisse e como eu poderia ajudá-lo. Quando o homem à esquerda de Richard se apresentou, a ansiedade de Richard estava crescendo e ele me informou disso, levantando sete dedos. Em prática anterior com os seis pontos, ele descobriu que sua ansiedade diminuía quando tocava e podia sentir a solidez de algum objeto diante dele, como uma mesa ou cadeira. Sabendo disso, esfreguei minha mão na borda da mesa para lembrá-lo. Ele sorriu e fez a mesma coisa, depois inclinou afirmativamente a cabeça, reconhecendo que seu nível baixara de fato.

Quando chegou sua vez de falar, ele continuou a esfregar a mão na borda da mesa enquanto informava seu nome e alguns fatos sobre si mesmo.

Os outros voluntários, provavelmente, não pensaram duas vezes sobre o que disseram naquele dia, mas para Richard foi como o primeiro passo na longa escalada do monte Everest.

No final da sessão, Richard se propôs a ler para uma pessoa cega periodicamente. Designaram-lhe a senhora Sawicki, que, além de parcialmente cega, tinha dificuldade para ouvir. Ela morava sozinha num grande prédio de apartamentos para idosos.

Richard telefonou-lhe e disse que iríamos ambos na terça-feira seguinte, às três da tarde. Por algum motivo, a senhora Sawicki não queria que fôssemos ao seu apartamento, mas concordou em nos encontrar no saguão de seu prédio, onde Richard leria para ela "num canto sossegado".

Jamais vou esquecer o dia em que nos encontramos com essa mulher. Esperando diante do elevador, Richard olhava o movimentado saguão, à procura do tal "canto sossegado". Vendo sua expressão, eu sabia o que estava pensando: não só teria de ler em voz alta para uma estranha, como iria fazê-lo com uma platéia.

Por fim, a porta do elevador abriu-se e apareceu uma senhora magra, de cabelos brancos, carregando uma grande pilha de correspondência embaixo do braço.

"Senhora Sawicki?"

"Sim."

Ela acompanhou-nos até o que chamou de seu "canto predileto" e deu a Richard sua pilha, que incluía folhetos de curas milagrosas e charlatanices de todo tipo.

"Leia, por favor", disse ela.

Richard começou a ler suavemente: "Prezada sra. Sawicki: se você é uma das milhares de pessoas que sofrem de constipação...".

"Mais alto, meu filho!"

Richard ficou um pouco pálido, mas leu toda a correspondência. Mais tarde, admitiu que estava tão distraído com o movimento do saguão, a natureza do material de leitura e com os constantes gritos da mulher para que lesse mais alto que quase esqueceu sua ansiedade.

Mas sempre que pensava sobre seus sentimentos e notava seu nível de ansiedade aumentando, ele fazia um sinal para mim. Eu então respirava de forma exagerada para lembrá-lo de respirar fundo e com regularidade. Ou apontava para o elástico em seu pulso, relembrando-o de esticá-lo para trazer seus pensamentos de volta ao presente.

Quase na metade da sessão, como havíamos combinado previamente, Richard fez um sinal de que estava pronto para continuar sozinho. Fui para outra parte do saguão. Mais tarde, quando fomos embora, ele contou que havia marcado uma hora para visitar a senhora Sawicki durante a semana. Esse foi o primeiro de alguns passos pequenos, mas significativos para Richard.

Nas semanas seguintes, ele continuou a praticar, visitando a senhora Sawicki. Uma noite, ao chegar em casa, encontrei uma mensagem entusiasmada na secretária eletrônica: "Você tem razão, e aqueles Seis Pontos realmente funcionam. Por mais difícil que seja às vezes, ficar concentrado no presente mantém meu nível baixo. E com uma vantagem extra, agora sou um especialista em curas milagrosas... para tudo!".

Ler para a senhora Sawicki deu a Richard algo que ele não obtinha de seu emprego ou de qualquer outro tipo de trabalho havia muito tempo: um sentimento de satisfação e amor-próprio. Em pouco tempo, sua auto-estima começou a mostrar sua face. Agora, ao encontrar-me com ele, eu quase podia senti-lo revivendo.

A essa altura, também apresentei Richard ao pequeno grupo de pessoas com as quais eu estava trabalhando, com ataques de pânico em situações semelhantes. Aos poucos, ele começou a ler e a fazer pequenos discursos para eles.

Depois de seis semanas trabalhando juntos, relembrei Richard de algo que ele mencionou em nossa primeira sessão, de estabelecimento de objetivos. Perguntei-lhe se estava pronto para pensar em comparecer a uma reunião dos *Toastmasters*. Pela expressão de seu rosto percebi que ele se sentiu tão desafiado quanto se eu lhe tivesse pedido para concorrer à presidência dos Estados Unidos.

Assegurei-lhe que não teria de falar na primeira reunião. Eu iria com ele como uma amiga, para que não tivesse de explicar minha presença, e diria que estávamos interessados em participar do grupo. Uma semana mais tarde, estávamos diante do imponente prédio de colunas de mármore onde os *Toastmasters* se reuniam.

Comparecer àquela primeira reunião, contou-me Richard mais tarde, foi uma provação maior do que a de seis semanas depois, quando fez seu primeiro discurso. Embora não lhe exigissem que falasse, os novos participantes eram convidados a se levantar e dizer o que esperavam realizar ao se unirem aos *Toastmasters*. Ninguém era *obrigado* a fazer isso: tratava-se de uma opção dos novatos. Richard olhou para mim, como que perguntando: "Você acha que estou pronto para isso?".

Eu não tinha dúvidas: jamais existe o perigo de alguém não estar pronto para fazer alguma coisa. Se você *quer* fazer algo, eu havia dito a ele, você *está* pronto.

Fiz que sim com a cabeça, e antes mesmo de me dar conta do que estava acontecendo, Richard estava de pé dando o seu nome. Quando se sentou, o suor escorria em sua testa, mas o sorriso em seu rosto me disse tudo o que precisávamos saber.

Depois, é evidente, a excitação de ter sobrevivido à primeira reunião foi obscurecida pela perspectiva do dia em que teria de fazer seu "quebra-gelo", o discurso de cinco minutos que todos os novos membros dos *Toastmasters* devem fazer pouco depois de entrarem para o grupo. Durante várias semanas Richard e eu nos preparamos para sua fala. Ele ensaiou tantas vezes comigo que eu sabia o discurso de cor.

Uma vez que eu estava freqüentando os *Toastmasters* o mesmo tempo que Richard, esperava-se que também fizesse o meu "quebra-gelo" na mesma noite. Mas não dei muita atenção à preparação. Não tenho medo de falar em público e não estava tentando me tornar um membro ativo do clube.

O dia D chegou!

Richard queria ir primeiro para acabar logo com aquilo. Contou-me que não havia dormido nada na noite anterior. Cada vez que se imaginava na tribuna, tentava lembrar-se do que tínhamos conversado. Ele se via como sendo parte de sua caneta, tocando a tribuna, contando as pessoas em volta, observando as listras do papel de parede, mas apesar de toda essa preparação, ele disse mais tarde, sentia-se como se estivesse indo para a cadeira elétrica.

Lembro-me de ver Richard caminhando para a tribuna e de sentir orgulho, por um lado sabendo que ele se daria bem porque sabia seu texto e era um bom orador e, por outro, sentindo como se sua ansie-

123

dade fosse minha. Suponho que é como um pai se sente ao ver o filho dar os primeiros passos.

Eu não poderia imaginar um primeiro discurso melhor! Richard falou com clareza, expressão e olhou para as pessoas na platéia. De onde eu estava sentada, foi um discurso perfeito. Embora eu soubesse da sua luta interna, do coração disparado, eu apostaria um milhão de dólares como não havia outra pessoa na sala que tivesse a menor idéia do que ele estava passando. Na verdade, acho que as pessoas ficariam chocadas se eu lhes dissesse como Richard estava realmente se sentindo.

Minha própria observação foi reforçada quando chegou o momento das avaliações por escrito. Foram todas extremamente elogiosas. Os membros mais antigos não podiam acreditar que esse fosse o primeiro discurso de Richard e de como ele parecera tão calmo.

Quando chegou minha vez, levantei-me e falei de improviso, sem me dar conta de que estava fazendo *tudo* errado. Apesar de serem condescendentes e terem dito algumas coisas simpáticas sobre minha fala, os avaliadores disseram delicadamente que eu falei muito depressa e tive "ahs" e frases interrompidas demais. Criticaram-me também por ter começado a falar antes de chegar à tribuna.

Embora Richard estivesse convencido de que as pessoas estavam sendo apenas bondosas para encorajá-lo, os comentários sobre minha apresentação fizeram com que ele percebesse que se tratava de um grupo honesto. E embora estivesse convencido de que toda a sua ansiedade era aparente, era difícil argumentar com os comentários escritos que tinha em suas mãos.

Naquela noite, Richard dormiu bem pela primeira vez em várias semanas.

Seguiram-se outros êxitos. Richard conseguiu freqüentar sozinho os *Toastmasters* (embora eu certamente tivesse a ganhar com esse exercício). Meses mais tarde, quando o tratamento formal de Richard já havia terminado, minha secretária eletrônica anunciou que ele tinha sido eleito diretor da sede local dos *Toastmasters* e estava competindo em discursos regionais. Ampliou suas responsabilidades em sua editora e foi promovido a vice-presidente. Pouco depois, começou a participar em atividades políticas locais e acabou participando de várias comissões públicas.

Seis anos depois de terminar o tratamento, Richard telefonou-me para contar que tinha um novo emprego como consultor jurídico de uma grande associação comercial. Ao mesmo tempo, estava começando a praticar advocacia privada. "O fantasma da faculdade de direito" tornou-se o advogado e o servidor público que sempre quis ser.

11

ELLEN: MEDICAMENTOS E SÍNDROME DE PÂNICO

Tal como muitas das pessoas com quem trabalhei, Ellen ficou surpresa — e resistiu — quando lhe sugeri que consultasse um psiquiatra para uma avaliação sobre medicamentos. Isso ocorreu oito semanas depois que ela começou a tratar sua síndrome de pânico comigo.

Ellen, uma designer gráfica de 36 anos, relembrou-me do que havia me contado em nosso primeiro encontro, que já havia tido duas experiências negativas com medicação. Um dos remédios, receitado por seu clínico geral, deixara-a tão entorpecida que se sentia sempre cansada, mentalmente, e incapaz de se concentrar. O segundo medicamento fez seu coração disparar e a pressão subir às alturas. Teve também pesadelos horríveis e, depois de quatro semanas "miseráveis", parou de tomar o remédio.

Quando lhe perguntei há quanto tempo tinham-lhe receitado remédios para seu problema, ela respondeu: "cerca de dez anos".

É compreensível que alguém que tenha procurado remédio para pânico há dez anos tenha se desapontado e desistido, como Ellen o fez. Dez anos atrás, a síndrome de pânico estava apenas começando a ser reconhecida como um distúrbio psiquiátrico específico; as pesquisas psicológicas e biológicas que proliferaram ao longo da década passada estavam apenas engatinhando.

Em conseqüência, embora muitos dos remédios que os médicos receitassem, então, para tratar dos sintomas de pânico fossem aprovados pela FDA para ansiedade ou depressão em geral, eles não ti-

125

nham sido pesquisados e sua eficácia no tratamento da síndrome de pânico não havia sido especificamente provada. Porém, desde a metade da década de 80, vastas pesquisas foram feitas por laboratórios, universidades, hospitais e pelo governo americano para encontrar medicamentos eficazes para a síndrome de pânico, bem como para outros distúrbios de ansiedade. Embora não exista atualmente um remédio que faça desaparecer magicamente todos os sintomas de um distúrbio de ansiedade, ou que não tenha potencialmente efeitos colaterais, grandes progressos foram feitos. Pude garantir a Ellen que existem muitos novos remédios seguros e eficazes no mercado.

Mas, à medida que conversávamos, começamos a explorar suas outras preocupações em relação a tomar remédios — preocupações compartilhadas por muitos outros pacientes.

Em primeiro lugar, ela achava que tomar medicamentos significava que fracassara na terapia, que não se esforçara o suficiente ou que era, de alguma forma, fraca ou deficiente. Estava também preocupada com o que aconteceria se parasse de tomar o comprimido.

"Se estou tomando um remédio que me deixa menos ansiosa, bloqueia ou reduz a intensidade de meus ataques de pânico, o que acontecerá se eu parar de tomá-lo? Os ataques voltarão? Terei de voltar a tomá-lo?"

Essa pergunta é complexa e vai ao centro das questões do tratamento.

As pesquisas mostram que, embora responda muito bem a uma variedade de tratamentos, a síndrome de pânico é uma condição crônica que deixa suas vítimas vulneráveis a recaídas. Muita gente se recupera completamente de seus sintomas perturbadores, mas para ser realista, quem tem um distúrbio de ansiedade deve aprender a conviver com a possibilidade de retorno dos sintomas. Se um paciente aprendeu a aceitar os sentimentos de pânico — confiando que não são perigosos, por mais apavorantes que sejam — e a controlar suas reações, as recaídas serão, provavelmente, menos assustadoras ou incapacitadoras.

A maneira mais eficaz de os pacientes provarem a si mesmos que um ataque de pânico não é perigoso é experimentar as sensações apavorantes, repetidamente, em um ambiente seguro. Mas se os medicamentos estão bloqueando as sensações, isso pode representar um verdadeiro desafio para o tratamento. Por esse motivo, mesmo que o paciente possa ter um algum alívio com a medicação, prefiro começar o tratamento enquanto ele está sem tomar remédios. Porém, em alguns casos, a pessoa está numa situação tão grave que seria impossível iniciar um programa de tratamento cognitivo-comportamental. Nesse caso, a medicação pode ser um primeiro passo necessário e importante.

Por outro lado, depois que alguém adquiriu habilidades cognitivo-comportamentais básicas, como Ellen o fez nas primeiras semanas de terapia, o acréscimo da medicação pode ser um coadjuvante útil. Mais tarde, quando estiver pronta para diminuir a medicação, a pessoa terá desenvolvido confiança para enfrentar qualquer sintoma que possa surgir.

Quando Ellen chegou para se tratar, era como se sua vida estivesse estagnada há mais de dez anos. Ela conseguia produzir no trabalho e relacionava-se bem com os amigos, mas criou um mundo muito estreito para si mesma. Sempre que tinha de viajar, ou mesmo *pensar* em viajar para algum lugar fora de sua "zona de conforto", ou seja, mais ou menos vinte quilômetros de distância, ela ficava paralisada de medo. Não importava se ela ou outra pessoa estivesse dirigindo ou se usasse transporte coletivo, ela ficava simplesmente aterrorizada por estar longe de casa e poder ter um ataque de pânico. Há mais de dez anos não tirava férias, nem visitava seus pais, em Chicago, onde havia passado sua infância.

Ellen sofria também de ataques de pânico espontâneos que a acordavam freqüentemente à noite, ou arruinavam um dia de trabalho ou uma noitada com os amigos; sentia-se exaurida durante horas. Parecia que o "constante zumbido de ansiedade" que sentia na cabeça nunca iria embora.

Contente por estar falando com alguém que parecia compreender o que estava passando, ela estava ansiosa para começar no novo grupo de apoio que eu lhe disse estar formando, bem como a terapia cognitivo-comportamental individual. Ficou aliviada também quando do lhe disse que não achava necessária a medicação — pelo menos naquele estágio do tratamento.

Na primeira reunião do grupo, Ellen surpreendeu-se ao descobrir quantas pessoas estavam tomando remédios. Observei que elas tomavam medicamentos antes de começar a terapia e queriam aprender algumas habilidades cognitivo-comportamentais antes de abandonarem os remédios. Pacientes que estão deixando de tomar medicação parecem fazê-lo com mais tranqüilidade e menor chance de recaída se participam, simultaneamente, de terapia.

Vários pacientes que tomavam remédios falaram sobre como era muito mais fácil para eles quando não tinham de enfrentar sua ansiedade todo o tempo. Isso deixou Ellen confusa, primeiro devido a sua experiência negativa com medicamentos, depois porque ela se viu perguntando: "como essas pessoas vão aprender a lidar com ataques de pânico se não os têm mais devido aos remédios?". Ela observou que muitas pessoas do grupo estavam *sentindo-se* melhor, mas ela se perguntava se eles estavam *ficando* melhores, uma questão também debatida nos círculos acadêmicos. Ela ainda preferia não tomar qualquer medicamento. Porém, à medida que as semanas iam passando, ficava claro que Ellen não estava praticando tanto quanto queria ou necessitava. Sua energia era consumida por sua ansiedade geral sempre presente e pelos ataques de pânico que perturbavam seu sono — energia que ela precisava para colocar-se, voluntariamente, em situações que provocavam ansiedade. Ela comparecia às sessões semanais de terapia, lia todo o material que recebia durante as sessões de grupo e *sabia* o que tinha de fazer para melhorar, mas, na oitava semana, comunicou ao grupo que estava se sentindo impedida de prosseguir, frustrada, e começando a ficar deprimida. Todos os outros pareciam progredir no tratamento, mas Ellen sentia-se diante de um muro. Durante a discussão que se seguiu, vários membros do grupo tentaram persuadi-la a experimentar medicação, mas Ellen resistiu firmemente: ela não queria tomar "drogas".

Foi depois dessa sessão de grupo que pedi a Ellen que viesse ao meu consultório e sugeri que fosse avaliada para medicação.

Após conversarmos um pouco, Ellen se deu conta de que não havia fracassado no tratamento; ela simplesmente precisava de ajuda adicional, naquele momento em particular. Em suas sessões de terapia, colocou-se em várias situações em que experimentou ataques intensos de pânico. Tinha usado com sucesso as técnicas que havia aprendido para permanecer na situação e viu seu nível de ansiedade baixar. Mas não estava praticando sozinha e não fez tentativas para encontrar uma pessoa de apoio.

Ellen acordava todas as manhãs com ansiedade intensa. A ansiedade antecipatória e os ataques de pânico espontâneos continuavam a dominá-la. E ainda não havia tentado cumprir seu objetivo de seis semanas: ir com os amigos à praia num fim de semana. Eles iam todas as sextas-feiras sem ela, que se sentia duplamente horrível: por perder a diversão e por não estar disposta a se colocar numa situação que poderia provocar um ataque de pânico — exatamente aquilo que sabia que precisava para melhorar.

Eu disse a Ellen que achava que sua ansiedade crônica estava prejudicando seu avanço e que a medicação poderia tirar "as arestas" para que começasse a dar passos maiores na terapia. Com muita hesitação, Ellen concordou em marcar uma consulta com o psiquiatra que lhe recomendei.

O psiquiatra reviu suas experiências anteriores com medicação e discutiu suas preocupações atuais. Também verificou se não tinha uma história anterior de abuso de bebidas alcoólicas ou de outras substâncias. Então receitou-lhe uma dose inicial de Xanax.

O Xanax (nome genérico: alprazolam) pertence a uma classe mais ampla de medicamentos ansiolíticos chamados de benzodiazepinas. Atualmente, é o único medicamento aprovado pela FDA, especificamente, para a síndrome de pânico. Como o psiquiatra de Ellen explicou, ele começa a atuar imediatamente e os efeitos colaterais diminuem com o tempo. O psiquiatra pediu que Ellen telefonasse para informar sobre qualquer efeito colateral e advertiu-lhe para não tomar bebidas alcoólicas enquanto estivesse tomando Xanax, pois a combinação poderia deixá-la entorpecida e provocar rebaixamento cognitivo, marcando nova consulta para a semana seguinte a fim de avaliar a dosagem.

Felizmente, o Xanax funcionou bem. Exceto por sentir-se sonolenta, até que a dosagem fosse ajustada, a medicação não provocou efeitos colaterais e Ellen notou uma diferença imediata no modo de reagir a situações difíceis. "Não tenho um ataque de pânico há vários dias e não tenho acordado todas as manhãs cheia de ansiedade", contou ela ao grupo na sessão seguinte. "E não sinto ansiedade fazendo muitas das pequenas coisas que eu costumava evitar, como enfrentar o trânsito ou aguardar numa fila, para ser atendida."

Várias semanas depois, uma das pessoas do grupo observou que Ellen parecia estar falando menos sobre o que tinha *medo* de fazer e mais sobre algumas das coisas positivas que estavam acontecendo. Ela chegou mesmo a se comprometer, com data fixa para ir à praia — "não importa como eu me sinta!".

Mudanças boas estavam acontecendo. Mas então Ellen começou a se preocupar que a medicação poderia ser "mágica demais". E tinha ainda uma outra preocupação que fazia com que ela não enfrentasse alguns de seus objetivos maiores.

"Bem, estou tomando remédio", disse ela, "que considero como último recurso. E se eu tiver um ataque de pânico enquanto estou tomando Xanax? E se o remédio, alguma vez, não fizer efeito?"

Antes que eu pudesse responder, Joe, um dos membros do grupo, antecipou-se. "Você teve ataques de pânico sem medicação e sobreviveu", observou ele. "O que você acha que vai acontecer se tiver um ataque com o remédio? Não pode ser muito pior!"

"Você tem razão, Joe", respondeu Ellen rindo. "O pior que pode acontecer é eu me sentir absolutamente péssima — e sentir-se péssima nunca matou ninguém!" Essa atitude realista era nova para Ellen, sinalizando que ela estava começando a ter maior controle sobre seus medos.

Naquele mesmo dia, no entanto, Ellen pediu-me uma sessão individual para manifestar uma outra preocupação. Estava tomando Xanax já há algumas semanas e, embora estivesse tomando pequena quantidade, percebeu que seu nível de ansiedade aumentava se ela se esquecesse de tomar uma única dose. "Vai ser difícil parar de tomar esse remédio", disse ela. "Posso perceber minha dependência dele e odeio isso. Acho que estou ficando viciada."

Tratava-se de uma preocupação realista. Eu havia dito a Ellen, repetindo seu psiquiatra, que o Xanax e outros ansiolíticos podem provocar sintomas de abstinência quando se deixa de tomá-los depois de usá-los durante vários meses. Os sérios problemas de abstinência podem incluir hiperexcitação e ansiedade extremada. É mais provável que esses problemas ocorram com quem toma doses mais altas que a de Ellen, ou com quem teve um problema anterior de vício em álcool ou drogas. (Essa é uma das várias razões de não se usar Xanax em pacientes com história de alcoolismo e drogas.) Mas, mesmo em doses baixas, e sem um passado de vício, é possível que alguns pacientes encontrem dificuldades para suspender o remédio.

Expliquei que quando Ellen estivesse pronta para deixar de tomar o remédio, o psiquiatra iria reduzir a dosagem muito gradualmente, de forma a minimizar o desconforto da abstinência. "Você talvez tenha alguma dependência psicológica porque o medicamento a ajudou", eu lhe disse, "mas isso não é o mesmo que a imagem que você tem do vício. Você não vai precisar de doses cada vez maiores para obter um resultado terapêutico. E o remédio não causará dependência. Você não ficará angustiada quando parar de tomá-lo."

Essa conversa a acalmou um pouco, e ela concluiu que os benefícios da medicação superavam seus aspectos negativos naquela altura do tratamento. Ela estava avançando e confrontando situações que anteriormente achava impossível enfrentar, o que, no momento, era sua maior prioridade.

Durante a sessão final de nosso grupo de doze semanas, Ellen disse que, embora se sentisse mais tranqüila a respeito da medicação, estava contente por ter esperado até incorporar algumas das técnicas cognitivo-comportamentais.

"Acho que se tivesse começado com a medicação, imediatamente, não teria confiado nas técnicas. Mas agora sei que quando estiver pronta para seguir sem o remédio, terei em mãos ferramentas suficientes para prosseguir. Mesmo que venha a ter um ataque de pânico, sei que serei capaz de manter o controle, em vez de ser controlada por ele."

Ellen disse também que o apoio do grupo foi muito importante e que iria inscrever-se num novo período de doze sessões, e o usaria para se preparar para seu objetivo maior: a viagem a Chicago. Seis semanas depois, ela trouxe uma fotografia da ceia do dia de Ação de Graças com a família e deu, a todos os membros do grupo, uma camiseta com a inscrição BEM-VINDO A CHICAGO!

Enquanto escrevo este livro, vários medicamentos utilizados atualmente para o tratamento de ansiedade e/ou depressão estão em processo de aprovação pela FDA para o tratamento específico da síndrome de pânico, DOC, DSPT e DAG. E a lista de novos remédios potenciais está se expandindo rapidamente.

Porém, mesmo que um medicamento "ideal" seja descoberto e aprovado pela FDA, os profissionais da saúde mental ainda terão de lidar com as questões que afetam e preocupam pacientes como Ellen.

Todos os medicamentos devem ser monitorados cuidadosamente ao longo de todo o tratamento. Senão, podem ocorrer problemas sérios. O Xanax pode provocar sérios sintomas de abstinência quando é suspenso abruptamente. Os pacientes devem deixá-lo muito gradualmente — muitas vezes durante um período de semanas ou meses — a fim de minimizar esse efeito. Para muitos pacientes receita-se também um antidepressivo ou outra medicação para suavizar a transição.

O médico deve trabalhar muito próximo do paciente ao qual receitou um ansiolítico e o paciente precisa entender totalmente a importância de seguir as indicações recomendadas. Em nenhum momento uma pessoa que está usando regularmente medicação tranqüilizante deve decidir que "estou me sentindo melhor e vou parar de tomar o remédio".

Para a manutenção de longo prazo, o psiquiatra de Ellen receitou Prozac (nome genérico: hidrocloreto de fluoxetina). O Prozac é um antidepressivo pertencente a um grupo de drogas chamadas de inibidores da recaptação de serotonina. Muitos médicos acham que o Prozac e outros antidepressivos como a imipramina (nome comercial: Tofranil) também são úteis no tratamento da síndrome de pânico e de outros distúrbios de ansiedade. O Xanax e outras benzodiazepinas funcionam rapidamente, proporcionando alívio imediato às pessoas com ataques graves de pânico e ansiedade, mas não devem ser usados indefinidamente. Antidepressivos como o Prozac, que inibem os ataques de pânico, demoram várias semanas para funcionar. Mas não criam dependência; podem, portanto, ser usados por períodos mais longos e os pacientes não precisam se preocupar com possíveis sintomas de abstinência.

Ellen ajudou muito a si mesma ao ser franca e direta sobre suas preocupações. Muitos pacientes têm medo dos efeitos físicos dos remédios ou de não conseguirem controlar suas reações depois que os engolem. Outros preocupam-se com que o comprimido se transforme numa muleta ou represente um sinal de fraqueza. Alguns têm medo dos efeitos colaterais, em especial se já tiveram uma experiência negativa com medicamentos. Muitos temem ficar viciados. Mas podem hesitar e não colocar suas dúvidas para o médico.

Indiretamente, essas preocupações contribuem também para um outro problema: submedicação. Os pacientes que relutam em tomar remédios podem tomar uma dose menor que a receitada. Em conseqüência, não recebem o benefício terapêutico e continuam a sentir uma ansiedade significativa. Além disso, provavelmente concluirão que o medicamento simplesmente não funciona.

Os médicos que têm experiência no tratamento de síndrome de pânico costumam se esforçar para instruir os pacientes sobre o uso correto da medicação e estão disponíveis para responder às preocupações à medida que surgem — por mais triviais que pareçam. Isso pode significar a diferença entre uma tentativa de medicação que resolve ou que cria problemas. Os pacientes precisam ser muito bem informados para que os possíveis efeitos colaterais não sejam uma surpresa ou que os deixem mais inseguros.

A essa altura, sabemos que tanto a terapia cognitivo-comportamental como a medicação constituem tratamentos eficazes para a síndrome de pânico, mas nem sempre podemos prever qual tratamento ou combinação de tratamentos funcionará melhor para cada paciente. Portanto, é importante que o profissional de saúde mental e o paciente mantenham a mente aberta quando desenvolvem um plano de tratamento.

Os médicos que tratam o pânico, principalmente com medicação, deveriam informar os pacientes sobre a importância de procurar também uma terapia cognitivo-comportamental, em especial da necessidade de se enfrentar gradualmente os medos. As informações disponíveis indicam que a maioria dos pacientes tratados apenas com medicamentos tendem à recidiva quando o remédio é suspenso. Se o paciente não tem recursos ou acesso a um terapeuta cognitivo-comportamental, é possível recrutar um membro da família ou amigo de confiança para dar ao menos algum apoio. Da mesma forma, os terapeutas cognitivo-comportamentais deveriam estar abertos à possibilidade de acrescentar medicação quando e se necessário.

A flexibilidade é, também, um ingrediente-chave numa terapia eficaz da síndrome de pânico. Por exemplo, dos oito pacientes do primeiro grupo de Ellen, três começaram o tratamento cognitivo-comportamental quando já estavam tomando medicação. Dois deles acharam que o remédio foi moderadamente útil. Ainda tinham ansiedade antecipatória e evitavam muitas situações, mas não estavam sofrendo ataques de pânico. O terceiro, David, parecia-me muito submedicado.

David ainda sofria ataques de pânico freqüentes e tinha uma ansiedade flutuante contínua. Disse que não estava tomando a dose completa indicada pelo médico devido aos efeitos colaterais desagradáveis: insônia, constipação e boca seca. Pedi-lhe que procurasse seu médico para uma reavaliação. Uma mudança de medicamento resolveu o problema bem depressa e David começou a avançar.

Os outros quatro membros do grupo de Ellen não tomavam remédio e eu não via nenhum motivo para que o fizessem: estavam todos fazendo grandes progressos. Eles entravam repetidamente em situações provocadoras de ansiedade e permaneciam nelas, muitas vezes desafiando seus próprios limites estabelecidos.

Em geral, os que tomavam medicamentos *sentiam-se* melhor do que os outros, porque o remédio aliviava os sintomas. Porém, isso criava um problema. Uma vez que a medicação bloqueava os ataques de pânico, os que tomavam medicação não tinham a chance — durante as sessões de terapia — de poder colocar integralmente, em prática, as técnicas cognitivo-comportamentais que estavam aprendendo. Estavam encantados por poderem fazer coisas que antes não faziam, mas periodicamente perguntavam: "De que adianta sair com minha terapeuta para praticar quando não estou tendo um ataque de pânico?".

Isso pode se tornar um problema grave para pacientes e terapeutas. Para que alguém se dessensibilize em relação aos ataques de pânico, é necessário confrontá-los repetidamente e perceber por si mesmo que é possível lidar com eles com sucesso. Assim, se a pessoa não chega a usar as várias técnicas de redução de ansiedade enquanto tem um ataque de pânico, ela provavelmente não confiará que funcionem.

No início do primeiro grupo de apoio de Ellen, os quatro pacientes que não tomavam medicamentos estavam tendo mais dificuldades. Mas, na verdade, eles fizeram progressos mais significativos do que os medicados, apesar de suas primeiras sessões terem sido difíceis e dolorosas. À medida que as semanas se passavam, começaram a relatar como tinham menos medo de ter um ataque de pânico, pois sabiam agora que nada de perigoso aconteceria se o tivessem. E confiavam nisso porque tinham sentido na própria carne a experiência.

A questão de usar ou não medicação e, em caso afirmativo, em que ponto começar e parar com ela, é muito pessoal e deve ser tratada individualmente. E, geralmente, leva um certo tempo entre tentativa e erro, até achar a combinação correta de tratamento, o que pode ser frustrante tanto para o paciente quanto para o terapeuta. Mas, ter opções otimiza as chances de cada um obter recuperação total. A decisão de Ellen de acrescentar medicação num momento mais tardio de seu tratamento revelou-se correta. Poucas semanas depois de sua viagem triunfante a Chicago, ela contou que tinha comprado passagens para uma viagem ao Caribe em companhia de uma amiga, para tirar umas férias há muito tempo adiadas. Ela disse que queria continuar tomando Xanax até voltar para casa. Então iniciaria o processo de diminuição e suspensão do remédio. "Eu sei que minha viagem não será sempre fácil, assim como não será fácil cortar a medicação, mas eu estou pronta para tentar!"

12

BRIAN E JENNIFER: DIAGNOSTICANDO E TRATANDO CRIANÇAS

Os distúrbios de ansiedade estão entre as categorias de distúrbios psiquiátricos mais preponderantes em crianças e adolescentes. Contudo, até cerca de uma década atrás, o pediatra ou profissional de saúde mental não pensaria em fazer um diagnóstico de distúrbio de ansiedade para um jovem, mesmo que os sintomas presentes fossem semelhantes aos experimentados por um adulto comprovadamente com esse distúrbio.

A maioria dos livros de educação infantil orienta sobre como lidar com os medos mais comuns — de cachorros a "monstros" debaixo da cama — e tranqüilizam os pais de que eles logo passarão. A "ansiedade da separação" é também considerada como um estágio de desenvolvimento natural. É normal que um bebê de nove meses chore se seus pais o deixam com estranhos, e pais e professores estão bem preparados para as lágrimas na porta do jardim-de-infância. Somente se uma criança persiste em demonstrar terror ao ir para a escola é que há indício de problema. Nesses casos, pode até ser que a própria mãe esteja "envolvida demais" ou "relutante em se separar" da criança.

Hoje, os dados indicam algo diferente. Não existe para crianças um estudo equivalente ao ECA do Instituto de Saúde Mental dos Estados Unidos. Mas vários estudos amplos e bem documentados demonstraram recentemente que os distúrbios de ansiedade na infância e adolescência são comuns, afligindo entre 5 e 10% dos pacientes pediátricos em geral. Eles ocorrem freqüentemente juntos, em combinações de dois ou mais dos seguintes: ataques de pânico, fobia social, fobia simples, ansiedade de separação e o que os pesquisadores chamam de "evitação da escola", uma genuína fobia de ir à escola. Há também um grande número de crianças com distúrbios de ansiedade e os assim chamados distúrbios de comportamento disruptivo, que incluem o distúrbio de hiperatividade e déficit de atenção (DHDA) e o distúrbio desafiante oposicional (DDO). O número de crianças com distúrbios de ansiedade equivale à metade das que sofrem de distúrbios de comportamento disruptivo e entre 25 e 40% dos jovens com DHDA ou DDO também sofrem de um distúrbio de ansiedade.

Muitos pacientes que tiveram síndrome de pânico diagnosticado na idade adulta relembram de sintomas na infância. Porém, só no início da década de 90 os pesquisadores começaram a publicar informações sobre o número de jovens norte-americanos que sofrem de síndrome de pânico. Um estudo mostrou que cerca de 0,6% dos alunos de escolas secundárias tinham esse problema. Menos da metade dos estudantes dessa pesquisa tinham recebido algum tipo de tratamento.

Ter um ataque de pânico não significa que a criança vá sofrer de síndrome de pânico. Mas há um risco maior de que isso ocorra se os ataques de pânico começarem na infância.

Examinemos o caso de Brian. Levá-lo para a escola transformou-se numa batalha diária. O menino de doze anos e sua mãe ficavam sentados no carro, em frente à escola, durante uma hora todas as manhãs, enquanto ela tentava de tudo — adulação, ameaça, rogo, ordem — para convencê-lo a entrar na escola.

Até o início da sexta série naquele outono, Brian era um aluno exemplar: feliz, atlético, popular, brilhante. Então, num dia muito quente de setembro, durante um jogo de futebol, ele sentiu que ia desmaiar e saiu correndo do campo. Os colegas e professores o socorreram e em poucos minutos ele estava bem. Constrangido e talvez um pouco estranho, mas bem.

Seus pais levaram-no imediatamente ao médico da família. Tinham lido muitas histórias sobre atletas que morreram durante a prática esportiva para não levar a sério tais sintomas. Depois de um exame físico completo, o médico disse a Brian que ele estava em excelente forma física e que poderia praticar esportes à vontade. "Apenas beba mais água e não se exceda em dias quentes", instruiu o médico.

Mas Brian não quis mais jogar futebol. Seus pais acharam que ele estava com medo de desmaiar diante de seus colegas. "Dê a ele mais alguns dias", diziam um ao outro. Duas semanas depois, o pai de Brian decidiu que já era tempo de terem uma conversa. Se Brian não começasse a treinar, perderia toda a temporada. Mas a conversa não adiantou.

Então, de repente, sem mais nem menos, Brian disse que não queria ir mais à escola e, então, tiveram início as batalhas matinais. Se os argumentos e ameaças dos pais conseguiam que entrasse, ele geralmente encontrava alguma maneira de persuadir a enfermeira da escola a mandá-lo para casa. Parou de participar das aulas e evitou os amigos durante as férias escolares.

Seus pais, preocupados, conversaram com os professores, o diretor e o psicólogo da escola. Várias hipóteses foram levantadas, de fingimento a doença de distúrbio de atenção, ou problemas em casa, mas a situação de Brian não parecia se encaixar em nenhuma delas. Nem na definição de fobia de escola: os problemas de Brian tinham começado no campo de futebol.

Foi uma tia quem finalmente detectou a síndrome de pânico de Brian. Ela mesma havia feito um tratamento desse distúrbio e sabia que o problema poderia se repetir na família. Na verdade, os pesquisadores descobriram que os filhos de pais com um distúrbio de ansiedade têm sete vezes mais probabilidade do que as outras crianças de sofrerem do mesmo problema. Os distúrbios de ansiedade da infância também foram relacionados a histórias familiares de outros distúrbios, como depressão.

Por recomendação da tia, os pais de Brian procuraram um psiquiatra. Ele viu Brian durante algumas sessões e encaminhou-o ao meu centro de tratamento. Também receitou um medicamento para tratar os sintomas agudos iniciais dos ataques de pânico de Brian. Embora o menino abandonasse os remédios com relativa rapidez, acalmar seu sistema nervoso central com medicação ajudou-o e também a sua família a superar o sentimento de crise imediata.

Em minha clínica Brian começou a trabalhar com Judy, uma terapeuta especializada em crianças. Depois de conquistar sua confiança — teve de convencê-lo de que ela não era mais uma pessoa empenhada em mandá-lo de volta para a escola —, perguntou-lhe o que havia na escola que o assustava tanto. E recebeu a resposta clássica que qualquer pessoa que tenha tido um ataque de pânico reconhecerá imediatamente.

"Não sei exatamente. Eu simplesmente tenho esse sentimento horrível que não sei explicar, mas é como se estivesse numa armadilha e *se não sair dali imediatamente alguma coisa terrível vai acontecer!*"

Judy conseguiu explicar para Brian o que se conhece sobre a síndrome de pânico e assegurá-lo de que isso não o colocava em risco, nem era algo pelo qual deveria ficar envergonhado ou constrangido. Ela enfrentou uma tarefa adicional também, com a qual já estava acostumada: precisava instruir os pais, professores e o diretor sobre a natureza do distúrbio de ansiedade do menino. Ela também queria conversar com seus colegas de classe.

137

Judy pediu permissão a Brian para encontrar-se com sua turma. "É importante ajudá-los a entender", explicou ela. "Senão, eles não terão nenhuma idéia sobre o que você está passando e o que podem fazer para ajudá-lo."

Brian deu seu consentimento, desde que não precisasse estar presente quando todos estivessem falando dele.

Depois de discutir a síndrome de pânico com o diretor e o professor, que sabiam do problema em adultos, mas nunca tinham visto um caso entre seus alunos, Judy teve uma sessão com os colegas de classe de Brian.

Judy tentou fazê-los relacionar o que Brian estava sentindo com alguém famoso e respeitado que fosse conhecido deles. Muitos dos meninos tinham ouvido falar de John Madden, o comentarista esportivo, e alguns deles sabiam que ele viajava sempre de trem ou em seu ônibus particular porque não gostava de voar.

Judy também perguntou aos estudantes sobre amigos e familiares. Algum deles tinha um parente que tivesse medo de dirigir ou andar de elevador?

Várias mãos se levantaram. Um aluno falou da avó que sempre ficava em casa e não passava da porta da frente da casa. Outro disse que seu pai sempre passava a direção do carro para sua mãe antes de atravessar uma ponte. Depois de atravessá-la, ele retomava a direção.

Judy descreveu para a turma como Brian se sentia sentado numa carteira: "Imaginem como seria estar sentado aqui e sentir como se um trem de carga viesse em direção a vocês a toda velocidade. Imaginem como seria terrível se vocês pensassem que poderiam morrer a qualquer momento".

"O que podemos fazer por Brian?", perguntou uma menina durante a discussão seguinte.

"Apenas perguntem se podem fazer alguma coisa para ajudar. Às vezes podem, às vezes não. É importante que Brian saiba que, embora não entendam completamente o que ele está sentindo, vocês respeitam que aquilo é *real* para ele. E não se surpreendam se uma hora ele está bem e no minuto seguinte ele quer sair correndo porta afora. Vocês podem ajudar bastante não fazendo disso um grande problema."

Mas o objetivo principal de Judy era dar a Brian as informações e as técnicas que ele precisava para administrar seu distúrbio.

"Não sabemos exatamente o que provoca os ataques de pânico ou por que algumas pessoas os têm e outras não, mas sabemos que ninguém nunca morreu ou ficou louco por causa de um ataque de pânico. Você pode *se sentir* assim quando está acontecendo, mas as sensações apavorantes sempre passam. Vou ensinar a você alguns truques que o ajudarão a ver por si mesmo que nada de ruim vai acontecer. No início, vou estar por perto para ajudá-lo. Mas quando eu não estiver, você pode obter ajuda de seus pais, professores ou amigos. E o que é mais importante, você vai aprender a se ajudar.''

Judy ensinou a Brian as mesmas técnicas que usamos com adultos. Na verdade, a maioria das crianças as aprende com mais facilidade e gosta de aplicá-las. Brian decorou rapidamente os Seis Pontos e aprendeu a classificar seus níveis. Ele sabia que quando seu coração disparava e as palmas das mãos suavam é que estava no nível sete ou oito. E começou a perceber que podia fazer algumas coisas para baixar seu nível.

O mais importante é que Brian precisava saber que sempre havia uma Saída. Um computador foi colocado em um nicho, do lado de fora da sala de aula, e sempre que precisasse Brian poderia pedir licença, sair da classe e trabalhar no computador. Isso ajudava de duas maneiras. Significava que ele tinha um lugar seguro e familiar para onde recuar se se sentisse intranqüilo e dava-lhe algo específico para se concentrar até que as sensações assustadoras passassem.

Como sabemos, os ataques de pânico podem criar comportamentos negativos poderosamente reforçados. Com freqüência, os adultos tentam interromper ou mudar esses comportamentos nos jovens dizendo-lhes o que *deveriam* ou *não deveriam* fazer, colhendo como resultado apenas uma resistência cada vez maior da criança ou adolescente. Ao criar um ambiente que fizesse Brian ter controle sobre suas atividades de exposição, ter permissão para andar em seu próprio ritmo, um conjunto de estratégias e um aliado com quem pudesse contar, Judy abriu a porta para que comportamentos *positivos* igualmente poderosos se desenvolvessem.

Nos primeiros quatro dias em que Brian voltou à escola, Judy passou a primeira hora da manhã na biblioteca próxima a sua sala de aula. O menino sabia que poderia ir vê-la se precisasse de ajuda. Depois da primeira hora, Judy passava pela sala dele e olhava para ver seu sinal combinado de que estava tudo certo e ela poderia ir embora. Saber que ela estaria disposta a ficar se ele precisasse permitia que Brian relaxasse e dava ao seu nível de ansiedade tempo para diminuir. Para surpresa dele mesmo, Brian deu o sinal de positivo nos quatro dias. No quinto dia, ele estava disposto a ir para a escola sem ter Judy por perto.

Foi um trabalho duro para Brian, pior do que qualquer lição que jamais lhe houvessem passado. Quando sentia o coração disparar e as mãos começavam a transpirar, ele forçava-se a se concentrar em algum dos exercícios que Judy havia ensinado.

139

"Conte todas as letras 'H' que houver na página", disse-lhe ela. Se ele pudesse simplesmente se concentrar naquele exercício, contando os "H", um a um, sua mente afastava-se do medo. Seu nível baixava de sete ou oito para três ou quatro. Isso lhe dava um sentimento de domínio sobre o pânico. Ele não temia mais ser dominado.

Judy descobriu que mesmo antes do incidente no campo de futebol, o menino vinha evitando ir ao cinema. Depois de uma experiência ruim, quando teve de sair na metade do filme, ele simplesmente não foi mais. Seus pais e amigos não notaram nada de estranho em suas desculpas, nem quanto tempo fazia que ele não ia ver um filme. Mas agora Brian reconhecia que esse problema fazia parte de seu distúrbio. Então ele e Judy foram ao cinema.

Quando se aproximavam, Judy relembrou as técnicas que Brian aprendeu a usar na sala de aula. Elas funcionariam da mesma forma no cinema. "Vamos sentar na última fila. Se você quiser ir embora é só me dizer."

Compraram os ingressos e entraram. Mas poucos minutos depois de começado o filme, Judy sentiu um puxão em sua manga. "Quero ir embora", Brian sussurrou com urgência.

Ela cochichou de volta: "Brian, podemos sair na hora que você quiser. Mas você se lembra do que falamos? Esfregue sua mão no braço da cadeira. Como é ele?".

"É macio", respondeu, depois de alguns segundos.

"Certo. Agora esfregue a mão no assento. Como é?"

"É áspero."

Depois de alguns minutos, Brian estava envolvido no que acontecia na tela de novo. Embora tenha pedido para sair várias vezes, Judy aproveitou cada ocasião para ajudá-lo a praticar as técnicas que já tinha aprendido. E cada vez que ele as experimentava, seu nível de ansiedade baixava.

"Isso foi impressionante!" Os olhos de Brian brilhavam quando saiu do cinema. Pela primeira vez, em mais de um ano, assistiu a um filme do início ao fim.

Depois de seis semanas, Brian estava passando a maior parte de seu dia na escola, dentro da sala de aula. Usava freqüentemente o computador e ocasionalmente tinha de ver a enfermeira. Judy continuou a ver o menino fora da escola.

Ele também retomou os esportes. Tinha um acordo com o treinador que permitia que saísse de um jogo a qualquer momento que quisesse. (Judy convenceu o treinador a tratar o sinal de Brian como um machucado.) A Saída estava sempre disponível.

Mas ainda havia dias em que ele não queria ir à escola. Judy e seus pais fizeram um acordo com o menino: tinha de ir à escola de manhã, mas se quisesse sair na metade do dia, tinha permissão. Mas não poderia fazer isso mais de duas vezes por semana. Na verdade, depois que Brian soube que não estava preso, tornou-se mais fácil para ele ficar. Ele estava orgulhoso de seus progressos. "Ainda tenho aquelas sensações, mas não preciso ir embora", disse a Judy.

Ele ficava preocupado com o que seus colegas iriam pensar quando soubessem de seus ataques de pânico, mas descobriu que não tinha nada com que se inquietar. "Às vezes eles me perguntam se está tudo bem, mas no resto do tempo, eles me esquecem. Assim, acho que sou igual a todo mundo."

As pessoas que foram apresentadas a Jennifer na Conferência Nacional da Associação dos Distúrbios de Ansiedade da América conheceram uma jovem equilibrada, autoconfiante, que acabou de entrar na faculdade com o objetivo de se tornar terapeuta. Todos ficaram muito emocionados quando ela e sua mãe descreveram os problemas que dominaram sua fase de crescimento e, de certa forma, ainda moldavam sua vida.

Jennifer tinha oito anos de idade quando chegou em casa um dia e disse para sua mãe que sentiu tontura na escola. Era o início de um pesadelo de muitos anos. A mãe levou-a ao pediatra e ele sugeriu que se esperasse para ver se a tontura voltava.

No dia seguinte, Jennifer teve novamente o acesso, durante o qual teve a sensação de que tudo estava nadando em volta dela. Foi mandada para casa pela enfermeira da escola. Talvez o problema fosse uma deficiência de aprendizagem ou uma fobia à escola, sugeriu o pediatra quando não encontrou nada de grave.

Jennifer adorava a escola, ia bem nas aulas e tinha muitos amigos. Estava decidida a ir todos os dias, mas os ataques de tontura continuavam.

Um dia, ela simplesmente ficou paralisada no caminho para casa. Estava atravessando uma rua, com sua mãe, e era um caminho que faziam todos os dias. Na metade da travessia havia uma faixa amarela. Naquele dia a faixa amarela tornou-se um campo magnético de medo para Jennifer. Ela *sabia* que se desse mais um passo, alguma coisa terrível iria acontecer. Agarrou-se à mãe, a cabeça girando, depois irrompeu em lágrimas e correu de volta para o meio-fio. Estava tremendo incontrolavelmente e soluçando de medo e embaraço.

141

Começaram então os exames: de sangue, audição, visão, urina e depois um *CAT scan*. Os exames não mostraram nada, mas as crises de tontura persistiam e pareciam ter-se transformado em ataques de pânico com uma fobia de atravessar a rua. No entanto, demoraria semanas até que esse diagnóstico fosse feito. Nesse meio tempo, sua fobia de atravessar a rua desenvolveu-se de maneira quase clássica.

De início, ela não conseguia atravessar a avenida perto de sua casa. Aos poucos, seu mundo começou a encolher e logo ela não podia atravessar rua alguma.

Sua caminhada da escola para casa tornou-se um pesadelo surrealista para ela e sua família. Se ela se atrasava, sua mãe sabia que a encontraria num cruzamento de ruas, encolhida num gramado ao lado da esquina, incapaz de se mover.

Depois de três anos de frustração, raiva e tristeza para Jennifer e seus pais, finalmente mandaram-na para um psiquiatra compassivo, famoso pelo respeito com que se dedicava aos seus jovens pacientes. Ele olhou o resultado de todos os exames e colocou-os de lado.

Aproximando sua cadeira de Jennifer, deu atenção total à menina e pediu-lhe para contar exatamente como ela se sentia durante um de seus acessos.

Ela descreveu um quadro vívido.

Depois de algumas consultas, ele teve certeza de que Jennifer tinha um distúrbio de pânico com agorafobia. Agora, onde encontrar o tratamento adequado?

Tudo isso aconteceu há quinze anos, quando poucos psiquiatras ou psicólogos — e muito menos clínicos gerais — estavam familiarizados com esse distúrbio. Os tratamentos eram incertos, quase sempre dependendo de uma teoria pessoal desenvolvida por um terapeuta individualmente. Havia poucos estudos e ainda menos relatórios clínicos onde se basear. Jennifer foi levada a hipnotizadores, nutricionistas e psicoterapeutas. Continuou também a ver o psiquiatra que havia feito o diagnóstico.

Alguns desses profissionais podem ter ajudado Jennifer a lutar e a se desenvolver como pessoa, mas ela continuava tendo ataques incapacitantes. Embora não acontecessem todos os dias, ela nunca sabia quando seu mundo iria se despedaçar em ondas sucessivas de terror. E, na verdade, acredito que sua síndrome de pânico era uma das mais graves que já encontrei, embora eu só a tenha conhecido quando já estava na faculdade e nunca tenha tratado pessoalmente dela.

O notável é que ela jamais desistiu, nem sua família. Eles estavam unidos na determinação de que Jennifer deveria levar uma vida normal. Ela forçou-se a freqüentar a escola e sua mãe intervinha constantemente junto aos professores. No início de cada ano escolar, seus pais também faziam uma visita formal para explicar a situação dela e pedir cooperação.

Em geral, essas medidas funcionavam. Mas Jennifer jamais esquecerá a crueldade estúpida de uma professora. Numa viagem de estudos de sua classe de sexta série, Jennifer teve um ataque de pânico no estacionamento e agarrou-se na cerca de arame, rígida, quase paralisada com o pânico palpável e familiar. "Você vai perder o ônibus", disse a professora com irritação, tentando arrancá-la da cerca. Um colega correu para ajudá-la, mas a professora interferiu: "Não dê ajuda, ela precisa aprender a se virar sozinha". A professora afastou-se, deixando Jennifer soluçando e desamparada.

Alguns amigos e outra professora finalmente colocaram-na dentro do ônibus, mas ela se recorda da experiência como uma das mais dolorosas de todas as lembranças penosas que acumulou ao longo dos anos.

Também em casa as coisas não eram fáceis. Por mais apoio que seus pais dessem, Margot, sua mãe, admite que ela às vezes não agüentava a tensão cotidiana. "Aquele agarramento me deixava louca", diz ela. "Uma hora Jen estava bem e no minuto seguinte me agarrava desesperadamente como se fosse morrer. Houve vezes em que eu não suportava mais que ela me tocasse, me sentia sufocada. Gritava para que me deixasse sozinha, depois me enfiava em algum lugar e chorava. Sentia-me incrivelmente desamparada e culpada. Como uma mãe pode não querer ajudar sua filha?"

À medida que os anos traziam mais informações sobre a síndrome de pânico e sobre terapias comportamentais e químicas, Jennifer ia melhorando gradualmente. Um dos primeiros medicamentos utilizados para esse distúrbio fazia parte de uma classe de drogas chamadas antidepressivos tricíclicos. Uma delas ajudava a eliminar os piores sintomas de Jennifer, o que, junto com a terapia, permitiu que ela terminasse a escola secundária.

Jennifer desenvolveu uma capacidade de cuidar de sua vida e pedir a ajuda de que necessitava. Ela estava decidida a ir para uma faculdade longe de casa e acrescentou um fator incomum nessa escolha: que o campus lhe permitisse andar sozinha. Antes do início das aulas, ela e seus pais mapearam as rotas do dormitório até as salas de aula e até os locais mais comuns dos eventos sociais. Então, percorreram-nas juntos várias vezes até que ela se sentisse confiante para andar sozinha.

Jennifer também era muito honesta com seus professores e colegas sobre sua limitação. Seu desembaraço e franqueza facilitavam sua aceitação e ela sempre conseguia alguém para acompanhá-la quando necessário. Foi antes de mais nada seu desejo de educar os outros que a trouxe para nossa organização.

Atualmente, as coisas estão se tornando menos difíceis para Jennifer e sua presença na conferência da ADAA foi uma vitória muito especial.

Quando lhe telefonei na faculdade para convidá-la a falar em nossa reunião anual, ela aceitou com prazer, mas sabia que para isso teria de superar um grande obstáculo.

Embora a mãe de Jennifer fosse encontrá-la em Chicago, local da conferência, elas viriam de cidades diferentes e Jennifer nunca viajou sozinha de avião. Ela não tinha um medo especial de voar, mas estava apavorada com a idéia de atravessar um grande aeroporto, com seus imensos corredores. Margot sabia que o aeroporto O'Hare, de Chicago, seria particularmente difícil — as luzes estonteantes, as longas e estreitas esteiras rolantes e a multidão seriam estimulantes demais para Jennifer. Por ironia, os efeitos excitantes e dramáticos que os *designers* modernos buscam ao criar espaços públicos podem se tornar um pesadelo de sobrecarga sensorial para alguém que sofra de pânico. Muitos pacientes observam que lâmpadas fluorescentes, ruídos excessivos e luzes brilhantes podem desencadear um ataque. O que talvez seja divertido e excitante para muita gente pode ser acabrunhador para alguém como Jennifer.

Tendo isso em mente, Margot reservou um vôo que a deixaria em O'Hare quarenta minutos antes da chegada do vôo de Jennifer, tempo suficiente para encontrá-la no portão de desembarque, que ficava no extremo oposto do aeroporto.

Pouco antes do horário programado para o pouso, o piloto do avião de Margot anunciou que teriam de esperar um pouco para descer. Margot ficou nervosa ao imaginar Jennifer descendo do avião e não a encontrando. Mal podia se conter quando seu avião finalmente pousou, com 45 minutos de atraso. Saiu correndo — e quase não viu a filha, que aguardava a chegada da mãe, com um sorriso maravilhoso no rosto.

Jennifer começou sua fala na conferência dizendo: "Não penso mais no que não posso fazer, mas ao contrário, penso em como posso fazer. Dou um passo à frente e continuo caminhando".

Olhei para Margot e vi a expressão orgulhosa de uma mãe que sabia que poderia finalmente soltar a mão da filha.

13

SÍLVIA: O IMPACTO SOBRE A FAMÍLIA

"Você não pode ser uma boa mãe e uma boa esposa se estiver apavorada o tempo todo. Mãe responsável, supõe-se, é aquela que cuida bem de seus filhos."

Para Sílvia, que tinha 48 anos quando a encontrei pela primeira vez, ser uma boa mãe quando seus filhos eram pequenos incluía buscá-los na escola se o tempo estivesse ruim, acompanhá-los nas viagens com a turma ou levá-los de carro à casa de seus amigos, e mostrar-lhes como enfrentar seus medos.

Da mesma forma, uma boa esposa deveria compartilhar da vida do marido. No caso de Sílvia, isso significava acompanhá-lo nas viagens de negócios, comparecer a festas da firma e outras cerimônias a que seu marido fosse convidado e ser capaz de dirigir até o centro para encontrar-se de vez em quando com o marido depois do trabalho.

Mas, e se uma esposa e mãe não conseguir fazer essas coisas? E se ela ficar paralisada de terror durante uma tempestade e não conseguir buscar os filhos? E se entrar em pânico diante da mera idéia de pegar o elevador até o escritório do marido ou de dirigir numa auto-estrada? E se tiver tanto medo de que seus filhos possam imitar seus temores que invente desculpa após desculpa para sua incapacidade de fazer essas coisas, sem nunca dizer às crianças qual o verdadeiro motivo?

* * *

Embora as doenças, físicas ou psicológicas, acometam um indivíduo, seus distúrbios podem pesar sobre todos os que vivem em torno dele. Se um membro da família fica doente, toda a rotina do lar pode ser perturbada. Se a doença dura pouco, a família pode voltar logo às suas atividades normais, sem impacto duradouro. Mas uma doença crônica ou incapacitadora terá provavelmente efeitos de longo prazo sobre todos os envolvidos no dia-a-dia da pessoa doente. Um distúrbio de ansiedade pode ser tão ou mais perturbador do que qualquer problema físico. As atividades familiares normais podem se tornar difíceis ou impossíveis. O orçamento familiar pode ficar comprometido se o distúrbio limitar a capacidade de trabalho de um de seus membros.

Além disso, embora existam muitas situações em que um pai desaponta um filho ou um dos cônjuges desaponta o outro, geralmente há bons motivos — ou pelo menos explicações racionais — para essas ocorrências. Quando há um distúrbio de ansiedade envolvido, esse comportamento deixa de ser ocasional para se transformar em regra. Muitas pessoas que sofrem de distúrbio de ansiedade passam uma boa parte do seu tempo inventando desculpas e/ou manipulando pessoas e situações para não ter de falar sobre seus terríveis pavores. É freqüentemente difícil ou impossível aos familiares perceberem qualquer motivo racional para o comportamento de evitação. E uma vez que os distúrbios de ansiedade consomem muita energia, suas vítimas também podem negligenciar outras questões emocionais em suas relações mais próximas.

Sílvia estava na metade de sua terapia para síndrome de pânico e participando de um grupo de apoio. Sentia-se exultante com o progresso que estava fazendo, mas quando sugeri que se convidassem os cônjuges para a reunião seguinte, ela aceitou sofregamente a chance: "Frank diz que está impressionado com o que estou conseguindo fazer, mas às vezes fico em dúvida. Ele faz pequenos comentários, do tipo 'parece que você não precisa mais que eu a leve a todo lugar, então acho que vou ficar em casa e você pode ir sozinha', que realmente me preocupam. Ele diz que está orgulhoso de mim, mas não tenho certeza de como ele se sente em relação a eu fazer coisas sem ele. Talvez eu esteja exagerando. Quero ver como outros casais estão lidando com as coisas".

Um "macho tradicional", em suas próprias palavras, Frank era um executivo de muito sucesso, presidente de uma grande empresa internacional de consultoria. Sempre foi muito protetor de Sílvia. O problema dela o afligia muito e ele a ajudava a contornar situações que lhe causavam ansiedade. Quando eram recém-casados e estavam procurando apartamento em Nova York, por exemplo, ele chegou a instruir o corretor de imóveis para não mostrar apartamentos acima do terceiro ou quarto andar. Acharam um no terceiro andar e

Sílvia subia e descia as escadas várias vezes por dia, mesmo quando estava esperando bebê. Mais tarde, embora quisesse muito que ela o acompanhasse nas viagens de negócios que o levaram ao mundo todo, Frank sabia que Sílvia tinha medo de fazer longas viagens de avião e não a pressionava para acompanhá-lo. Mas durante todo o tempo em que estava longe sentia-se ansioso e culpado, em parte porque lamentava que ela estivesse perdendo tanto, mas também porque temia que ela precisasse dele em sua ausência.

Mas freqüentemente Frank também ficava com raiva e frustrado com Sílvia e com as situações criadas pelo problema dela, emoções que não compartilhava com ela. Pelo menos não até comparecer à reunião de nosso grupo.

"Era, certamente, difícil estar em algum lugar interessante e romântico do mundo e descobrir que eu era o único homem casado sem sua esposa em todas as festas", admitiu Frank quando o encorajei a falar honestamente sobre como a condição de Sílvia o afetava. "Às vezes os anfitriões dispunham-se a 'arranjar algum divertimento' para mim", contou ele ao grupo. "Eu sabia o que aquilo significava e me sentia humilhado e rejeitado — eu amo Sílvia, realmente. Mas havia uma parte de mim que pensava que a culpa seria dela se eu tivesse uma aventura."

"Por outro lado, eu sabia que se a pressionasse para viajar comigo — mesmo que isso fosse uma simples sugestão —, Sílvia ficaria tão ansiosa que isso afetaria todos os outros aspectos de nossa vida. Parecia mais simples resignar-me ao fato de que tinha uma esposa que não podia viajar.

Sílvia falou, com tristeza no olhar: "Frank, houve uma época, no início do nosso casamento, quando você saía em viagem de negócios, que eu ficava apavorada que você ficasse tentado a me trair. Mas eu achava que não tinha o direito de lhe dizer nada. Na noite em que você partiu para o Havaí, chorei até dormir. Fiquei chocada de ver que preferia correr o risco de perder você a correr o risco de ter um ataque de ansiedade no avião".

"E eu sabia, do fundo do coração, que você se ressentia por minhas limitações", continuou ela. "Eu sabia que você odiava ter de inventar sempre desculpas para seus colegas ou nossos amigos. E você foi sempre tão paciente comigo. Jamais me pressionou a fazer coisas que poderiam me apavorar ou me deixar constrangida.

"Mas agora, às vezes, não posso evitar de me perguntar", disse ela com hesitação, "se eu não poderia ter superado algumas de minhas fobias mais cedo se você não tivesse sido tão protetor".

Quando pressionar e quando se conter é sempre um dilema duro para os membros da família que querem ajudar.

147

Frank e Sílvia concordaram em trabalhar para encontrar um bom meio-termo. Frank não deixaria mais de pedir a Sílvia para fazer coisas que ele achasse que poderiam deixá-la ansiosa e Sílvia concordou em pelo menos experimentar as atividades que Frank sugerisse e que, anteriormente, ela teria evitado. Isso não é tão fácil quanto parece. E se Sílvia quisesse dizer não por outros motivos que não a fobia, e como ela, ou Frank, poderiam ter certeza da diferença? Eles precisariam de um novo conjunto de regras básicas para negociar essas situações.

Recentemente, uma outra paciente cuja fobia era atravessar pontes contou ao seu grupo que raramente ia a restaurantes de que gostava. "Sempre que meu marido sugere ir a um restaurante que fica do outro lado de uma ponte, não tenho dúvidas, insisto para que a gente vá a outro lugar. Mas, então, sinto-me culpada e concordo facilmente em ir a *qualquer* outro lugar que ele sugira, mesmo sendo um lugar que eu deteste!" Enquanto o grupo balançava a cabeça, em sinal de concordância, ela continuou: "A verdade é que raramente faço alguma coisa apenas para mim mesma, porque estou sempre mais preocupada em agradar meu marido. Sinto-me tão mal em relação às limitações que lhe imponho em função da minha fobia que não me sinto com o direito de lhe pedir para atender minhas necessidades ou interesses mais triviais".

Numa das sessões de terapia individual, na qual estávamos trabalhando a fobia que Sílvia sentia por elevadores, sugeri que ela tentasse uma viagem sozinha. Depois de passarmos alguns minutos fazendo respiração diafragmática para acalmá-la, ela concordou relutantemente em subir do primeiro para o segundo andar sozinha — mas só depois que prometi solenemente que correria escada acima e estaria esperando quando a porta do elevador se abrisse. "Para o caso de eu ter desmaiado", disse ela, meio brincando, meio séria.

Sílvia conseguiu andar de elevador sozinha naquele dia, pela primeira vez em mais de 25 anos! Quando saiu, abracei-a rapidamente. Ela parecia aturdida, como se estivesse em estado de choque. "Preciso telefonar para Frank", foram suas primeiras palavras.

Frank sempre atendeu aos telefonemas de Sílvia no escritório, e dessa vez não foi diferente. Quando voltou do telefone, com lágrimas nos olhos, disse-me que embora seu chamado tivesse tirado Frank de uma reunião de diretoria, ele insistiu em ouvir todos os detalhes de sua vitória.

Mais tarde, Frank contou aos membros do grupo de apoio de Sílvia: "Lembro-me do telefonema de Sílvia para o escritório quando ela entrou em trabalho de parto de nossa primeira filha e, acreditem, para ela, subir um andar de elevador foi uma coisa quase tão monumental quanto dar à luz!''.

Se as filhas de Sílvia, atualmente na faculdade, tivessem consciência dos medos da mãe, assim como Frank, ao menos teriam entendido as estranhas ausências de suas vidas. Mas elas não sabiam. Viam outras mães indo a lugares e fazendo coisas com seus amigos e percebiam que a mãe delas era diferente por algum motivo, mas não sabiam por quê.

Sílvia evitava acompanhá-las em viagens com a turma. Elas não sabiam que era porque ela poderia ser obrigada a dirigir na estrada. Recusava-se a andar com as crianças de trem ou de metrô. Elas não poderiam saber que era porque estava certa de que teria um ataque de pânico e não seria capaz de cuidar delas.

Sempre que chovia, ou havia ameaça de tempestade, as crianças aprenderam a esperar uma mensagem da direção da escola que dizia: "Sua mãe não vem buscá-las hoje, peguem uma carona com a senhora X''. Mas não sabiam que sua mãe ficava aterrorizada com trovões.

Somente depois que Sílvia começou o tratamento é que elas ficaram sabendo tudo o que a mãe passou enquanto elas eram pequenas. Essas revelações aconteceram numa noite em que as duas estavam em casa, de férias da faculdade, e Sílvia e Frank convidaram-nas para uma reunião semanal. Com voz trêmula, Sílvia relembrou todos aqueles anos em que temia ter desapontado suas filhas. Enquanto descrevia sua frustração e culpa de não ser capaz de pegá-las na escola com mau tempo, voltou-se para a filha mais velha e perguntou: "Você se lembra?''.

Com lágrimas nos olhos, sua filha respondeu: "Mãe, é claro que me lembro. Por que você nunca nos contou? Sempre que havia tempestade, temíamos receber aquele recado do diretor. Achávamos que você não se importava conosco ou que as outras coisas que tinha de fazer eram mais importantes. Sabíamos que não íamos ficar esperando na chuva, mas detestávamos ter de ir embora com a mãe de outra pessoa. Teria sido bem menos doloroso para nós se soubéssemos que você estava com medo. Mesmo naquela idade, poderíamos ter compreendido isso melhor do que simplesmente ficar imaginando por que você não vinha''.

"Eu *não podia* contar para vocês'', disse Sílvia. "Eu temia que, se contasse, vocês poderiam, de alguma forma, ser influenciadas por meus pavores. Ou que ficariam com vergonha de mim. Eu ficava tão embaraçada. Eu *queria* ser uma mãe correta para vocês duas e não queria que meus problemas interferissem em suas vidas."

Mas é claro que interferiram.

A filha mais moça, em particular, tem tido dificuldade para confiar nas pessoas. Ela acredita que as pessoas próximas dela querem "protegê-la" de más notícias e, portanto, sonegam-lhe informações negativas. Ela vive então com o medo constante de que algo esteja errado, e ela não sabe o quê. Sua incapacidade de confiar perturbou sua relação com o namorado e prejudicou também as relações com os amigos.

Virando-se para Frank, a filha mais velha perguntou com rispidez: "Por que *você* nunca nos falou do problema de mamãe?".

"Bem, agora que estamos conversando com franqueza, isso vai parecer uma bobagem, mas, na época, mamãe ficava muito envergonhada de seu comportamento e eu não queria constrangê-la diante de vocês."

A sessão de grupo abriu muitas feridas antigas que a família concordou em usar como pontos de partida para começar um processo de cicatrização. Fizeram arranjos para ter algumas sessões de terapia familiar enquanto as garotas ainda estivessem na cidade.

Frank continuou a freqüentar o grupo de apoio enquanto ele e Sílvia exploravam sua nova relação.

"Sei que corro o risco de parecer chauvinista ao dizer isso", confessou ele uma noite, depois de terem ido a um restaurante no outro lado da cidade, "mas após todos esses anos sinto-me meio esquisito me vestindo todo para sair e vendo minha mulher na direção do carro!"

As mulheres do grupo vaiaram amigavelmente, mas depois ficaram sérias ao olhar para as circunstâncias mais profundas das preocupações de Frank.

Quando alguém se recupera de um distúrbio de ansiedade, não é raro que alguns membros da família e amigos parem, de repente, de se sentir "necessários", ou que tomem isso como uma ameaça de quebra dos papéis que vinham desempenhando.

O marido acostumado a chegar em casa todas as noites e encontrar sua esposa agorafóbica esperando por ele pode se sentir muito inquieto quando chegar numa casa vazia. Mesmo que tenha consciência de que é muito mais saudável para sua mulher e para a relação deles que ela seja capaz de fazer as coisas sozinha, a independência dela pode ser ameaçadora para sua identidade.

Não é surpresa também quando a esposa de alguém cuja fobia de voar o impedia de fazer viagens de negócios passa a ter dificuldade em enfrentar o fato de que o marido está freqüentemente longe da família.

Ainda que os maridos protetores anseiem pelo dia em que a mulher amada fique livre da fobia, viver com a "nova" pessoa que surge significa, indiscutivelmente, fazer alguns ajustes, de ambas as partes.

Nenhum dos membros do grupo de Sílvia se esquecerá da reunião em que Dolores, outra pessoa do grupo, chegou com seu marido Stanley, ambos ainda soltando faíscas da discussão da noite anterior.

Dolores estava dando grandes passos na superação de sua agorafobia, tão grave que não se aventurava a sair de casa sem o marido durante quinze anos. Mas, na noite anterior, Stanley chegou em casa, voltando do trabalho, e Dolores não estava, nem havia qualquer recado indicando onde fora e quando voltaria. Às dez da noite, depois de telefonar para todos os vizinhos e ter exaurido todas as outras possibilidades, Stanley finalmente chamou a polícia.

Quando chegou, às 22h45 com os braços cheios de pacotes, sorrindo de orelha a orelha, mal podendo esperar para compartilhar sua vitória com Stanley, Dolores foi saudada por um marido frenético e dois policiais.

"Por onde você andou? Por que não telefonou? Fiquei apavorado que tivesse acontecido alguma coisa com você!", Stanley gritava, o rosto vermelho de raiva e constrangimento.

Dolores disse ao grupo que no final da tarde anterior ela conseguira coragem para ir ao shopping center sozinha. Esperando apenas ser capaz de entrar e sair do shopping, ela se surpreendeu deleitando-se com a experiência, apesar de alguma onda ocasional de ansiedade, que superou concentrando-se nas lojas e nas pessoas, em vez de antecipar medos. Sentindo-se "na crista da onda", Dolores entrou em todas as lojas do shopping e depois, pela primeira vez em muitos anos, jantou sozinha num restaurante! Perdida em seu sentimento de exaltação e sucesso, não se deu conta de quanto tempo havia transcorrido, e em nenhum momento lhe ocorreu que Stanley pudesse estar preocupado com seu paradeiro.

Stanley acalmou-se um pouco com a explicação dela, mas ainda estava desgastado demais com sua própria ansiedade para dizer mais do que "vamos falar disso amanhã".

Dolores foi dormir, naquela noite, profundamente desapontada pelo fato de o marido não ter feito nenhum comentário sobre seu sucesso. E estava furiosa por ele ter chamado a polícia. "Você estava me tratando como uma criança", protestou ela no grupo. "Como posso ficar melhor se você não confia em mim para sair sozinha?"

Mesmo depois de contar a história, Dolores continuou brava. Durante a discussão que se seguiu, ela reconheceu que Stanley sempre

151

telefonava quando ia se atrasar e como ela ficaria alarmada se ele não aparecesse. Com a ajuda do grupo, eles começaram a explorar outras mudanças, que provavelmente aconteceriam em sua relação com a recuperação de Dolores.

Naquela noite ela pediu desculpas a Stanley: "É irônico que uma das coisas que sempre dificultou minha saída sem você foi meu medo de abandono. Mas na noite passada, *eu abandonei você*".

O objetivo de longo prazo de Sílvia era acompanhar Frank numa viagem a Israel para comemorar suas bodas de prata. Porém, seu medo não era exatamente de voar; na verdade, ela conseguia fazer vôos curtos com Frank. Mas evitava vôos que demorassem mais de três horas. Por quê? Porque sua claustrofobia a impossibilitava de entrar nos pequenos banheiros dos aviões!

"Ir a uma toalete de avião", disse-me Sílvia, "é tão apavorante para mim como entrar num caixão. Literalmente, sinto-me sendo enterrada viva."

Mas ela estava decidida a tentar. Para tornar a sessão prática o mais real possível, consegui que usássemos um DC-9 pousado no aeroporto.

"Você vai primeiro", disse-me ela com ansiedade, quando estávamos diante do pequeno banheiro, no fundo do corredor estreito. Sorri para ela, entrei, fechei a porta, esperei alguns segundos, abri a porta e saí.

"Agora vamos tentar juntas", disse eu ao sair.

Isso provocou-lhe uma explosão de riso nervoso, bem como da aeromoça que nos acompanhava. "Como vamos fazer? Não cabemos!"

Mas conseguimos nos enfiar lá dentro. E então praticamos... e praticamos... e praticamos. Primeiro, entramos as duas; depois, Sílvia entrou sozinha, deixando a porta aberta. Por fim, depois de muitas risadas e algumas lágrimas, ela respirou fundo, entrou na toalete e fechou a porta.

Um segundo depois, a porta se escancarou e Sílvia saiu correndo e gritando: "Consegui! Consegui!".

Uma hora depois, quando deixamos o avião, uma Sílvia exausta, mas exuberante, tinha ficado sozinha no lavatório por três minutos inteiros. Ela agora sentia-se confiante de que seria capaz de fazer o vôo de doze horas para Israel.

Ela e Frank planejaram a viagem com grande excitação, mas só fiquei sabendo como Sílvia tinha se saído de seu desafio quando recebi um postal uma semana depois. Ri sozinha enquanto lia: "Jerilyn, fiz uma boa viagem. E *fui — sozinha —* duas vezes!".

14

DARLENE: LUTANDO CONTRA O SISTEMA

A pessoa ao telefone tinha uma voz baixa e suave, com um leve sotaque sulista. Disse que tinha 26 anos e morava sozinha; o marido a abandonara. "Eu estava assistindo àquele programa e acho que tenho o que aquela mulher tem. Pensei que estava ficando louca." E, então, começou a chorar.

Conversamos durante muito tempo.

Disse-me que seu nome era Darlene e que sua vida estava indo muito bem até o dia em que ela e seu marido Kevin pararam num restaurante *drive-through* a fim de pegar alguma coisa para comer, a caminho do cinema. Quando começou a comer, ela sentiu subitamente como se não pudesse respirar ou engolir. Tudo parecia estar desaparecendo e ela começou a suar frio.

"Vou me sufocar até morrer", ela lembra ter pensado.

Quando Darlene começou a tossir e ofegar, Kevin saiu imediatamente da estrada e parou o carro. Bateu nas costas dela enquanto ela tentava expelir a comida, mas não parecia haver nada na garganta. Ela parou de sentir a obstrução, mas ficou imediatamente histérica. Continuou tentando engolir, mas não conseguia. Como se viesse de algum lugar distante, ela se lembrava de ter ouvido Kevin dizer alguma coisa sobre chamar uma ambulância e sua própria voz dizendo que não, que não queria ir para o hospital.

O resto daquela noite estava meio obscuro para Darlene, embora se lembrasse de ter ido para casa e ter-se deitado, exausta, assustada e confusa com sua experiência. Estava aliviada por poder engolir de novo e pelo fato de aquilo, o que quer que fosse, ter passado. Mas ela ficou pensando *o que* teria exatamente acontecido, *por que* tinha acontecido e se aconteceria ou não *de novo*.

A sensação de sufoco e o pânico de não poder engolir foram as primeiras manifestações do distúrbio de ansiedade que gradualmente, ao longo dos dois anos seguintes, deixou Darlene presa em casa, sem um tostão e sozinha — estado em que estava quando me telefonou naquela tarde.

"Você acha que pode me ajudar?", perguntou ela, e acrescentou, num sussurro, "e custa alguma coisa?"

Senti um peso no coração. "Você tem algum seguro de saúde?", perguntei.

"Não", disse ela. Também não tinha qualquer fonte constante de renda. Depois que Kevin partiu, e já fazia um ano, ela começou a trabalhar como *baby-sitter* das crianças do prédio em que mora para pagar as contas, mas ultimamente os negócios andavam muito devagar. Tinha dificuldade em conseguir a magra pensão de Kevin, e seus pais — que a culpavam pelo fim do casamento e a acusavam de desenvolver seu problema para chamar atenção — não estavam dispostos a lhe dar mais que uma pequena quantia ocasional de dinheiro. Ela mal conseguia pagar o aluguel e comprar comida. Tinha vendido quase todas as suas coisas.

Será que eu poderia ajudá-la?

Ouvi um pouco mais de sua história. Tinha ficado com tanto medo de comer que seu peso caíra de 76 para 46 quilos em menos de seis meses. Um médico lhe disse que tinha anorexia nervosa; outro, que estava tendo um esgotamento nervoso e receitou-lhe Valium. Mas tomar um comprimido significava engolir e ela nunca comprou o medicamento receitado.

Assombrada com o pavor de sufocar ou não conseguir engolir, mesmo quando não tinha comida na boca, passou a relutar em ir sozinha a qualquer lugar. Quando não se sentiu mais segura para sair de casa, mesmo com Kevin, ele forçava-a a sair, às vezes puxando-a pelos cabelos porta afora. As discussões explosivas que tinham devido à "má vontade" dela em sair de casa fizeram com que ele a abandonasse definitivamente.

A única fonte de conforto de Darlene era o único objeto de luxo de sua casa que não vendera: o aparelho de televisão. E foi assim que ela me viu e descobriu que pessoas na situação dela podiam conseguir ajuda.

Como eu poderia *não* ajudá-la?

A distância até o apartamento de Darlene era maior do que eu imaginava. Eu concordei em me encontrar com ela para algumas sessões gratuitas, apenas para que desse início à sua recuperação. Esperava poder lhe ensinar algumas técnicas que permitiriam sair e obter um emprego fixo. Um pouco de segurança financeira possibilitaria que recebesse o tipo de tratamento constante de que precisava.

Quando entrei em seu apartamento pela primeira vez, cinzento e vazio como ela o havia descrito, Darlene mostrou-me uma pilha de relatórios médicos. Como eu suspeitava, depois de falar com ela ao telefone, não havia indicação alguma de anormalidade ou doença física que pudesse explicar seus sintomas.

As lágrimas rolaram pelo rosto de Darlene enquanto ela descrevia sua ida, de um médico para outro, gastando até o último centavo para pagar as contas. Mas ninguém tinha sido capaz de dar qualquer explicação para seus sintomas, nem ela havia conseguido qualquer alívio. A entrevista que eu havia dado no programa de televisão e um artigo de revista que ela havia lido depois proporcionaram suficiente informação para um autodiagnóstico. Quando saí de seu apartamento uma hora depois, confirmei o que Darlene tinha descoberto por si mesma: estava sofrendo de síndrome de pânico com agorafobia.

Comecei a trabalhar com Darlene como no caso de Grace: um passo de cada vez. Conseguimos que Paula, uma amiga dela, funcionasse como "pessoa de apoio" e a ajudasse a praticar as coisas que aprendia nas sessões de terapia. Darlene estava muito motivada e fez enormes progressos desde o início, mas havia muitos obstáculos em seu caminho. Por ter negligenciado sua saúde física, agora precisava muito de uma pequena cirurgia no pé, de tratamento dentário e vivia de um modo geral com desconforto e até dor. Embora Kevin a tivesse maltratado, ela sentia muito sua falta e culpava-se pelo rompimento. Sua capacidade de se auto-sustentar, até mesmo para atender suas necessidades básicas, estava seriamente ameaçada.

Surpreendeu-me saber que ela não estava recebendo nenhum benefício do Seguro Social e perguntei-lhe por que não tinha pedido.

Ela explicou que, antes de ficar presa em casa, trabalhava como guarda de segurança para um órgão federal. Depois, impedida de trabalhar, seu pedido de auxílio por invalidez foi rejeitado por não conseguir fornecer um diagnóstico médico correto. Insisti que ela fizesse novo pedido, e então ela passou a receber uma pequena quantia mensalmente.

Por causa da gratidão que Darlene sentia pelo programa de televisão que acabou levando-a ao tratamento, uma de suas fantasias era de que gostaria de juntar-se a mim para ajudar outras pessoas com distúrbios de ansiedade quando estivesse suficientemente bem. Guardei essa informação no fundo de minha memória.

O pensamento não ficou guardado por muito tempo, no entanto, pois três meses depois de nosso primeiro encontro, telefonou-me o diretor de um programa de entrevistas da televisão local. Ele queria saber se eu estaria disposta a ir ao programa discutir sobre agorafobia, e poderia levar alguém que estivesse disposto a falar abertamente sobre a sua experiência pessoal com o distúrbio.

A essa altura, com minhas visitas ocasionais a sua casa e o apoio e estímulo constante de Paula, Darlene conseguia andar por seu bairro e ir a algumas lojas locais. Candidatou-se ao emprego de guarda de segurança num prédio próximo. Tinha até se aventurado num restaurante com Paula e conseguiu terminar um prato inteiro de sopa. Mas ainda não tinha andado de carro nem caminhado um quilômetro além de sua casa. A estação de TV ficava no centro de Washington D.C., a trinta minutos de distância.

Quando telefonei a ela, ficou entusiasmada: "Ir à televisão com você? Puxa, eu adoraria!". Mas depois sua voz desafinou. "Jerilyn, você sabe que não posso ir ao centro."

Darlene foi mesmo ao centro e saiu-se muito bem na televisão.

Tocou o coração de muitas pessoas, várias das quais, tal como ela, descobriram pela primeira vez que sofriam de um mal curável.

Uma semana depois, Darlene mostrou-me uma carta que escreveu para uma amiga: "Eu era um passarinho com a asa ferida. Minha asa está sarando agora e estou ficando pronta para decolar. Logo estarei voando alto pela vida".

Com efeito, Darlene começou a voar alto. Ao longo dos dois anos seguintes, ela me telefonou regularmente para relatar seu progresso. Mantinha o emprego de segurança, envolveu-se ativamente num grupo religioso local e era capaz de sair de carro com Paula para fora da vizinhança. E estava começando a conversar sobre reconciliação com Kevin.

No pouco tempo que tínhamos passado juntas, Darlene tinha realizado mais do que eu esperava. Mas depois, como Darlene não deu notícias durante vários meses, fiquei preocupada e telefonei. Uma gravação informou-me que o telefone havia sido desligado; não havia outro número.

Mandei um telegrama para seu antigo endereço: "Darlene, está tudo bem? Telefone, por favor. Jerilyn." Ela telefonou.

Ouvi sua voz embargada e depois soluços. Estava ficando em casa de novo. Havia perdido o emprego. Kevin tinha ido embora. Paula voltou para Kansas City para cuidar de sua mãe doente. O telefone havia sido desligado por falta de pagamento. Estava usando o telefone da vizinha.

Era exatamente como antes, disse ela, só que pior, porque dessa vez a culpa era dela. Teve dois ataques de pânico no trabalho; então começou a faltar por medo de ter outro ataque. Chamando-a de irresponsável, o patrão mandou-a embora. Ela pediu para Kevin ajudá-la depois que Paula partiu, mas ele não tinha paciência. Em vez disso, voltou a maltratá-la. Embora apavorada de ficar sozinha, reuniu forças para mandá-lo embora três semanas depois de ter voltado.

Quando perguntei por que não me telefonou, respondeu que não queria me incomodar: eu já tinha feito demais por ela. Estava novamente isolada e sem dinheiro: não poderia pagar pelo tratamento.

Darlene estava furiosa consigo mesma. Como aquilo podia ter acontecido? Em tão pouco tempo encontrou uma vida nova, e num tempo mais curto ainda, ela escorregou por entre seus dedos.

Naquela altura, Darlene estava pagando 325 dólares de aluguel e sua renda era de 387 dólares do Seguro Social e 68 dólares em bônus de alimentação. Mas, embora desesperada, não ficou inerte. Não querendo me chamar, mas sabendo que precisava de uma terapia como a que eu havia iniciado com ela, fez uma lista dos recursos de saúde mental em sua região que talvez pudessem ajudá-la. Sabia que, sem seguro saúde, suas opções seriam limitadas, mas as coisas mostraram-se bem piores do que ela imaginou. Telefonema após telefonema, assim que dizia que não podia pagar pelo tratamento, a resposta era a mesma: "Desculpe, mas não podemos ajudá-la. Já tentou falar com o Centro Comunitário de Saúde Mental?".

Sim, Darlene tinha telefonado para o Centro Comunitário de Saúde Mental (CCSM). Esses centros constituem o último recurso para as pessoas que não podem pagar por tratamento e não têm um seguro de saúde. Financiados pelo governo federal através de uma lei de 1963, foram originalmente criados para colocar os cuidados com a saúde mental à disposição de qualquer paciente, independentemente da classificação do diagnóstico.

Porém, em 1981, o governo Reagan reduziu drasticamente os fundos federais e entregou o financiamento e a supervisão dos CCSMs aos Estados. Ao mesmo tempo, houve ampla "desinstitucionalização", pela qual os pacientes de grandes hospitais mentais estatais foram, de fato, jogados na rua. A responsabilidade por essa população foi em larga medida transferida para os CCSMs. Não é de surpreender que os governos estaduais tenham ordenado aos centros que dessem prioridade aos que sofriam de problemas como esquizofrenia e doença maníaco-depressiva. Especificou-se que a prioridade deveria ser dada aos pacientes que tivessem sofrido um episódio psicótico ou tivessem sido hospitalizados devido a uma doença psiquiátrica no ano anterior.

Atualmente, os pacientes com distúrbio de ansiedade constituem menos de 10% dos clientes dos CCSMs, embora sua porcentagem seja maior na população que requer cuidados de saúde mental.

Como Darlene logo descobriu, o tratamento de pessoas com distúrbios de ansiedade não era prioridade para o centro de sua comunidade. Frustrada por falar com pessoas sem disposição ou impossibilitadas de ajudá-la, Darlene conseguiu falar por telefone com a diretora de um CCSM. Disse a ela que se conseguisse alguém para ajudá-la durante algumas sessões, tinha certeza de que seria capaz de sair de novo e voltar a trabalhar.

A diretora foi simpática. Havia apenas um problema: nunca tinha encontrado alguém com agorafobia e não sabia nada sobre isso. Mas sugeriu que se Darlene quisesse marcar uma consulta e ir até a clínica, ela garantiria que haveria alguém para atendê-la. Isso foi *depois* que Darlene disse à diretora que não conseguia nem sair de casa para ir até a caixa de correio da esquina.

Quando desligou o telefone, Darlene sentiu-se como se tivesse chegado ao fim da linha. Precisava desesperadamente de tratamento — sabia até de que tipo de tratamento —, mas não tinha a quem recorrer.

Ouvindo Darlene, também me senti desamparada. Tinha mudado meu consultório e estava longe demais para começar uma terapia regular. Naquela altura, ela também precisava de outros tipos de auxílio: ajuda financeira para pagar suas contas e por uma nutrição mais adequada; terapia contínua; e atenção médica para seu pé e para os dentes, que estavam piorando.

Eu achava também que ela precisava de medicação para seu distúrbio de ansiedade, embora tivesse anteriormente se recusado a isso. Um médico sensível a suas preocupações talvez pudesse convencê-la de que os remédios não iriam ''bagunçar sua cabeça'' — um medo que muitos pacientes têm inicialmente.

Fiz uma lista de todos os programas que poderiam oferecer tratamento gratuito, inclusive provas clínicas de distúrbio de ansiedade, programas de tratamento no Instituto Nacional de Saúde Mental e várias instituições acadêmicas e hospitais locais.

Darlene telefonou-me alguns dias depois para dizer que tentara todas as pistas que eu havia fornecido e todas chegavam num beco sem saída.

A expressão *doente mental crônico* foi definida antes que os distúrbios de ansiedade fossem reconhecidos como um grupo separado de enfermidades. Em conseqüência, poucos recursos são colocados à disposição dos pacientes com esses distúrbios, embora a maioria deles seja crônica. Muitos recuperam-se totalmente, mas tal como as pessoas predispostas à pressão alta ou à enxaqueca, os que sofrem de um distúrbio de ansiedade permanecem vulneráveis a recaídas. Todavia, se um tipo particular de terapia funcionou anteriormente, ele funcionará de novo. Mas dentro do sistema atual, os distúrbios de ansiedade — as mais tratáveis das doenças mentais — ficam, em larga medida, sem tratamento. Outra ironia dolorosa é que os pacientes de distúrbio de ansiedade, cujo acesso aos CCSMs é negado porque não estão suficientemente doentes, não conseguem cobertura de seguro saúde porque alegam que eles têm uma condição preexistente "crônica".

As pessoas com distúrbios de ansiedade estão despencando pelas rachaduras de nossos programas públicos de saúde mental.

Darlene já havia mostrado que poderia se tornar útil com tratamento apropriado, apesar da gravidade de sua condição e de seus problemas psicológicos e físicos concomitantes. Mas, como sua condição não era tecnicamente definida como "crônica", e porque não foi hospitalizada, ela era discriminada *com base em sua doença*. Na verdade, os centros comunitários de saúde mental foram obrigados a fazer uma espécie de racionamento de seus cuidados com saúde mental que nega o próprio motivo de sua criação.

Muitas das cartas que chegam à Associação de Distúrbios de Ansiedade da América são de pessoas como Darlene, que precisam desesperadamente de tratamento e não podem pagar por ele. Uma mulher agorafóbica de 32 anos e um filho de dez anos escreve: "No ano passado, fiquei completamente presa em casa. Não consigo comprar comida ou roupas para meu filho. Estou vivendo do seguro, agora, que é de 249 dólares por mês e 50 dólares de auxílio infantil. Meu aluguel é de 285 dólares por mês. Estou escrevendo para saber onde posso encontrar ajuda. Não tenho ninguém para me aconselhar em minha casa...".

Junto com sua carta veio uma folha com o timbre do Departamento de Saúde e Serviços Humanos. Ela declara: "A prova médica mostra que você está sujeita a ansiedade ou ataques de pânico que fazem com que tenha medo de sair". Depois, continua: "Determinamos que sua condição não é suficientemente grave para impedi-la de trabalhar... Se sua condição piorar e impedi-la de trabalhar, escreva, telefone ou compareça a qualquer agência de Seguro Social para preencher outra requisição".

Reflita também sobre as linhas finais de uma carta escrita para mim por um pai de três filhos, cuja dificuldade para encontrar tratamento gratuito manteve-o desempregado e preso em casa por vários anos: "O sistema tal como é hoje *paga* às pessoas para ficarem *incapacitadas* por seu distúrbio, mas não para se tratarem. Eu, por exemplo, preferiria muito mais ser capaz de voltar ao trabalho e pagar impostos do que viver às custas dos contribuintes".

No caso de Darlene, tivemos um golpe de sorte. Pouco depois que ela me disse que estava num beco sem saída, recebi o telefonema de uma estudante de serviço social que queria fazer algum treinamento sob minha supervisão. O trabalho com Darlene era uma oportunidade ideal para um estagiário. A estudante passou a ver Darlene uma vez por semana, que assim obteve um pouco do tratamento de que precisava. Isso, certamente, não resolveria todos os problemas dela, mas permitiria que ela se erguesse novamente sobre seus próprios pés. E uma vez que se tratava do treinamento de um estagiário, não teria de pagar nada.

Mas eu continuo a me preocupar com Darlene. Se ela precisar de tratamento adicional mais tarde, dependerá de seus próprios recursos uma vez mais. E preocupo-me com as incontáveis pessoas como Darlene que poderiam levar vidas plenas e produtivas, mas cujos meios para isso lhes são negados.

PARTE III

Recuperação da síndrome de pânico e fobia: um programa de auto-ajuda

15

ESTABELECENDO OBJETIVOS E USANDO A FOLHA DE TAREFAS DIÁRIAS

Quero agora compartilhar com você as informações que forneço aos meus pacientes com síndrome de pânico e fobias durante meu programa de terapia de grupo de 12 semanas. Você pode usar este manual de tratamento e auto-ajuda como um complemento para sua terapia individual, utilizá-lo num grupo de auto-ajuda de que faça parte ou pretenda criar, ou segui-lo sozinho. Porém, saiba que ele *não substitui* o tratamento. A maioria das pessoas que entram em meu programa de grupo está, simultaneamente, se submetendo a terapia cognitivo-comportamental individual, a medicação, ou a uma combinação de ambas, com base na avaliação das necessidades individuais. Portanto, ao mesmo tempo em que você pode esperar um avanço significativo em direção à superação de seu distúrbio de ansiedade ao seguir as sugestões dos próximos capítulos, essa informação é *mais eficaz* quando associada a um tratamento profissional.

Nos Estados Unidos, a Associação dos Distúrbios de Ansiedade da América (Anxiety Disorders Association of America — ADAA) fornece nomes de profissionais de saúde mental especializados no tratamento desses distúrbios e uma lista de grupos de auto-ajuda.

Recomendo, enfaticamente, se você não fez um *check-up* físico nos últimos dois anos, que o faça antes de começar qualquer tratamento ou programa de auto-ajuda. Tendo em vista que muitos dos sintomas das fobias e do pânico são semelhantes aos de outras doenças físicas, é importante ter certeza de que seu problema foi corretamente diagnosticado.

É impossível descrever um programa de auto-ajuda ou de tratamento que funcione para todos; portanto, sinta-se livre para selecionar e utilizar as partes de meu programa que melhor se adaptam às suas necessidades individuais. Muitos dos exercícios que sugiro podem ser feitos com uma pessoa de confiança, ou sozinhos. Alguns desses exercícios e técnicas vêm de minha própria experiência pessoal de superação de uma fobia. Outros, aprendi diretamente com meus amigos ou desenvolvi incorporando dados de estudos científicos à minha prática clínica. Muitas das idéias mais criativas vieram de meus próprios pacientes.

Recomendo que você experimente o maior número possível dessas sugestões. Se uma não funcionar, tente outra, ou uma combinação delas. É melhor ser flexível e ter uma variedade de opções para abordar seu problema. Você descobrirá, rapidamente, o que funciona melhor para você.

ESTABELECIMENTO DE OBJETIVOS

Quando entram em meu grupo pela primeira vez, os pacientes, muitas vezes, ficam preocupados com a possibilidade de "pegar" os sintomas dos outros. Garanto-lhes que se fosse assim, *eu* estaria pior do que presa em casa — estaria presa à cama agora! Embora possam *pensar* sobre os sintomas dos outros ao ouvi-los, eles *não* são contagiosos.

Outra preocupação que as pessoas têm é de que possam ficar sentadas semanas a fio ouvindo gente se queixar de como o distúrbio de ansiedade está prejudicando suas vidas. Todos sabemos que o pânico ou as fobias podem devastar todos os aspectos da vida de alguém, mas, concentrar-se no lado negativo não é construtivo nem produtivo. Em vez disso, na primeira sessão, costumo pedir que cada um fale de seus sintomas e incapacidades, e sugiro aos membros do grupo que se apresentem dizendo em que direção pretendem trabalhar nas próximas 12 semanas. Nós nos identificamos pelo caminho que iremos trilhar, mais do que por onde temos estado.

Peço-lhe agora para pensar sobre seus próprios objetivos. Decida sobre um objetivo de curto prazo (6 semanas) e outro de longo prazo (12 semanas). Faça com que seus objetivos sejam os mais concretos e específicos possíveis. Seu alvo de 6 semanas deve responder à pergunta: "Que tarefa ou atividade eu poderia fazer que demonstrasse para mim que estou fazendo progressos significativos para superar meu distúrbio de ansiedade?". Ou: "Se eu a pudesse ..., eu me consideraria a caminho da recuperação".

Seu objetivo de 12 semanas deve responder à questão: "Que tarefa ou atividade eu poderia fazer que demonstrasse para mim que meu distúrbio de ansiedade não está mais interferindo em minha vida?''. Ou: "Se eu a pudesse ..., eu me consideraria recuperado''.

Ao estabelecer os objetivos, é muito importante concentrar-se na atividade que você quer realizar, em vez de em seus sentimentos. Se seu medo de lugares públicos impediu-a de fazer compras no supermercado, por exemplo, será tentador dizer: "Meu objetivo de 12 semanas é entrar num mercado e não sentir qualquer ansiedade''. Mas o verdadeiro crescimento vem quando você é capaz de funcionar *apesar* da ansiedade ou até mesmo do pânico. Assim, um alvo produtivo seria: "Em 12 semanas, eu gostaria de fazer as compras semanais para minha família''.

Na primeira sessão, quando estamos definindo objetivos, muitos pacientes hesitam em estabelecer os alvos que gostariam realmente de atingir, porque não conseguem se imaginar fazendo as coisas que não fazem há tanto tempo, ou porque têm medo de se sentirem forçados a fazer algo que podem não estar prontos para enfrentar.

Eleanor, uma mulher que tinha fobia de dirigir em qualquer estrada, estabeleceu relutantemente seu objetivo de 12 semanas como sendo o de "dirigir sozinha na super-rodovia até a casa de meu filho''. Mais tarde, ela admitiu que quando definiu o alvo, não acreditava realmente que poderia atingi-lo, muito menos em 12 semanas. Mas, era o que ela *queria* e eu a encorajei a lutar por ele.

Com o objetivo de visitar seu filho e sua nora em mente, Eleanor trabalhou muito, praticando todos os dias, dando um passo de cada vez. Semana após semana ela enfrentou novos desafios: dirigir nas vizinhanças de sua casa, avançar para bairros próximos, abrindo gradualmente caminho para a rodovia. Na *décima* sessão, ela relatou com orgulho ao grupo que na tarde anterior tinha dirigido sozinha, na super-rodovia, até a casa do filho! Depois que cessaram os aplausos e abraços, Eleanor disse ao grupo que, na primeira reunião, embora parte dela mesma não acreditasse que poderia atingir aquele alvo, ter de lutar por algo tão aparentemente monumental motivou-a a dar os pequenos passos necessários para chegar lá. E ela "chegou'' mais cedo do que jamais poderia imaginar.

Como Eleanor aprendeu, é *sempre* preferível restabelecer objetivos que parecem ambiciosos demais do que alvos seguros e tranqüilos. Isso pode lhe parecer assustador ou esmagador, mas tenha em mente que depois que aprender a enfrentar as sensações desagradáveis da ansiedade e do pânico, você será capaz de fazer *qualquer* coisa que queira.

Pense desta maneira: se você acordar amanhã com a garantia de que jamais terá outro ataque de pânico, o que você gostaria de fazer? Vá em frente e escreva no formulário abaixo para seu objetivo

165

de 12 semanas; não se preocupe sobre quão "impossível" ele possa parecer. Seu objetivo deve ser qualquer coisa que uma pessoa de vida normal seja capaz de fazer quase "sem pensar".

Para seu objetivo de seis semanas, você pode escolher algo que seja um passo além na direção de seu alvo maior, ou algo completamente diferente, o que continuaria indicando que você está muito próximo da recuperação. Por exemplo: se atualmente você não consegue viajar, seu objetivo "ambicioso" de 12 semanas poderia ser tomar um avião sozinho para visitar um amigo ou parente. Seu alvo de 6 semanas poderia ser passar uma noite fora de casa com seu cônjuge ou outra pessoa "segura".

Depois de estabelecer seus objetivos, escreva-os aqui.

Meu objetivo de 6 semanas é _____
Meu objetivo de 12 semanas é _____

Você está pronto, agora, para usar sua Folha de Tarefas Diárias.

MANTENDO UMA FOLHA DE TAREFAS DIÁRIAS

Quando apresento, pela primeira vez, a idéia de manter um diário com anotações de atividades práticas, alguns de meus pacientes torcem o nariz, imaginando como isso será inconveniente e tedioso. Porém, à medida que preenchem as folhas, eles descobrem, rapidamente, que aquilo que aprendem sobre si mesmos e sobre seu distúrbio, e a recompensa de ver provas concretas de seu progresso, constitui uma parte muito valiosa do processo de recuperação.

Seus progressos nem sempre são evidentes. Com freqüência, o avanço não apenas parece lento, mas é bastante sutil. A Folha de Tarefas Diárias ajuda-o a rastrear esse progresso sutil. Eu me lembro de uma mulher que veio se tratar porque não conseguia mais trabalhar e estava próxima de ficar incapaz de sair de casa. Com nove semanas de programa, ela já podia passar várias horas fora de casa. Mas estava preocupada porque não conseguia dirigir sozinha. Quando olhou sua Folha de Tarefas Diárias, ela se deu conta de que já saía de casa freqüentemente; que podia andar de transporte coletivo sozinha; e que tinha retomado um emprego de tempo integral. Apesar de seu desapontamento por não poder ainda dirigir, a Folha de Tarefas Diárias contava uma história bem diferente: ela havia feito enormes progressos. Quando viu o que costumava evitar e o que agora era capaz de realizar — tudo escrito por seu próprio punho —, ela pôde reconhecer suas conquistas.

Você pode fazer cópias da Folha de Tarefas Diárias da página 169, ou adaptá-la para seu uso. Há uma amostra de uma Folha preenchida nas páginas 170-1. Não se esqueça de datar cada folha e mantê-las juntas num arquivo.

Nas páginas seguintes, discutirei separadamente cada item da Folha de Tarefas.

Seu Objetivo Semanal

Comece estabelecendo um Objetivo Semanal específico, uma tarefa ou atividade que você gostaria de realizar até o final da semana. Tal como fez ao estabelecer seus objetivos de 6 e 12 semanas, estabeleça um alvo *específico e concreto*. Por exemplo:

1. Comparecer e ficar numa aula ou conferência.
2. Cortar os cabelos.
3. Ir de metrô sozinho(a) a uma loja de departamentos.
4. Oferecer um jantar.
5. Usar o elevador para visitar um amigo que mora no 15º andar.

Sua Declaração Positiva

Encontre alguma coisa positiva para dizer de si mesmo(a) e escreva-a todas as semanas. Pode ser uma afirmação pessoal direta, como "Sou uma pessoa carinhosa", "Sou capaz de ser tudo o que quero", ou "Tenho um senso de humor fantástico!". Ou pode ser uma declaração positiva sobre sua capacidade e/ou determinação de enfrentar seu problema, como por exemplo, "Fiz progressos significativos ao enfrentar minha fobia na semana passada", "Não preciso mais sentir medo de ter um ataque de pânico", ou "Sou capaz de aprender com meus dias difíceis".

Para aproveitar ao máximo sua Folha de Tarefas Diárias, preencha a primeira coluna de cada dia antes de começar uma sessão de exercícios. Complete a segunda coluna imediatamente após tê-la terminado.

Sua Tarefa Diária

Escolha tarefas diárias que ajudarão você a se aproximar de seu objetivo semanal. Repetindo: as tarefas diárias devem ser específicas e concretas. Eis alguns exemplos de tarefas que ajudam a alcançar os objetivos semanais mencionados acima:

1. Selecionar e se inscrever num curso ou conferência.
2. Visitar o cabeleireiro com uma amiga que está cortando os cabelos.

3. Andar de metrô até a próxima estação com sua pessoa de apoio.

4. Fazer uma lista das pessoas que convidaria para o jantar.

5. Subir um andar, de elevador, na loja de departamentos.

Sempre que possível, escolher atividades que têm significado na "vida real" para você, ao contrário de coisas que sejam simplesmente "exercício por puro exercício". Isso nem sempre é possível. Mas, quanto mais você colocar suas sessões de prática dentro de suas atividades rotineiras, mais rapidamente você se verá fazendo as coisas do dia-a-dia que vinha evitando — até mesmo sem pensar nelas. (Ver capítulo 17 para mais detalhes a esse respeito.)

Hora do Dia

Escreva a *hora* em que você planeja praticar. Isso é importante porque o obrigará a se comprometer com determinado horário para começar sua sessão de exercício, independentemente de como você se sinta. Isso é útil no aprendizado de como enfrentar a ansiedade antecipatória e seus medos nos momentos "bons" e "ruins". Saber com antecedência por quanto tempo você planeja ficar na situação provocadora de ansiedade ajudará a evitar a tendência de querer ir embora antes do tempo previsto.

Com Quem

Você fará esta tarefa com alguém ou com uma pessoa de apoio? (Escreva "sozinho(a)" ou o nome da pessoa de apoio.)

Nível Projetado Mais Alto (NPMA)

Para comparar como você *realmente* se sente ao realizar sua tarefa diária e como você espera se sentir, comece anotando antes de cada sessão o nível *projetado* mais alto de ansiedade que você imagina que vai atingir, usando uma escala de 0 a 10. Zero significa "nenhuma ansiedade" e dez, "pânico absoluto". Trata-se de uma classificação puramente subjetiva; não há certo ou errado. Anote simplesmente o nível mais alto que você acha que vai atingir durante sua sessão de exercício. Se um membro da família ou amigo vai ajudar na tarefa, é importante compartilhar essa informação com essa pessoa. Classificar sua ansiedade antecipada vai ajudar sua pessoa de apoio a ter uma compreensão mais concreta de como é difícil e corajoso para você enfrentar situações aparentemente inofensivas.

FOLHA DE TAREFAS DIÁRIAS

SEMANA DE : _____

OBJETIVO: _____

_____

DECLARAÇÃO POSITIVA: _____

_____

Segunda-feira

	Tarefa	Hora do Dia	Com Quem	NPMA	Saída
Depois da Prática					
NRMA	Quanto Tempo	Sintomas Físicos	Pensamentos	Técnicas Úteis	Satisfação
Antes da Prática					

Terça-feira

	Tarefa	Hora do Dia	Com Quem	NPMA	Saída
Depois da Prática					
NRMA	Quanto Tempo	Sintomas Físicos	Pensamentos	Técnicas Úteis	Satisfação
Antes da Prática					

FOLHA DE TAREFAS DIÁRIAS

SEMANA DE : 3 de outubro

OBJETIVO: dirigir até o White Flint Mall (cerca de 8 km) com Carol

DECLARAÇÃO POSITIVA: cada passo que dou, por menor que seja, me leva à recuperação

Segunda-feira

	Tarefa	Hora do Dia	Com Quem	NPMA	Saída
Depois da Prática	Dirigir até a mercearia (4 quadras)	1 h. da tarde	Carol	10	Posso parar quando quiser

	NRMA	Quanto Tempo	Sintomas Físicos	Pensamentos	Técnicas Úteis	Satisfação
Antes da Prática	6	15 m.	Um pouco de tontura, coração disparado, mãos suadas	Costumava fazer isso sem pensar. Me sinto um bebê	Tudo bem, o embaraço; concentrar em árvores, respiração	Sim

Terça-feira

	Tarefa	Hora do Dia	Com Quem	NPMA	Saída
Depois da Prática	Buscar meu filho na escola (10 quadras)	3 h. da Tarde	Carol	10	Carol pode dirigir na volta, se for preciso

	NRMA	Quanto Tempo	Sintomas Físicos	Pensamentos	Técnicas Úteis	Satisfação
Antes da Prática	5	20 m. (ida e volta)	Coração disparado, pequena dor de cabeça, tensão na nuca.	não é tão assustador. E se entrar em pânico com meu filho no carro?	Imaginar a cara dele. Contar de cem pra trás, de três em três	Sim

Quarta-feira

Depois da Prática

Tarefa	Hora do Dia	Com Quem	NPMA	Saída
Dirigir até a lavanderia (passar por um grande cruzamento)	8:30 da manhã	Meu marido	10	Meu marido pode dirigir se eu entrar em pânico

Antes da Prática

NRMA	Quanto Tempo	Sintomas Físicos	Pensamentos	Técnicas Úteis	Satisfação
9	20 m.	Tremor. Coração saltando. Náusea. Tensão.	Não suporto essas sensações. Estou perdendo. E se causar um acidente?	O pior que pode acontecer é sentir-me mal. Concentrar-me nas coisas.	Sim

Quinta-feira

Depois da Prática

Tarefa	Hora do Dia	Com Quem	NPMA	Saída
Dirigir até o boliche (usar rodovia de 4 pistas)	2 h. da tarde	Carol e Jane	9	Se tiver que parar, posso imagir que furou o pneu

Antes da Prática

NRMA	Quanto Tempo	Sintomas Físicos	Pensamentos	Técnicas Úteis	Satisfação
2	15 m. para ir. 15 m. para voltar	Suor nas mãos. Coração disparado um pouco	Nem acredito que levo amigas a algum lugar. Sinto-me bem, realmente	Estalar um elástico no pulso. Conversar com amigas	Sim

Sexta-feira

Depois da Prática

Tarefa	Hora do Dia	Com Quem	NPMA	Saída
Dirigir até White Flirt.	10 h. da manhã	Carol	10	Se me sentir péssima, tento amanhã.

Antes da Prática

NRMA	Quanto Tempo	Sintomas Físicos	Pensamentos	Técnicas Úteis	Satisfação
7	40 m.	Tontura. Tensão no pescoço. Coração martelando	E se eu invadir outra pista? E se desmaiar?	Contar a Carol em que "nível" estou e ver o que o eleva.	Sim

Saídas

Uma Saída é qualquer coisa — real ou imaginária — que ajuda você a *entrar* no local ou situação temida dando-lhe uma *saída* garantida. É sua "cláusula de escape", mesmo quando você pensa que não a tem. Ao estabelecer uma Saída, use a criatividade ou a imaginação. E está tudo bem que seja completamente irracional! Uma que eu usava pessoalmente era: "Se estiver num edifício alto e realmente me descontrolar, pedirei para alguém me *nocautear*!". Evidentemente, jamais faria isso e, de qualquer forma, quando terminasse de olhar em volta para achar alguém para "me tirar de meu tormento", as sensações de pânico já teriam diminuído. Mas o simples fato de saber que havia *um jeito de sair* — por mais irracional que fosse — me permitiria ENTRAR!

Certifique-se de que está escolhendo Saídas — não Muletas.

Uma Saída é qualquer coisa que faz você entrar e mantém você dentro.

Uma Muleta é algo que você utiliza para permanecer de fora.

Para deixar mais claro isso, pense sobre essas Muletas. Alguém que sofre de agorafobia pode depender de outra pessoa para fazer as compras. Alguém que sente pânico quando dirige na estrada pode se limitar a dirigir apenas nas vizinhanças. Uma pessoa que tem medo de elevadores pode subir pela escada. Alguém com medo de voar pode se embebedar antes de entrar no avião. Tudo isso são Muletas porque ajudam a pessoa a evitar situações e/ou sensações desagradáveis, em vez de encarar de frente seus medos.

Por outro lado, ter uma Saída permite que você vá adiante e enfrente a situação com mais tranquilidade. Saber que você pode sair diminui seu ímpeto de sair. Por exemplo: se você tem um problema com edifícios altos, a Saída pode ser observar que existem saídas em todos os andares, dizendo que se precisar escapar, você pode. Se você tem medo de sofrer um ataque de pânico em um restaurante, dê a você mesmo permissão para sair se precisar, mesmo que esteja na metade de uma refeição. Se você tem evitado andar em estradas, diga a si mesmo que se quiser sair da estrada, está tudo bem. Não estou sugerindo que você utilize essas Saídas, mas saber que elas estão disponíveis e que você não ficará "preso na armadilha" ajudará a entrar em situações causadoras de ansiedade.

É sempre útil dar-se uma Saída, mesmo que ela não pareça apropriada (como o nocaute que eu achava que pediria se entrasse em pânico). Se pensar que pode sair da estrada quando quiser permite que você *entre* na estrada, isso é certamente melhor do que dizer "*não posso* entrar na estrada porque ficarei imobilizada" e nunca dirigir em estradas. (Você pode estar pensando: "Mas isso seria tão constrangedor!". Mas e se o pneu furasse e você tivesse de parar? Você não pararia por medo de ficar constrangida?) Se ficar na fila do supermercado é difícil, diga a si mesma que se for absolutamente necessário, você pode abandonar seu carrinho de compras e sair da loja. Lembre-se que o pior que poderia acontecer é que alguém (que provavelmente jamais veria você ou a reconheceria) teria de colocar as coisas de volta nas prateleiras. E daí? Se você sofresse uma súbita enxaqueca e tivesse de abandonar seu carrinho e ir imediatamente para casa, você ficaria preocupada com quem visse você sair? Se o fato de dar a si mesma a opção de ir embora de uma loja que, de outra forma, você evitaria freqüentar permite que você *entre* naquela loja, isso constitui uma Saída perfeitamente aceitável e construtiva.

Invariavelmente, quem tem fobia de voar pergunta: "Se estou no ar e quero cair fora do avião, qual é a minha Saída?". Um de meus pacientes criou uma "saída de avião" criativa e, embora seja tão irracional quanto a que eu uso em arranha-céus (lembre-se, tudo bem com fantasias), muita gente considera-a útil. Esse paciente telefonou para a Agência Federal de Aviação e perguntou quanto tempo um avião leva para pousar numa emergência. Disseram-lhe que nos Estados Unidos os aviões estão sempre a vinte minutos de algum aeroporto. Ele então decidiu que *se* tivesse um ataque de pânico e *tivesse* que sair do avião, ele poderia dizer à aeromoça que estava tendo um ataque do coração. O piloto *seria obrigado* a pousar o avião. Meu paciente racionalizava que ele poderia "agüentar" o sofrimento por vinte minutos. Essa Saída permitiu-lhe entrar num avião e finalmente vencer sua fobia de voar.

Alguns de meus pacientes protestam que as Saídas parecem tolas ou inadequadas. Algumas, entre as mais criativas, de fato, são! E daí, se mantê-las no fundo de sua mente permite que você avance? Se comparado a viver com medo e evitando tudo, sentir-se tolo é um risco pequeno.

Na verdade, é uma boa idéia realizar suas piores fantasias de se sentir constrangido ou tolo. Vá em frente e pegue uma Saída quando estiver se sentindo bem e observe o que acontece.

Saia para o acostamento da estrada — com cuidado, evidentemente — e observe se alguém está prestando atenção em você.

Deixe suas compras no carrinho e saia da loja. Olhe em volta para ver quem está observando.

Saia do restaurante no meio da refeição e depois volte. Alguém olhou de modo estranho para você?

Diga ao motorista do ônibus que você não está se sentindo bem e quer descer imediatamente. As pessoas acharam que você era esquisita ou ficaram preocupadas com sua saúde?

Abandone seu lugar no meio de um espetáculo. Alguém aponta o dedo para você ou a deprecia por estar saindo?

Pense em como você reagiria ao ver alguém deixando o restaurante no meio de uma refeição ou saindo do teatro durante o espetáculo. Você poderia ficar intrigada ou aborrecida, sentir simpatia ou indiferença, ou achar engraçado, mas certamente não ficaria chocada ou horrorizada como acha que os outros ficariam se isso acontecesse com você.

Você provavelmente nem notaria, estando, como a maioria das pessoas, ocupada demais consigo mesma para notar o que os outros estão fazendo. A experiência de ter tomado uma Saída durante o exercício permitirá que você enfrente a situação temida com mais facilidade na próxima vez, uma vez que você sabe agora que, se precisar sair, as conseqüências não serão tão terríveis.

Nível Real Mais Alto (NRMA)

Depois de terminar uma tarefa, anote o nível de ansiedade que você *realmente* atingiu quando estava na situação. Qual foi o seu nível de ansiedade *real* mais alto?

Em geral, acontece uma coisa interessante quando você compara o NPMA com o NRMA. O nível de ansiedade que você realmente atinge é *quase sempre* mais baixo que aquele que você achava que iria alcançar. É muito importante prestar atenção nisso para que, da próxima vez que pensar em entrar numa situação que teme que provoque um alto grau de ansiedade, você possa se lembrar de que na *última vez não foi tão ruim quanto você previu*. Mesmo que atinja um nível alto, você começará a notar que seu nível de ansiedade *sempre* diminui se você *permanece* na situação — por mais difícil que seja.

Quanto Tempo?

Anote *quanto tempo* você gastou na sua situação de exercício. Isso não significa quanto tempo você se sentiu indisposta, mas a duração da sessão. Quanto tempo você ficou na loja, andou de elevador, ou dirigiu na estrada?

Sintoma Físicos

Anote as sensações ou sintomas físicos perturbadores que você sentiu enquanto antevia ou enfrentava sua situação causadora de ansiedade. Sentiu aperto no peito ou na garganta? O coração disparou? Suas mãos suaram frio? Sentiu-se tonta ou "siderada"? Ficou com o estômago embrulhado?

À medida que você for registrando esses sintomas, é provável que você note que eles mudam ao longo do tempo e de exercício para exercício. Perceber seus sintomas como reações às situações provocadoras de ansiedade também tende a torná-los menos assustadores. Você começará a dizer para si mesmo que "meu coração disparou porque estou ansioso", em vez de "será que estou tendo um ataque cardíaco?".

Pensamentos

Escreva qualquer pensamento que aumentou ou diminuiu sua ansiedade antes e durante sua sessão. Observe se seus pensamentos envolvem idéias mágicas ou exageradas e, nesse caso, se seu nível de ansiedade foi afetado.

Se você descobrir que uma determinada frase ou ditado funciona para diminuir sua ansiedade, não se esqueça de anotá-la para uso futuro.

Técnicas Úteis

Anote as técnicas úteis que você utilizou para completar sua tarefa. Mesmo que use algo bobo ou insignificante, escreva — lembre-se de que *qualquer coisa* que ajude a entrar e permanecer numa situação causadora de ansiedade é válida. Ao anotar o que o ajudou mais quando executava uma tarefa, você criará uma lista de fácil acesso do que funciona melhor. Ao longo deste livro, você encontrará muitas técnicas úteis, nas histórias de pessoas que lutaram para superar seus distúrbios de ansiedade e nos capítulos da parte de autoajuda. Evidentemente, muitas das idéias mais úteis virão de sua própria imaginação!

Satisfação

Você ficou *satisfeito(a)* com seus esforços para completar a tarefa? Escreva sim ou não, lembrando de se auto-avaliar em termos do que você *fez*, e não do que você *sentiu*. Você pode se sentir tentado a se satisfazer somente quando realiza sua tarefa sem sentir altos níveis de ansiedade. Mas, lembre-se, quanto mais capaz de permanecer em situações incômodas *apesar* da ansiedade ou do pânico, mais progressos você fará na dessensibilização em relação às sensações incômodas.

Você merece sentir-se bem consigo mesmo se chegou até o supermercado, mesmo que tenha saído da estrada por alguns minutos. O fato de ter voltado para a estrada e completado a tarefa marca uma prática bem-sucedida — você deveria se sentir orgulhosa de si mesma!

Enquanto está trabalhando com suas Folhas de Tarefas Diárias, faça um "contrato" com um amigo ou membro da família para ser sua pessoa de apoio. Peça a sua pessoa de apoio para ajudá-lo a revisar a folha de tarefas no final de cada semana. Encoraje essa pessoa a ser dura com você. Ele ou ela devem insistir para que as folhas sejam preenchidas semanalmente. Dessa forma, você sabe que há alguém mais que se importa, que fará você pensar duas vezes sobre saltar uma sessão ou deixar de fazer a lição de casa. Por fim, *assegure-se* de que essa pessoa tem consciência da coragem que você precisa para completar cada tarefa, para que você se sinta à vontade em compartilhar suas vitórias.

16

APLICANDO OS SEIS PONTOS

No capítulo 10 discuti os Seis Pontos da Terapia Contextual desenvolvida pelo dr. Manuel Zane (repetidos abaixo). Ensino esses pontos a todos os meus pacientes que sofrem de fobias e síndrome de pânico, pois são extremamente úteis no controle da ansiedade antecipatória e dos próprios ataques de pânico. Os conceitos ensinados nos Seis Pontos são compatíveis com a maioria dos tratamentos cognitivo-comportamentais e farmacológicos. Porém, se há algo apresentado aqui que não se aplica a você ou é diferente do que você está aprendendo em sua própria terapia, sinta-se à vontade para adaptá-los às suas necessidades individuais e ao seu programa terapêutico.

OS SEIS PONTOS

1. Espere, permita e aceite que o medo apareça.
2. Quando o medo chegar, pare, espere e deixe-o acontecer.
3. Concentre-se em fazer coisas exeqüíveis no presente.
4. Classifique seu nível de medo de 0 a 10. Observe-o subir e descer.
5. Funcione com medo. Valorize suas realizações.
6. Espere, permita e aceite que o medo reapareça.

COLOCANDO OS SEIS PONTOS PARA FUNCIONAR

Quando você está numa situação causadora de pânico (ou antevê entrar nela), a tendência é concentrar-se em e reagir a medos imaginários, cuja maioria está no futuro e, evidentemente, não acontecem, tais como: "E se eu perder o controle de mim mesmo?"; "E se eu sofrer um ataque cardíaco ou desmaiar?"; "E se eu sair correndo, loucamente, loja afora?".

Ao compreender e praticar os conceitos delineados nos Seis Pontos, você aprenderá como se concentrar e reagir à realidade presente: "Embora me sinta apavorado, não estou em perigo"; "Minhas mãos estão na direção, meu pé no acelerador e estou dirigindo em segurança"; "Não estou sofrendo um ataque cardíaco. Meu coração está apenas batendo rápido".

Copie os Seis Pontos e ponha-os em sua mesa, afixe-os na porta da geladeira, cole-os no painel do carro, mantenha-os na carteira ou na bolsa. Olhe-os sempre que sentir sua ansiedade aumentar. Praticando os Seis Pontos repetidamente, você começará a confiar em que eles realmente funcionam.

PONTO 1: *Espere, permita e aceite que o medo apareça.* Devido a sua constituição biológica e/ou suas experiências passadas, certos pensamentos e situações podem, automaticamente, desencadear suas reações de medo. Se você tem síndrome de pânico sem fobias, a reação de medo pode surgir "do nada". Em ambos os casos, em vez de tentar lutar contra o processo crescente de ansiedade — o que só faz aumentá-la —, reconheça do que se trata e dê-lhe permissão para ficar. Isso faz com que você deixe de tentar, inutilmente, fugir do pânico para aceitar seu aparecimento inevitável e aprender maneiras de evitar que o medo comande sua vida.

PONTO 2: *Quando o medo chegar, pare, espere e deixe acontecer.* Quando o medo ou a ansiedade surge, você usualmente espera que venha o pior e automaticamente começa a pensar e a se preparar para escapar de desastres antecipados. Isso intensifica os sentimentos apavorantes e as sensações físicas. O Ponto 2 ensina a fazer exatamente o oposto: permanecer no lugar ou na situação desafiadora e, simplesmente, deixar que os sentimentos aconteçam. Por mais difícil que isso pareça, cada vez que você tem sucesso, reforça sua confiança em que esperando, em vez de fugir, os medos de fato *não* acontecerão e os sentimentos de pânico diminuirão.

PONTO 3: *Concentre-se em fazer coisas exeqüíveis no presente.* Quando você está numa situação provocadora de ansiedade, é tentador se concentrar e reagir a pensamentos assustadores e perigos imaginários, a maioria dos quais são antecipados. Essa concentração no que *poderia* acontecer, em oposição ao que está acontecendo, cria uma espiral de pensamentos catastróficos. O Ponto 3 ensina como interromper esse processo. Ele orienta-o no sentido de concentrar-se em atividades concretas e familiares no presente, coisas que você pode fazer ou sobre as quais pode pensar que o manterão envolvido no aqui e agora e reduzirão as sensações psicológicas e fisiológicas perturbadoras. Entre elas estão a respiração diafragmática (descrita no capítulo 18), observar a realidade, conversar, escrever, cantar, contar e sentir as texturas das coisas a sua volta.

PONTO 4: *Classifique seu nível de medo de 0 a 10.* Observe-o subir e descer. Para ajudá-lo a descobrir e entender melhor o que faz sua ansiedade aumentar ou diminuir, você é orientado pelo Ponto 4 a observar e estudar as mudanças em seus níveis de medo. Um nível dez significa que a ansiedade é percebida como aparentemente insuportável (um ataque de pânico), e zero significa que ela está ausente. A partir dessas observações, você começa a perceber que seu nível de ansiedade sobe e desce e não cresce ao acaso depois que aparece. Você se conscientiza de que há fatores em sua vida, inclusive seus próprios pensamentos e atividades, que afetam a mudança de nível. À medida que se familiariza com quais pensamentos e atividades aumentam ou diminuem seu nível de ansiedade, você começará a desenvolver um senso de domínio sobre ele.

PONTO 5: *Funcione com medo. Valorize suas realizações.* Experimentar extrema ansiedade ou pânico num lugar ou situação que não apresente nenhuma ameaça real não é motivo para ir embora. Ao contrário, é uma oportunidade para praticar; uma chance para ver se você consegue funcionar *apesar* dos sentimentos de ansiedade aparentemente mais debilitadores. Depois que você compreender e confiar verdadeiramente nesse conceito, geralmente mediante muito trabalho e exercício duros, você não mais temerá encarar seus medos. Em vez disso, seus sentimentos e pensamentos terríveis se tornarão um sinal para dedicar-se a realizar uma tarefa realista e exeqüível, em vez de evitar uma situação ou ficar preocupado com os sentimentos incômodos. Cada vez que você conseguir isso, por mais insignificante que seja a tarefa, você estará mais perto da recuperação.

PONTO 6: *Espere, permita e aceite que o medo reapareça.* Todo aprendizado, inclusive o de mudar pensamentos e comportamentos negativos, é um processo com altos e baixos. Portanto, os reveses devem ser aceitos como parte do aprendizado, do processo de melhora. Às vezes, o próprio progresso traz objetivos mais difíceis que podem intensificar o medo. O Ponto 6 tenta prepará-lo para esses contratempos. À medida que você aprende a compreendê-los e enfrentá-los, seu progresso é reforçado e aprofundado. Cada "fracasso" é uma oportunidade de aprender — uma chance de se fortalecer.

179

COMO OS SEIS PONTOS PODEM FUNCIONAR PARA VOCÊ

Os Seis Pontos destinam-se a ajudá-lo a experimentar por si mesmo e assim desenvolver confiança no fato de que, embora seus sentimentos sejam reais e assustadores, eles não são perigosos. Você não vai perder o controle, fazer papel de idiota ou ter um ataque do coração.

As sensações mais assustadoras experimentadas durante um ataque de pânico ou quando se antecipa um ataque são desencadeadas pelo "medo do medo". Os Seis Pontos ensinam a interromper o processo ascendente que esse "medo do medo" dispara. Pense dessa maneira: para começar o processo ascendente de pânico, você precisa em princípio *pensar* sobre estar com medo. O primeiro pensamento em sua cabeça assume normalmente a forma de *"E se...?"* "E se eu desmaiar?" "E se eu fizer um idiota de mim mesmo?" "E se eu perder o controle do carro?" Sua mente fica rapidamente inundada com pensamentos assustadores adicionais — o que desencadeia mais pensamentos apavorantes e aflitivos... Em outras palavras, *o primeiro pensamento assustador* conduz a mais medo, que leva ao pânico.

Portanto, é necessário interromper ou mudar o primeiro pensamento assustador assim que ocorre. Mas como?

O Ponto 3 baseia-se num princípio simples criado para ajudá-lo a fazer isso: se você está pensando em duas coisas ao mesmo tempo, nenhuma das duas terá 100% de sua atenção. Assim, quando você se surpreender começando a pensar no que "pode vir" a acontecer, ponha outro pensamento em sua cabeça, algo que traga de volta seu foco para o presente. É possível fazer isso executando uma atividade *simples e específica*, algo que exija concentração suficiente para prender sua atenção, mas que seja suficientemente simples para que você não tenha que pensar muito sobre ela.

Quanto mais você se concentrar em mudar o foco de sua atenção dos pensamentos assustadores para atividades do presente, mais fácil se tornará permanecer na situação causadora de ansiedade. Quanto mais você se expõe às coisas que o assustam, mais cedo você se acostuma com elas.

Eis aqui algumas atividades simples e específicas que ajudarão na mudança de sua atenção para coisas exeqüíveis do presente:

1. Pegue e leia a lista dos Seis Pontos. Para aumentar sua concentração, conte o número de palavras ou letras. Leia em voz alta. Leia as palavras na ordem normal e depois ao contrário.

2. Conte em ordem decrescente, de três em três, de sete em sete, ou de nove em nove.

3. Conte qualquer coisa que você esteja vendo: as janelas de um edifício, os botões de um elevador, as letras de um cartaz etc.

4. Faça uma pergunta simples para alguém, como que horas são, como chegar a determinado lugar, ou o preço de alguma coisa.

5. Repita sem parar uma frase encorajadora, como "esses sentimentos já passaram antes e sei que vão passar de novo", ou "o que não me mata me faz mais forte".

6. Descreva em detalhes todas as coisas que está vendo ao redor. Observe cor, tamanho, forma, textura e posição.

7. Repita as palavras de uma canção ou poema.

8. Faça uma lista das pessoas que você gostaria de convidar para uma festa real ou imaginária.

9. Observe o ponteiro dos segundos (ou a mudança de números) de seu relógio.

10. Concentre-se em sua respiração. Imagine uma bola subindo e descendo em seu peito enquanto respira de forma regular e normal.

11. Diga a si mesmo que não pode ficar tenso e relaxado ao mesmo tempo; conscientemente, tensione e depois relaxe partes específicas de seu corpo.

12. Imagine um lugar em que você realmente gostaria de estar, como na praia, numa casa de campo, ou numa estação de esqui. Descreva, então, a cena em detalhes para você mesmo ou para alguém que está com você.

13. Faça jogos de palavras simples, como soletrar de trás para a frente, mudar as iniciais de nomes e sobrenomes, ou contar o número de letras das palavras que alguém está lhe dizendo.

14. Faça contato físico com coisas a seu redor. Esfregue o pé no chão como se estivesse apagando um cigarro; mude as estações do rádio tocando em todos os botões; esfregue sua mão no braço de uma cadeira ou toque numa peça de roupa.

15. Imagine que você é uma boneca de pano e deixe todos os seus músculos soltos e flácidos.

Obviamente, algumas dessas atividades simples são mais adequadas a um tipo de situação do que a outro. Por exemplo, não ajudaria tentar repetir as palavras de uma canção quando você precisa fazer um discurso, mas, nessa situação, você poderia esfregar a borda de uma mesa, observando a textura, a cor etc... Você não vai querer observar o ponteiro dos segundos de seu relógio, quando está dirigindo, mas pode contar em ordem decrescente, repetir uma frase estimulante ou se concentrar na respiração.

Essa lista de atividades simples e específicas contém apenas sugestões, idéias que meus pacientes acharam de grande auxílio. Sinta-se à vontade para usá-las, modificá-las, ou criar suas próprias atividades.

Quando estiver tentando completar sua Tarefa Diária, é provável que você experimente níveis variados de ansiedade. Os Seis Pontos ensinam que isso é normal e deve ser esperado. Coloque todo o seu esforço em não fugir da tarefa. Com a prática, você aprenderá que quanto menor atenção você der aos pensamentos e sentimentos assustadores e quanto mais você se concentrar em algo no presente, mais rápido seu nível de ansiedade baixará. Não tente controlar ou lutar contra sentimentos de ansiedade. Deixe-os *existir* enquanto você continua a se concentrar no que estiver fazendo naquele momento.

Há uma tendência a repetir os maus sentimentos, que estão baseados em experiências passadas ou "pensamento futuro". Quando se surpreender fazendo isso, *pare*! Concentre-se imediatamente no lugar onde está e no que está fazendo. Use uma das técnicas — ou combinação delas — descritas acima ou nos Seis Pontos para mudar os pensamentos assustadores. Seu objetivo é deixar os pensamentos negativos morrerem de esquecimento.

Como você pode ter certeza de que nada irá lhe acontecer? Ficando no presente e observando o que de fato está acontecendo.

Pergunte-se: "Eu estou desmaiado?" "Estou fora de controle?" " Estou fazendo papel de bobo?" "As pessoas estão realmente me olhando?".

Tome consciência da realidade da situação. Perceba que seus pés estão firmemente plantados no chão, que as suas mãos estão ao volante, ou que você, na verdade, continua tendo uma conversa normal com alguém. Diga a si próprio que você já sentiu esse desconforto antes e nada de mau lhe aconteceu.

Lembre-se, as pessoas com fobia ou síndrome de pânico não fazem as coisas que elas temem. Talvez você pense que já chegou bem perto de perder o controle alguma vez — mas você sabe, há uma enorme diferença entre o que você "pensa" que pode fazer e o que você de fato faz.

Você alguma vez perdeu o controle? Você alguma vez fez algo perigoso ao ter um ataque de pânico? Você alguma vez desmaiou em conseqüência de sua ansiedade? Estou certa de que a resposta a todas essas perguntas é *não*.

E nada disso vai acontecer.

O único modo de você acreditar verdadeiramente naquilo que sabe, intelectualmente, é experienciando. Cada vez que você se expõe voluntariamente a uma situação provocadora de ansiedade e/ou vivencia um ataque de pânico, você tem a oportunidade de reforçar o fato de que suas sensações são assustadoras, mas não perigosas.

Agora que você estabeleceu suas metas de longo e de curto prazo, que aprendeu a usar sua Folha de Tarefas Diárias e entendeu os Seis Pontos, você está pronto para entrar em ação.

17
PRATICANDO

Como vimos, os ataques de pânico possuem componentes fisiológicos e bioquímicos. Mas a evitação é um comportamento adquirido. Uma vez que é aprendida, pode ser desaprendida. Isso não acontece por um simples desejo, mas mediante trabalho duro, e prática. Da mesma forma que se aprende a corrigir um problema de fala, a parar de roer as unhas, ou a ser um pai melhor, é possível aprender a mudar o comportamento de evitação praticando técnicas específicas de rompimento de hábitos. Você pode aprender a substituir padrões de comportamento negativos ou destrutivos por outros, de natureza mais positiva e construtiva.

Evidentemente, a evitação não é aprendida ou desenvolvida por livre escolha. Se você tem um ataque de pânico cada vez que entra em determinado lugar ou situação, é fácil entender por que logo fica condicionado a querer evitar aquele lugar ou situação. Mesmo que você tenha um único ataque de pânico, é possível que a mera idéia de voltar ao lugar onde ele ocorreu seja tão apavorante que você faça tudo para evitar um novo ataque.

Quando começou a evitar coisas, você provavelmente inventou desculpas, para si mesmo, tais como "eu, de fato, não preciso pegar a estrada para chegar ao shopping", ou "o trem é mais confortável que o avião".

Quando os outros o pressionaram, você aprendeu a dar desculpas também para eles, do tipo "eu adoraria ir ao teatro, mas estou com uma dor de cabeça terrível", ou "dizem que a comida do restaurante do terraço não é grande coisa. Que tal experimentar aquele lugar novo, do térreo?".

Você talvez tenha mudado seu estilo de vida para poder evitar totalmente as situações estressantes: mudou-se para um bairro distante, onde não precisa enfrentar edifícios altos, arranjou um emprego em que não precisa falar em público, ou faz compras por catálogos.

É possível que, evitando certos lugares e situações, você tenha conseguido evitar os ataques de pânico (a não ser, evidentemente, que seus ataques sejam espontâneos e não estejam relacionados a qualquer estímulo específico). Porém, esse "reforço negativo" estimulou-o a continuar no comportamento de evitação. Quando se desenvolvem novos padrões de comportamento, positivos ou negativos, cada passo, por menor que seja, baseia-se nos que o antecederam. Sem se dar conta, você aprendeu um novo comportamento: evitação fóbica. Infelizmente, esse comportamento negativo interfere muito na vida plena e produtiva.

Agora você tem de desaprender seu comportamento de evitação. Você pode fazer isso a partir de qualquer situação na qual se sinta confortável, para depois dar um passo de cada vez, por menor que seja, na direção de sua *zona de desconforto*. À medida que der esses passos, você se apoiará em seus avanços.

No começo, é difícil confiar no processo de recuperação. Ele pode ser tão lento e sutil — e tão profundo — quanto o processo de criar o comportamento de evitação.

Para desaprender o comportamento negativo e substituí-lo por um positivo, você precisa de *sessões de prática*. Praticar é tarefa difícil, mas recompensadora. Você pode ter passado muitas horas — talvez dias, meses ou anos — desejando que suas sensações ruins desaparecessem, ou pelo menos se tornassem controláveis. Mas somente desejar não produz mudança. É preciso trabalho duro e comprometimento para superar uma fobia ou síndrome de pânico.

Com certeza, não é nada agradável expor-se repetidamente ao mal-estar fisiológico ou psicológico. É preciso coragem, autodisciplina e persistência. Portanto, a fim de manter a atitude adequada para superar seu problema, é essencial ter sempre em mente as recompensas, sendo a mais excitante delas sua capacidade readquirida de levar uma vida normal, sem limitações.

PRATIQUE TODOS OS DIAS

É necessário praticar diariamente, porque há uma correlação direta entre o número de vezes que você pratica entrando numa situação provocadora de ansiedade e o progresso que você faz.

Quanto mais se expõe, voluntariamente, a essas situações — aplicando as técnicas de redução de ansiedade descritas neste capítulo e em outras seções deste livro —, mais cedo você se dessensibilizará em relação a elas.

Há sempre a tentação de achar motivos para não praticar todos os dias. Mas cada desculpa que você usa para não fazê-lo aumenta a dificuldade de sua próxima tentativa, prolongando assim o processo de recuperação. É importante estruturar a situação de exercício de modo que seja, ao mesmo tempo, prática e motivadora. Quanto mais você criar situações da vida real para se exercitar, com recompensas reais, maior probabilidade terá de atingir seu objetivo.

Por exemplo: se você evita ônibus porque tem ataques de pânico neles, é preciso praticar andando de ônibus. Mas, se for andar num ônibus lotado durante uma hora, sem destino, você terá pouca motivação para tentar novamente. Em vez disso, escolha fazer compras numa loja de que goste e que fique no trajeto do ônibus. Assim, haverá um incentivo real para o exercício.

É preciso imaginação e criatividade para exercitar, e que, ao mesmo tempo, tenham objetivos práticos e terapêuticos. Faça disso um desafio, mas um desafio divertido. Peça a amigos e membros da família (inclusive crianças) que o ajudem a achar novas idéias. A seguir, você encontra alguns exemplos de sessões "práticas" que alguns de meus pacientes criaram.

• Uma mulher com fobia de elevador aceitou o pedido de seu chefe para que mudasse seu escritório para o nono andar. Embora esse compromisso fosse aterrorizante, ela reconheceu a importância de ter um motivo real para andar de elevador todos os dias. Foi uma decisão corajosa. Dentro de um curto espaço de tempo, ela estava usando o elevador, rotineiramente.

• Uma mulher agorafóbica que tinha medo de dirigir sozinha aceitou um interessante emprego de meio período que ficava a uma distância razoável de sua casa. Embora tenha sido inicialmente difícil, sua motivação de ir ao escritório superou sua preocupação com o que poderia acontecer a ela se tivesse um ataque de pânico no caminho. Assim, ela praticava todos os dias e acabou sentindo-se à vontade com a viagem.

• Um homem com fobia de falar em público aceitou o papel de direção de sua sinagoga, sabendo que teria de falar periodicamente diante de várias comissões. De início, ficou ansioso, mas, depois de algum tempo, sua única queixa era ter esperado tanto para aceitar o desafio.

Todos esses pacientes se deram bem. Entraram nas situações provocadoras de ansiedade, repetidamente, usando muitas das estratégias descritas neste livro. Estavam altamente motivados e praticavam continuamente.

Da experiência em primeira mão eles aprenderam que suas sensações assustadoras, embora desagradáveis, não eram perigosas. Isso fez com que eles se permitissem ficar nas situações o tempo necessário para desenvolver a confiança de que nada de mau lhes aconteceria, não importa quão perto se sentissem de perder o controle. Eles também perceberam que não precisavam ser vítimas de suas ansiedades e medos e que podiam fazer algumas coisas para diminuir suas ansiedades.

PLANEJE PRATICAR, NÃO SOMENTE TESTAR

Ao escolher uma situação de exercício, é importante estar seguro de que você está realmente *praticando* e não apenas *testando*. Você está praticando quando selecionou uma tarefa específica e, decompondo os passos e usando as técnicas para ajudar a permanecer na situação, é capaz de trabalhar no sentido de cumprir aquela tarefa.

Você está testando quando diz "vou continuar até ter um ataque de pânico, aí eu desisto".

Isso não ajuda porque:

• Você está supondo um resultado negativo antes mesmo de começar.

• Você está perdendo a sensação de realização quando se completa uma tarefa ou se atinge um objetivo.

• Seu foco de atenção estará provavelmente mais no "pensamento futuro" do que no presente.

• Você está dizendo para si mesmo que pode abandonar a situação assim que sentir seu nível subindo. Em consequência, não deixa seu nível *baixar* sem ter de sair da situação.

• Você se "recompensa", fracassando. Você pára quando entra em pânico (esse é um exemplo de condicionamento negativo).

Ao contrário, praticar é bem diferente de testar:

• Praticar leva a um sentimento de domínio e orgulho. (Testar, na melhor das hipóteses, conduz a um sentimento de ter sobrevivido e, na pior, de ter fracassado de novo.)

• Praticar é algo que você pode controlar em termos de *quem*, *onde* e *o quê*. Tente escolher tarefas e estabelecer alvos que estão um pouco além de onde você se sinta bem. Dessa forma, você empurra continuamente o muro limitador da fobia. Depois que você se dirige para um alvo mais distante, os mais próximos tornam-se subitamente mais acessíveis.

- Praticar conduz a sucessos construídos sobre sucessos. (Testar traz você — sempre passivamente — de volta à primeira casa.)

Seu objetivo, ao praticar, é completar uma tarefa que significa um passo adiante na direção de seu alvo semanal e, em última instância, seu alvo de longo prazo. Durante cada sessão de prática você deve estar preparado para entrar numa situação estressante ou evitada anteriormente e, apesar de qualquer sensação ruim, permanecer nela até terminar sua tarefa e/ou até que os sentimentos de ansiedade tenham diminuído. Lembre-se de manter seu pensamento primário concentrado em atividades simples e acessíveis e desafiar qualquer pensamento negativo. Cada vez que completa uma tarefa — por menor que pareça —, você está progredindo.

PERMANEÇA NA SITUAÇÃO, MESMO QUANDO SENTIR QUE DEVE SAIR

Se você sentir que precisa sair, decididamente, tente esperar o pânico passar antes de partir. Pare. Espere. *Não* saia apenas para fugir dele. Deixe as sensações de pânico passarem.

O pior durará apenas alguns segundos. Dê, a si mesmo, uma Saída. Diga a si mesmo que vai esperar vinte segundos e depois sair. Depois dos vinte segundos, renegocie consigo mesmo. Dá para ficar mais vinte segundos? Repita esse exercício até que seu nível de ansiedade diminua.

Se está dirigindo, você pode negociar: "Vou passar mais um semáforo — ou mais cinco árvores — e paro". Depois de passar o sinal ou as árvores, renegocie novamente e continue dirigindo. Observe que quando você espera passar o pânico, seu nível de ansiedade sempre baixa e você pode completar a tarefa.

Isso não é uma Muleta, mas uma Saída aceitável. Lembre-se, uma Saída é qualquer coisa que faz você *entrar* — e o mantém dentro. Seu objetivo é protelar sua saída por tempo suficiente para que o pânico diminua. Depois, você pode sair, descansar um pouco e voltar para a situação.

É muito importante que você volte ao lugar onde se sentiu mal, assim que possível. Quanto mais demorar para voltar, mais difícil será. Volte, passo a passo, da maneira que puder, mas *volte!*

Passe o maior tempo que puder na situação provocadora de ansiedade.

Quanto mais tempo você passar na situação, mais fácil se tornará. Seu corpo não pode, fisicamente, manter níveis muito altos de ansiedade por muito tempo. A parte mais intensa e assustadora de um ataque de pânico, raramente, dura mais do que dez ou vinte segundos.

Por mais ansioso que você se sinta, depois de algum tempo seu nível diminuirá. Ele subirá e baixará, mas quanto mais tempo ficar, melhor você se sentirá. Portanto, fique na situação até que se sinta razoavelmente bem. Só então permita-se sair.

O ideal seria que você passasse várias horas numa situação provocadora de ansiedade. Mas, tendo em vista que isso nem sempre é possível, tente praticar pelo menos uma hora por dia. Talvez você tenha dificuldade para achar tempo, mas a prática diária deve ser considerada prioritária. Você ficará surpreso com a quantidade de tempo que terá para todas as outras coisas de sua vida quando parar de dedicar tanto tempo à preocupação com seu próximo ataque de pânico.

EIS COMO COMEÇAR

Comece sempre com algo fácil e exeqüível. À medida que avança para tarefas mais difíceis, lembre-se sempre de que *nenhum passo é pequeno demais*. Cada passo conduz ao seguinte, por mais insignificante que possa parecer.

Comece cada sessão de prática selecionando uma tarefa específica e registrando-a em sua Folha de Tarefa Diária. Quanto mais específica ela for, melhor. Depois de escolher a tarefa, decomponha os passos que você precisa dar para completá-la. Se o primeiro passo é difícil demais, corte-o pela metade. Dê um passo menor. E se ainda for difícil demais, reduza-o novamente.

Se sua tarefa é ir até à mercearia e comprar dez produtos, comece por entrar e pegar uma coisa e sentir-se bem com isso.

Se isso é difícil demais, entre e saia da loja e sinta-se bem com isso; ou caminhe até a porta da loja e tente ficar ali durante vários minutos.

Se você acha que não conseguirá fazer isso, saia de seu carro e caminhe até três metros da loja.

Decomponha os passos até achar um que possa dar, espere alguns segundos, respire fundo, anime-se e avance para o próximo passo.

Se for necessário, retroceda, descanse alguns segundos e avance novamente. Se você se sentir ridículo por ir apenas até a entrada da loja, ou até o estacionamento, pense na alternativa — que é não fazer absolutamente nada. Respire fundo e *vá*!

Mantenha suas tarefas e passos simples e específicos, tal como comprar uma determinada coisa, ou escolher algo e pegá-lo. Outras tarefas específicas podem ser:

- Entrar e sair da loja;
- Ficar diante da porta durante vinte segundos;
- Dar dez passos de cada vez em direção à loja;
- Caminhar até passar três divisões do cimento na calçada.

Qualquer que seja sua tarefa, assegure-se sempre de que está *praticando*, e não apenas *testando*.

Não se esqueça de que quanto melhor se sentir durante suas sessões de exercício, mais você estará, realmente, praticando e progredindo. Pense nisso como se estivesse tomando um remédio ruim para se curar!

INVENTÁRIO DA PRÁTICA

1. Descreva uma sessão de prática que você acha que foi bem-sucedida. A que se deve o sucesso dela?

2. Descreva uma sessão de prática que você acha que não foi bem-sucedida? Por que não o foi?

3. Quais são algumas das coisas que o impedem de praticar? (Seja honesto!)

4. Descreva uma ocasião em que você escolheu um objetivo específico e atingiu-o, dando um passo de cada vez. Descreva esses passos.

5. Escolha um objetivo específico que você gostaria de alcançar e descreva como poderia decompor os passos para atingi-lo.

À medida que você decompõe os passos e avança, seu objetivo deve ser sempre o de entrar e ficar na *zona do desconforto* (que se tornará então a *zona do progresso*). Você é a única pessoa que pode determinar onde fica essa zona, uma vez que seus sentimentos lhe são peculiares. O que pode ser difícil para outra pessoa, pode ser fácil para você, e vice-versa.

Descobrir sua zona de desconforto e se exercitar nela é a parte mais criativa e importante de sua prática. Quanto mais e com maior freqüência você puder permanecer em situações que acha que vão desencadear um ataque de pânico, mais progressos você fará.

Eu repito, freqüentemente, para os pacientes, as palavras da falecida Claire Weekes, a médica australiana que ajudou milhões de pessoas com agorafobia: "A paz está do outro lado do pânico".

Tente imaginar uma voz interna dizendo que cada vez que se sentir mal e continuar avançando, em vez de fugir, você estará ficando mais forte e mais saudável.

Como obter o máximo de suas sessões de prática:

1. Escolha tarefas e objetivos específicos, assegurando-se de que sejam razoáveis e desafiadores.

2. Dê tempo a si mesmo na situação provocadora de ansiedade, lembrando-se de que seu nível *vai* baixar.

3. Conscientize-se de suas Saídas, mas não insista nelas.

4. Mantenha uma lista de técnicas úteis no bolso.

5. Espere sentir-se mal.

6. Evite abandonar a situação enquanto se sente em pânico.

7. Enfrente seus medos. Quanto mais o fizer, mais depressa eles desaparecerão.

8. Meça seu sucesso em termos de quanto você avançou, no sentido de completar a tarefa ou atingir seu alvo. Você também pode medir seu sucesso em termos de conseguir permanecer na situação causadora de ansiedade apesar das sensações ruins.

9. Sinta-se bem em relação a cada passo adiante, por menor que seja.

10. Use sua Folha de Tarefa Diária depois de cada sessão de prática para registrar sua experiência.

11. Faça, deliberadamente, coisas que aumentarão seu nível de ansiedade, para que possa aprender a enfrentar as sensações desagradáveis.

12. Lembre-se de que você está tentando aprender uma nova atitude em relação aos seus sentimentos de pânico, em vez de tentar evitá-los. Saia e encontre-os, lide com eles e aceite-os.

18

ADMINISTRANDO PENSAMENTOS E IMPULSOS ASSUSTADORES

Um ataque de pânico dura apenas alguns segundos, mas a ansiedade em torno dele pode durar minutos, horas ou dias. Com muita probabilidade, seu pior ataque de pânico foi o primeiro. Você sobreviveu a ele! Mas, depois, até mesmo a *idéia* de experimentar um ataque de pânico se torna apavorante. Compreende-se, então, que você não queira se expor a qualquer situação que possa trazer de volta as sensações temidas.

Você, provavelmente, ficou sensibilizado para qualquer coisa que talvez traga a reação temida. É bem possível que você note coisas que outros não percebem, como em que andar do edifício moram ou trabalham seus amigos, e a distância entre as saídas em um estacionamento, ou quanto tempo leva para servirem a comida em um restaurante.

Você começa a ter uma reação de medo antecipado muito antes de se encontrar realmente na situação provocadora de ansiedade. Assim que fica sabendo que talvez tenha de entrar numa situação temida, você começa a pensar em todas as coisas terríveis que poderão lhe acontecer.

Seus pensamentos e sentimentos antecipatórios assumem vida própria. Eles são, com freqüência, suficientemente poderosos para impedi-lo de entrar em situações que não apresentam nenhum perigo ou ameaça real.

Torna-se cada vez mais difícil convencer-se de que você *deveria* se colocar numa situação previsível e que pode lhe causar mal-estar. Porém, cada vez que evitar uma situação provocadora de ansiedade, mais sensibilizado ficará em relação a ela. Assim, torna-se mais difícil aproximar-se na vez seguinte.

Você também fica desencorajado e com raiva de si mesmo. Mesmo que um ataque total de pânico seja breve e, infreqüente, a ansiedade antecipatória, a depressão e a ansiedade generalizada podem estar sempre presentes.

Mas há maneiras de lidar com a ansiedade antecipatória, tal como com o pânico. Aqui estão algumas dicas para ajudar a deter estes pensamentos.

1. Quando se descobrir pensando no que poderia acontecer — "pensamento futuro" — use uma ou mais das técnicas discutidas nos capítulos 15, 16 e 17 para ajudá-lo a *ficar no presente.* Lembre-se de que você *não está* na situação temida. Então, mantenha seus pensamentos concentrados onde você está no momento e no que está acontecendo a seu redor.

2. Quando você começar a pensar em todos os "se", diga para si mesmo: "e daí!". Permita-se encarar o pior absoluto. Diga: "O pior que me acontecerá é que ficarei psicótico, terei um ataque cardíaco, baterei o carro ou me tornarei um idiota". Sei que parece estranho, mas pense nisso. À medida que seus medos aumentam, sua imaginação corre solta. Lembre-se do Ponto 2: Quando o medo chega, pare, espere e deixe-o acontecer. *Deixe-o acontecer. Aceitar* em vez de *combater* seus pensamentos e sentimentos detém a espiral do medo. Um ataque de pânico *não vai* fazer com que algumas das coisas mencionadas acima aconteçam a você. Em mais de 15 anos de estudo e prática nesse campo, nunca ouvi falar de alguém que tenha ficado psicótico, sofrido um ataque do coração, ou batido o carro em conseqüência de um ataque de pânico. (Na verdade, há cerca de dez anos, Bob DuPont e eu pesquisamos um grupo de pessoas que tinha ansiedade de dirigir e descobrimos que tinha sofrido *muito menos* acidentes do que um grupo aleatório de pessoas pesquisadas que declarou não ter ansiedade de dirigir.) De tempos em tempos, quando pacientes diziam ter-se comportado como idiotas, na maioria dos casos, reconheciam rapidamente que seu grau de constrangimento era completamente desproporcional ao que realmente acontecia.

Embora os ataques de pânico não tenham conseqüências perigosas, há, certamente, muitas coisas na vida que não podemos controlar — inclusive os pensamentos que vêm a nossa cabeça. Mas *podemos* controlar o que fazemos com esses pensamentos. Podemos combatê-los e vê-los tornarem-se mais assustadores. Ou podemos aceitá-los e, assim fazendo, tornar difusa sua intensidade.

3. Pense sobre uma ocasião em que você achou que não poderia fazer algo, e surpreendeu-se porque conseguiu fazê-lo. Pense como antes parecia muito mais difícil do que realmente foi. Lembre-se como

---

INVENTÁRIO — LIDANDO COM O PÂNICO

1. Descreva o pior ataque de pânico que você já teve. O que você *pensou* que iria acontecer? O que aconteceu de fato?

2. Imagine-se tendo um ataque de pânico. Complete então esta frase:
A pior coisa que poderia acontecer comigo é

e então _____
e então _____
e então _____
e então _____
e então _____

3. Pense sobre enfrentar sua situação fóbica. Que pensamentos antecipatórios você tem? O que você pode fazer para mudá-los?

---

não foi tão ruim assim (você sobreviveu!). E, relembre-se, como, depois ficou contente consigo mesmo.

4. Use sua Folha de Tarefas Diárias para se conscientizar da discrepância entre seu nível de ansiedade *antecipada* e o nível que você *atinge na realidade*, quando se encontra na situação temida. Cada vez que estiver prestes a entrar numa situação potencialmente causadora de ansiedade, pergunte-se: "Que nível acho que vou atingir?". Depois observe o que realmente acontece. Após várias experiências, você começará a perceber que o nível de ansiedade atingido, de fato, raramente é tão alto quanto sua expectativa.

5. Fique no presente. Há uma tendência de "ensaiar" sem parar as más sensações antecipadas, com base em sentimentos anteriores ou "pensamento futuro". É como se você tentasse se preparar para esses sentimentos, ficando mais consciente deles. Mas, concentrar-se nesses sentimentos não o ajudam a se preparar. Na verdade, quanto *menos* atenção você der aos pensamentos assustadores e sensações físicas aflitivas, menos vívidos eles serão e, portanto, menos dominadores. Quando você se descobrir "ensaiando", abandone esses pensamentos não-produtivos. Continue a ignorá-los e eles acabarão morrendo por descaso.

6. Tente parar de pensar para interromper a espiral ascendente da ansiedade antecipatória. Quando começar a antecipar um ataque de pânico, dê a si mesmo o comando de "Pare!". Fale consigo mesmo, ou grite, mas assegure-se de ser firme em relação a isso. Faça isso *assim que*, e a *cada vez que* tiver pensamentos ansiosos sobre entrar numa situação temível ou estiver antecipando um ataque de pânico. Ponha também um elástico no pulso e estale-o sempre que ocorrer um pensamento assustador ou negativo. Procure um pensamento positivo para substituir o negativo. Diga para si mesmo que "os ataques de pânico são apavorantes, mas não são perigosos", ou

"cada vez que encaro meus medos, fico mais forte", ou ainda, "esses sentimentos já passaram antes e vão passar também desta vez".

COMO VOCÊ PODE LIDAR COM PENSAMENTOS E IMPULSOS ASSUSTADORES?

Muita gente já experimentou aquele súbito sentimento, totalmente apavorante, de que vai perder o controle de si mesmo e fazer alguma coisa ruim. Por uma fração de segundo, você se sente como se fosse humilhar-se ou fazer algo extremamente prejudicial a si próprio ou a outrem.

Em um terraço, você pode sentir, de repente, uma compulsão para pular.

Enquanto está dirigindo, pode sentir um súbito impulso de se jogar contra os carros que vêm em sentido contrário.

Assistindo a um espetáculo teatral, pode sentir uma vontade avassaladora de gritar.

Na cozinha, ao ver de relance uma faca afiada, pensa subitamente que pode perder o controle e ferir alguém com ela.

Ou está segurando um bebê e sente um impulso súbito de sufocá-lo.

Essas experiências são *comuns*. Embora sejam reais e assustadores quando ocorrem, esses impulsos são apenas pensamentos. Com algumas pessoas, acontecem apenas ocasionalmente; em outras, com distúrbio obsessivo-compulsivo, podem se tornar um tormento diário.

Como ser humano, você é responsável por suas ações, mas não por seus sentimentos e pensamentos. Você não tem controle sobre as idéias e sentimentos que entram em sua cabeça, mas *tem controle* sobre o que fazer com eles.

As pessoas que sofrem de distúrbio de ansiedade têm medos terríveis. Elas não cometem atos terríveis.

Esses pensamentos e impulsos apavorantes podem parecer avassaladores, mas lembre-se de que você *não quer* realmente ferir-se ou prejudicar alguém, ou tornar-se um idiota. E, assim, você não vai fazer isso.

Muitos desses pensamentos são semelhantes aos sonhos — e todos nós sabemos como eles podem ser criativos ou esquisitos. Lembre-se de que você jamais agiu de acordo com esses pensamentos. Você jamais o fará!

As pessoas que fazem coisas terríveis — que cometem crimes violentos ou têm comportamentos ameaçadores à vida —, não o fazem porque estão nas garras de um ataque de pânico e perderam o controle. Elas comportam-se dessa maneira porque *escolheram* fazer alguma coisa terrível ou porque têm uma doença psicótica — uma doença do cérebro — e não estão conscientes nem são responsáveis por suas ações. Embora quem sofra de psicose possa ter também um distúrbio de ansiedade, da mesma forma como poderia ter pressão alta ou enxaqueca, um distúrbio de ansiedade, por si só, *não é* uma doença psicótica. Mesmo quando tomados por um ataque de pânico, quem sofre de fobias ou síndrome de pânico não se descontrola.

Evidentemente, se você tem tido impulsos assustadores de saltar de janelas (um pensamento que costumava me apavorar), jogar o carro contra outros ou atirar-se na frente de um trem, uma preocupação natural é: "Será que eu sou um suicida?". A não ser que esteja realmente pensando em matar-se porque está seriamente deprimido e perdeu toda a esperança e interesse pela vida, a resposta é não. A maioria dos infelizes que cometem suicídio pensa sobre isso durante muito tempo e planeja cuidadosamente antes de fazê-lo. Não se trata de algo que acontece espontaneamente durante um ataque de pânico.

Quanto mais *tentar* perder seus pensamentos e impulsos assustadores, mais difícil se tornará livrar-se deles. À medida que você aprender a aceitá-los, eles começarão a diminuir. Por mais esquisito que possa parecer, você pode até aprender a apreciá-los, da mesma forma que é capaz de perceber o processo criativo de seus sonhos — e até de seus pesadelos.

INVENTÁRIO — PENSAMENTOS ASSUSTADORES

1. Escreva alguns dos pensamentos e impulsos assustadores que você tem tido. Não hesite em escrever coisas que possam parecer aflitivas e/ou constrangedoras. Quanto mais disposto estiver em enfrentar e reconhecer esses pensamentos, mais fácil será lidar com eles.

2. Fale com alguém, em quem você confie, sobre esses pensamentos e impulsos. O que você acha que essa pessoa diria depois de ter "confessado"? O que essa pessoa disse realmente?

Deixe que esses pensamentos e impulsos fiquem. Não tente forçar o esquecimento. Diga a si mesmo: "eu experimentei isso antes, e nada aconteceu. Os pensamentos e sentimentos assustadores passaram antes, e sei que vão passar novamente". Permita-se encarar o "pior".

O "pior" não vai acontecer. Você sabe disso, intelectualmente.

Para realmente *acreditar* nisso, você deve se permitir experimentá-lo, por mais apavorado que esteja. Tente sentar-se no meio do teatro quando tem medo de gritar e imagine-se realmente gritando. Vá ao terraço e imagine-se saltando.

Agora, aceite os pensamentos e desenvolva-os. Você quer realmente fazer o que está pensando? É claro que não. E não vai fazer. Você não vai atirar o carro na contramão. Você não vai derrubar um bebê de propósito, ferir alguém com uma faca, ou fazer algo que esteja fora de controle. Quanto menos combater seus pensamentos, menos vívidos eles se tornarão. Relembre, quantas vezes for necessário, que os pensamentos são criativos e freqüentemente involuntários. Não somos responsáveis por eles, não mais do que somos por nossos sonhos.

Pensamentos *não são* ações. Você pode controlar suas ações. Uma vez que você os aceite verdadeiramente, aqueles impulsos e pensamentos súbitos perderão seu poder apavorante, começarão a se tornar menos importantes, e acabarão por desaparecer.

Onze princípios norteadores para lidar com o pânico

1. Lembre-se que, embora sejam muito assustadores, seus sentimentos e sintomas *não são* perigosos ou nocivos.

1. Entenda que o que você está experimentando é apenas um exagero de suas reações corporais normais ao *stress*.

3. *Não* combata seus sentimentos, nem tente querer vê-los pelas costas. Quanto mais você estiver disposto a encará-los, menos intensos eles se tornarão.

4. *Não* aumente seu pânico pensando sobre o que "pode" acontecer. Se você começar a perguntar "e se?", diga a si mesmo: "e daí!".

5. *Permaneça no presente.* Observe o que está *realmente* acontecendo com você, em oposição ao que você pensa que "pode" acontecer.

6. Classifique seu nível de medo de zero a dez e observe-o subir e descer. Note que ele não fica num nível muito alto por mais de alguns segundos.

7. Quando se descobrir pensando no medo, mude seu pensamento principal. Concentre-se numa tarefa simples e exeqüível, e realize-a.

8. Observe que quando você pára de acrescentar pensamentos assustadores ao seu medo, ele começa a diminuir.

9. Quando o medo chegar, aguarde-o e aceite-o. Espere e dê-lhe tempo para passar, sem fugir dele.

10. Orgulhe-se de seu progresso até agora e pense como se sentirá bem depois de vencer desta vez.

11. Lembre-se que um ataque de pânico de nível dez é, por sua própria definição, "o pior". É um pensamento confortador que vo-

cê tenha tido níveis dez anteriormente. Eles foram terríveis, mas temporários, e você sobreviveu. Nada de pior pode acontecer. Você já enfrentou "o pior".

MUDANDO SUAS CRENÇAS SOBRE VOCÊ MESMO

Não é difícil entender por que pessoas com fobias e síndrome de pânico vêem muitas vezes sua auto-estima despencar. Você pode começar a achar que é deficiente ou inadequado. Pode parecer difícil convencer-se de que um distúrbio de ansiedade é algo que você pode enfrentar e que sofrer disso não significa que você seja fraco ou indefeso. Sua auto-imagem negativa pode se tornar uma verdadeira barreira para a recuperação.

É sempre reconfortador lembrar que um distúrbio de ansiedade não o empurrará para além dos limites do suportável. Embora você possa se dizer, de tempos em tempos, "não posso suportar mais isso", o fato é que quem tem ataques de pânico não apenas pode "suportá-los" e "sobreviver a eles", mas também pode desenvolver técnicas para enfrentá-los muito bem.

Quando você se sentir indefeso e atormentado, tente conscientizar-se do que está pensando e mude suas "sentenças internas". Pergunte-se: "O que estou acreditando sobre mim mesmo?". Se sua resposta a essa questão tiver um tom negativo (por exemplo: "eu não acredito que alguma vez me sentirei melhor"), veja se pode substituí-la por uma afirmação mais realista e equilibrada (por exemplo: "eu sei que me senti mal desse jeito antes e os sentimentos foram embora logo depois; tenho certeza de que isso se repetirá").

Embora mensagens de "enfrentamento" possam parecer "fórmulas de pensamento positivo", as pesquisas têm mostrado que as mensagens positivas fazem realmente diferença na maneira como nos sentimos sobre nós mesmos. Eis algumas mensagens:

"Sou forte o suficiente para agüentar isso."

"Vou apenas observar a dor e dizer a mim mesmo que posso suportá-la."

"Estar ansioso ou deprimido apenas prova que sou humano. Isso não prova de forma alguma que sou inadequado ou indesejável."

Repetindo essas e outras mensagens positivas para si mesmo, você se dará uma chance de mudar suas atitudes, bem como seu comportamento.

INVENTÁRIO — AUTO-ESTIMA

1. Que prováveis situações fazem você se sentir desanimado ou com raiva de si mesmo?

2. Quando se sente desanimado ou com raiva, quais são alguns dos pensamentos que você tem sobre si mesmo?

3. Você está consciente de suas crenças e/ou suposições que podem levá-lo a se sentir mal?

4. Se a resposta for afirmativa, quais são elas?

5. Que provas você tem delas?

6. Você pode desenvolver crenças alternativas mais equilibradas? Em caso afirmativo, quais?

19

CONTROLE DA RESPIRAÇÃO

Imagine como seria a vida se não tivéssemos medo ou ansiedade. O medo é um mecanismo de proteção que nos avisa quando há perigo e nos motiva a agir para nos proteger, nossos entes queridos, nossas propriedades ou nossos bens. Ele nos adverte para não tocarmos em um forno quente, não falarmos com estranhos, ou dirigirmos sem atenção. A ansiedade nos adverte para prepararmos bem um discurso, pagarmos as contas dentro do prazo e obedecermos às leis. E nos avisa de nossa necessidade de alimento, abrigo e roupas.

Mas, às vezes, ficamos alarmados com coisas que não precisamos temer, como um espantalho, alguém não gostar de nós ou mesmo com nossos pensamentos. Quando a mente registra medo, o corpo — que por si não pode diferenciar um medo real de um imaginário — reage para nos proteger. Quando sentimos medo, nossas pupilas se dilatam, dando-nos uma visão mais clara; nossas mãos e pés ficam frios enquanto nosso fluxo sangüíneo é redirecionado dos membros para os órgãos centrais e nosso batimento cardíaco dispara enquanto o aumento de adrenalina nos prepara para agir. Nossos mecanismos de atenção tornam-se altamente seletivos e concentrados, permitindo-nos reagir da maneira mais eficaz àquilo que nos ameaça — mesmo que seja apenas um *sentimento* de ameaça.

Portanto, conforme explico a meus pacientes, as sensações fisiológicas experimentadas durante um ataque de pânico não são reações fora de controle e defeituosas. Elas são respostas adaptativas, autoprotetoras a uma ameaça de perigo percebida. Faz sentido que seu corpo, ao receber uma mensagem de que está em perigo, se prepare para uma ação imediata. Um desafio importante quando você

199

está trabalhando para se recuperar é aprender a reconhecer as sensações físicas que surgem em resposta ao recebimento de uma mensagem "errada" por seu corpo e corrigir o processo de medo/pensamento que lhe dá aquela informação equivocada.

RECONHECENDO A HIPERVENTILAÇÃO

Uma reação fisiológica ao medo comum, experimentada por mais da metade das pessoas que têm ataques de pânico, é a respiração acelerada, ou hiperventilação. Isso significa que estamos respirando depressa demais ou fundo demais para as necessidades do corpo num momento determinado. Algumas pessoas respiram em excesso e depois reagem com pânico, outras o fazem em resposta à própria reação de pánico.

Se, na verdade, você estivesse numa situação fisicamente perigosa e reagisse lutando ou fugindo, a hiperventilação não ocorreria. Seu corpo utilizaria todo o oxigênio que você aspirasse. Mas, quando sua respiração supera as necessidades do corpo, rompe-se o equilíbrio normal entre o oxigênio que você inspira e o gás carbônico que você exala. Devido aos efeitos químicos complexos desse desequilíbrio, partes de seu corpo acabam, paradoxalmente, recebendo *menos* oxigênio do que precisam, mesmo que você esteja engolindo ar. Isso, por sua vez, provoca muitos outros sintomas físicos.

Os sintomas da hiperventilação podem incluir tontura e vertigem, visão embaçada, confusão e sentimentos de irrealidade. Você pode sentir também dormência ou formigamento nos braços e pernas, mãos frias e suadas e rigidez muscular. São todas sensações fisiológicas — tal como dilatação das pupilas, redirecionamento do fluxo sangüíneo e aumento da adrenalina — que estão envolvidas na preparação corporal para agir e fugir de um possível dano. Porém, as sensações em si ou seus sintomas *não são perigosos*.

Embora pensemos, freqüentemente, na hiperventilação como um acontecimento dramático, sua manifestação pode ser bem sutil. Ela pode ser parte de sua reação de pânico se você se perceber:

1. prendendo a respiração ou aspirando rápida e profundamente quando assustado;
2. sentindo falta de fôlego, como se não estivesse aspirando ar suficiente ou estivesse sufocando;
3. bocejando ou suspirando repetidamente;
4. sentindo dor no peito, dormência e sensações de formigamento.

Você talvez já tenha ouvido falar sobre um modo de lidar com a hiperventilação que consiste em respirar num saco de papel. Trata-se, simplesmente, de uma maneira de fazê-lo respirar novamente o gás carbônico que exalou, corrigindo o equilíbrio gás carbônico/oxigênio. Porém, pouca gente tem um saco de papel à mão ou se sentiria à vontade para usá-lo em público! O método que darei mais adiante, neste capítulo, tem a mesma eficácia e é muito mais simples de usar.

A hiperventilação, atualmente, é usada em um dos métodos mais inovadores e eficazes de tratamento da síndrome de pânico, descoberto pelo dr. David Barlow, diretor da Clínica de Distúrbios de Ansiedade da Universidade Estadual de Nova York, em Albany. No método do dr. Barlow, os terapeutas ensinam os pacientes a recriar as sensações assustadoras experimentadas durante um ataque de pânico no consultório. Aos pacientes que têm os sintomas da hiperventilação pode-se pedir, por exemplo, que respirem vigorosa e profundamente durante um ou dois minutos, para provocar a tontura e outras reações fisiológicas que geram respiração excessiva. Depois, pede-se que fechem os olhos e respirem devagar até que as sensações físicas diminuam. Em seguida, pede-se que pensem sobre quais sintomas ocorreram durante o exercício e compara-se aos experimentados durante um ataque de pânico.

Incorporei recentemente esse exercício aos meus grupos, hiperventilando-me junto com os pacientes para demonstrar que não é perigoso. O que os pacientes aprendem é que, mesmo quando são exagerados, os sintomas físicos, durante um ataque de pânico não são, de forma alguma, maléficos. O dr. Barlow tem usado outras técnicas para simular ataques de pânico, tais como rodar numa cadeira para recriar a sensação de extrema tontura, ou olhar fixamente para um espelho para provocar o sentimento de irrealidade.

Quando apresentei pela primeira vez a idéia de "hiperventilação forçada" aos meus pacientes, eles reagiram da mesma forma que, desconfio, você está reagindo ao ler isto: com medo, dúvidas e perturbação. Mas esse método de tratamento foi estudado cuidadosamente, repetido e avaliado por pesquisadores e clínicos altamente respeitados e mostrou-se extremamente eficaz para ajudar as pessoas a se dessensibilizarem em relação às sensações assustadoras associadas aos ataques de pânico. No entanto, não recomendo que você faça esses exercícios sozinho. Descrevo-os aqui para que você possa discuti-los com seu terapeuta e integrá-los ao seu programa de tratamento da maneira que ambos julgarem apropriada.

REAPRENDENDO A RESPIRAR

Se o excesso de respiração ou hiperventilação está desempenhando um papel em seus ataques de pânico, você pode aprender a respirar de uma maneira que acalma e relaxa, em vez de criar sintomas de ansiedade. Essa maneira é chamada de respiração diafragmática: respirar com o diafragma, ou o abdome, em vez de com o tórax. Ela pode ser muito útil para diminuir a reação do corpo quando a ansiedade, o nervosismo ou a aflição começam a crescer.

Depois de aprender a respirar com o diafragma, você será capaz de fazê-lo com facilidade e sem esforço, mas é preciso primeiro um pouco de prática. Se você entrasse em uma de minhas sessões de terapia de grupo quando estou ensinando respiração diafragmática veria, provavelmente, oito ou dez corpos estendidos no chão com livros subindo e descendo de suas barrigas enquanto tentam respirar "direito".

Aprendi sobre os benefícios da respiração diafragmática e o exercício do livro sobre o estômago com o dr. David Clark, da Universidade de Oxford, Inglaterra, durante uma discussão informal numa reunião da Associação Americana de Psiquiatria. Fiquei intrigada enquanto o dr. Clark descrevia o que parecia ser um processo simples, mas profundamente eficaz, mas fiquei frustrada, pois não consegui uma coordenação adequada. "Quando voltar para o quarto do hotel", sugeriu o dr. Clark, "deite-se no chão e ponha um livro sobre o estômago. Enquanto respira, deixe seu estômago inflar como um balão e observe o livro subir. Ao exalar, deixe seu estômago se esvaziar e observe o livro descer."

Acrescentou algumas outras instruções e garantiu-me que, depois que pegasse o jeito, eu seria capaz de respirar daquela forma sentada ou de pé. Felizmente, ele estava certo e, com a prática, pude fazê-lo com bastante facilidade.

O dr. Clark também tinha razão quanto ao efeito calmante da respiração diafragmática. Comecei a demonstrar a técnica a meus pacientes e percebi que muitos deles descobriram ser esta uma das formas mais rápidas e eficazes de interromper a espiral dos sintomas que, de outra maneira, levaria a um ataque de pânico.

Você pode praticar a respiração diafragmática sozinho, lembrando-se de que pode demorar um pouco a fazer seus músculos abdominais funcionarem do jeito que deseja. Isso acontece porque, como a maioria das pessoas, você provavelmente, ao inspirar, expande o tórax, em vez do abdome.

Você também precisa aprender a prestar atenção aos seus padrões de respiração. O objetivo é manter uma respiração lenta, suave, com longas inspirações e mais longas expirações.

O dr. Scheldon Kress, especialista em medicina preventiva e doenças infecciosas da Associação de Medicina Interna da Virgínia do Norte, desenvolveu um conjunto de orientações para ensinar respiração diafragmática que meus pacientes acharam muito úteis. Modifiquei-as levemente nas instruções que se seguem.

• Comece afrouxando as roupas e deitando-se, num sofá, numa cama ou no chão.

• Assuma uma posição confortável e relaxada e leve alguns segundos diminuindo o ritmo da respiração.

• Expanda seu abdome quando inspira e esvazie-o ao expirar, minimizando o movimento do peito. Ponha um livro sobre o estômago e pratique fazendo-o subir e descer com sua respiração (*para cima* ao inspirar e *para baixo* ao expirar).

• Remova o livro e continue a respirar. Ponha sua mão esquerda no peito e a mão direita na barriga. Sua mão esquerda deve ficar imóvel, enquanto a direita deve subir e descer.

• Pratique, movendo seu diafragma para baixo e expandindo seu abdome como um balão quando inspira. Ao expirar, solte devagar o abdome para empurrar o ar para fora dos pulmões enquanto o diafragma sobe.

• Continue a respirar lenta e suavemente, fazendo a expiração mais longa que a inspiração.

• Inspire pelo nariz e expire pela boca, enfatizando a exalação com um "hah" longo com a boca aberta e relaxada.

Depois de exercitar essa técnica de respiração na posição horizontal, sente-se ou fique de pé para praticar na vertical. O processo é quase o mesmo, com as seguintes diferenças:

• Quando você estiver em pé, mantenha o ritmo e ajude no processo de expiração, pressionando os músculos de sua parede abdominal com a mão a cada vez que exalar.

• Mude o som da expiração do "hah" para a contagem da duração da exalação: "um, dois, três..." e assim por diante. Isso também estimula uma voz natural e correta. O ar é "soprado" sobre as cordas vocais ao ser exalado dos pulmões. Ao expirar, não tente expulsar a "última gota" de ar. Deixe que a respiração seja fácil, suave e sem esforço.

Esse novo tipo de respiração exigirá, inicialmente, muito esforço consciente. Você talvez precise até da ajuda de outra pessoa que possa observar se você está respirando realmente com o abdome. Sugiro aos meus pacientes que reservem cinco a dez minutos, duas vezes ao dia, durante cerca de uma semana, para fazer o exercício descrito acima. Depois, com o domínio da técnica, a respiração diafragmática pode ser feita a qualquer momento, em qualquer lugar. Quando usada nas situações causadoras de pânico, ela pode reduzir os sintomas da hiperventilação que provoca a reação de medo, e/ou reduzir a reação de medo que provoca a hiperventilação.

Muitos de meus pacientes informam que assim que reconhecem um pensamento ou sensação física desencadeadora de pânico, imediatamente começam a respiração diafragmática e conseguem deter a seqüência de eventos que conduzem ao ataque de pânico. Um de meus pacientes, que acabou de aprender a controlar sua respiração dessa forma, comentou comigo: "Não sei dizer se é a própria respiração diafragmática que me acalma, ou se minha concentração em tentar expandir meu estômago enquanto inspiro, manter o peito imóvel e estender minhas expirações me afasta dos pensamentos amedrontadores!".

"É, provavelmente, uma combinação das duas coisas", respondi. E então chamei sua atenção para a surpreendente circunstância na qual nos encontrávamos: ele me fez aquela pergunta enquanto dirigia pela ponte de Chesapeake Bay pela primeira vez em cinco anos!

20
RELAXAMENTO E EXERCÍCIO

Relaxamento e exercício: isso parece uma lista de componentes de um regime de saúde. Para a maioria de nós, é isso mesmo. Mas, para quem sofre de síndrome de pânico, relaxamento e exercício são lembretes pungentes de mais uma coisa que parece colocar à parte do mundo as pessoas que sofrem desse mal.

Algumas pessoas com síndrome de pânico não conseguem fazer exercícios de aeróbica sem sofrer um ataque total de pânico.

Uma explicação possível é que o exercício provoca pânico mediante uma associação: isto é, as reações do corpo ao exercício são semelhantes às produzidas pelo pânico — batimentos cardíacos rápidos e respiração curta, por exemplo. Em algumas pessoas, experimentar essas sensações durante o exercício provoca um ataque de pânico. Se se trata de uma resposta consciente ou inconsciente, ainda é um tópico controvertido, mas, de qualquer forma, é assustador para quem a está experimentando.

Felizmente, há muitos exercícios, como caminhar, andar de bicicleta, nadar, cavalgar e patinar que oferecem saúde e divertimento sem exigir a resposta fisiológica de uma corrida de dez quilômetros.

Ainda mais surpreendente e paradoxal é a relação entre relaxamento e ataques de pânico. Alguns pacientes tentam as técnicas de relaxamento para controlar o stress e descobrem que no ponto mais profundo do relaxamento são subitamente sacudidos por taquicardia, suor frio, tontura e ondas de terror. E alguns sofrem ataques de pânico no momento em que deveriam estar mais relaxados: durante o sono. Eles acordam, de repente, com um sentimento sufocante de fim iminente. Isso pode ser tão terrível, que quem sofre de ataques de pânico noturnos, freqüentemente, teme dormir, acrescentando a exaustão à carga já pesada do próprio distúrbio.

Poder-se-ia supor que esse tipo de ataque ocorre durante o período de sonhos do sono, em reação ao conteúdo dos sonhos. Porém, os pesquisadores do Instituto Nacional de Saúde Mental descobriram que os ataques ocorrem durante o período sem sonhos do sono, quando a pessoa está mais relaxada. As causas desses episódios ainda são um mistério para os pesquisadores.

Porém, muitos de meus pacientes consideram útil aprender e praticar algum tipo de técnica de relaxamento formal: *biofeedback*, auto-hipnose, meditação ou relaxamento muscular progressivo. Qualquer que seja a técnica ou combinação de técnicas que você escolha para ajudá-lo a relaxar, o mais importante é que pratique com regularidade — o ideal seria duas vezes ao dia, durante vinte minutos. Qualquer das atividades citadas o ajudarão a familiarizar-se com de que forma você sente seus músculos quando está estressado e eles estão tensos, como os sente quando você está relaxado e como, conscientemente, você consegue relaxar até mesmo músculos como os da testa, por exemplo — que, aparentemente, não controla.

Eu introduzo exercícios de relaxamento na sessão de grupo seguinte àquela em que ensino aos meus pacientes as técnicas de respiração diafragmática descritas no capítulo 19. Peço-lhes que se deitem no chão e fechem os olhos enquanto os conduzo através da seqüência progressiva de relaxamento descrita adiante. Invariavelmente, alguns pacientes sentem-se ansiosos em relação a "desistir do controle" e/ou ter um ataque de pânico. Manter os olhos abertos ajuda, às vezes, a atravessar a ansiedade inicial.

FAZENDO UMA FITA DE AUTO-RELAXAMENTO

Embora haja muitas fitas cassetes comerciais de relaxamento, sugiro aos meus pacientes que gravem uma ou várias eles mesmos, usando o exercício que apresento aqui como uma amostra de texto. É preciso apenas um gravador e uma fita virgem. Gravações feitas pela própria pessoa podem ser adequadas aos gostos pessoais às reações a determinados estímulos.

O exercício seguinte consiste em tensionar cada grupo de músculos e soltá-lo ou relaxá-lo. O mecanismo de tensão-relaxamento é como um pêndulo: quanto mais longe você empurrar para um lado, mais longe ele irá para o outro. Quanto mais tensão você produzir, mais fácil será relaxar.

Ao criar e controlar sua própria tensão, você ficará muito consciente das diferenças de sensações produzidas por um estado de tensão em relação a um estado de relaxamento. Com a prática, você se tornará perito em detectar tensão, mesmo em níveis brandos. Assim, será capaz de aplicar a técnica de relaxamento assim que perceber alguma tensão, em vez de esperar que ela aumente até níveis desagradáveis.

Embora você acabe por poder fazer esses exercícios em qualquer lugar, a qualquer hora, de início é melhor escolher um local tranqüilo, onde você não seja perturbado. Se um lugar assim não existe naturalmente na sua vida, crie-o! Talvez colocando um aviso de "não perturbe" na porta de seu quarto ou escritório. É bom explicar para quem convive com você os motivos de sua necessidade de um momento de tranqüilidade.

Ao fazer sua própria gravação, fale lentamente, com clareza e suavidade, destinando bastante tempo para tensionar e relaxar cada grupo de músculos. Destine dez segundos para tensionar os músculos e vinte segundos para relaxar. Não é preciso anunciar cada grupo de músculos quando estiver gravando; passe simplesmente de um para o outro. Depois de algum tempo, você verá que pode fazer esse exercício sozinho, sem ouvir a gravação.

Você está agora pronto para começar a gravar as seguintes propostas de instruções para relaxamento profundo:

Assuma uma posição confortável, feche os olhos, respire fundo várias vezes e permaneça quieto por alguns segundos.

MÃOS E ANTEBRAÇOS

Comece aumentando a tensão em seus antebraços e mãos. Feche as mãos e force-as na direção dos pulsos. Sinta a tensão através dos antebraços, dos pulsos, dos dedos, das juntas. Aperte as mãos o máximo que puder. Aperte... segure... segure... Note as sensações de esforço, de desconforto, de retesamento. Mantenha a tensão durante dez segundos.

Agora solte. Deixe suas mãos e antebraços caídos e relaxados ao longo do corpo, com as palmas para baixo. Concentre-se nas sensações em suas mãos e braços. Sinta a liberação da tensão. Note a diferença entre o estado de tensão e de relaxamento de seus braços e mãos.

BRAÇOS

Agora, aumente a tensão de seus braços. Puxe seus braços para trás e na direção de seu corpo. Tente manter os músculos das outras partes de seu corpo relaxados. Comprima seus braços, observando a tensão na parte posterior deles, nos ombros e nas costas. Concentre-se na sensação de tensão. Aperte mais... mais... segure... Segure por dez segundos.

Agora solte os braços e deixe-os relaxar. Note como parecem pesados quando você os solta. Concentre-se nas sensações de calor e relaxamento em seus braços.

PÉS E PERNAS

Agora aumente a tensão em seus pés e pernas. Tensione ao máximo os dedos do pé e a barriga das pernas. Sinta a tensão espalhando-se pelos tornozelos, calcanhares e sola dos pés. E note-a subindo pela barriga das pernas e canelas. Agora aperte ainda mais os músculos e segure... apertado... apertado... Concentre toda a sua atenção nos pés e pernas. Segure por dez segundos.

Libere a tensão. Deixe seus pés, barriga das pernas e canelas relaxarem. Note a diferença em seus músculos quando se soltam. Sinta a liberação de tensão e a sensação de conforto e peso do relaxamento.

COXAS

Agora aumente a tensão em suas coxas. Tensione os músculos ao máximo. Aperte ainda mais e segure... segure... segure... apertado ainda. Segure por dez segundos. Concentre toda sua atenção em suas coxas.

Agora solte. Deixe-as relaxar. Observe que toda a sua perna começa a ficar muito pesada. Deixe toda a tensão desaparecer. Concentre-se na essência do conforto.

ESTÔMAGO

Agora aumente a tensão em seu estômago. Encolha-o na direção da espinha. Encolha com força. Sinta a tensão. Segure com força... com mais força. Segure por dez segundos, enquanto concentra toda sua atenção em como fica seu estômago quando você cria tensão em torno dele.

Agora solte o estômago, deixe-o ir mais e mais. Sinta a sensação de calor circulando pela barriga. Sinta o conforto do relaxamento.

PEITO

Agora aumente a tensão em torno de seu peito. Inspire fundo e prenda a respiração. Seu tórax está se expandindo e os músculos estão distendidos em torno do peito. Sinta a tensão em torno de seu peito e de suas costas. Prenda a respiração. Segure... segure... segure por dez segundos. Agora deixe o ar sair, lentamente, e volte a respirar normalmente. Deixe o ar entrar e sair, suave e facilmente. Perceba as diferenças enquanto seus músculos se relaxam.

OMBROS

Agora passe aos ombros. Imagine que seus ombros estão presos por cordas que os puxam na direção de suas orelhas. Sinta a tensão em torno dos ombros quando você os comprime e empurra para cima. Aperte mais... com mais intensidade... segure... segure... Segure apertado por dez segundos. Observe a tensão em torno de seu pescoço e nuca quando mantém os ombros apertados.

Agora solte os ombros e deixe-os cair. Deixe toda a tensão sumir. Sinta o relaxamento nos ombros, costas e pescoço. Concentre-se em como você se sente diferente quando solta a tensão dos ombros.

ROSTO

Agora aumente a tensão em torno de seu rosto. Franza muito o rosto, puxando as sobrancelhas para baixo e na direção do centro da face. Cerre os dentes, force um sorriso, enrugue o nariz e os olhos e comprima seu rosto numa bola. Concentre-se na tensão. Faça uma cara feia e apertada e observe como seu rosto se sente quando está cheio de tensão. Segure a tensão, apertando os músculos... mais... mais. Segure por dez segundos.

Agora abra abruptamente sua boca e seus olhos o mais que puder, ponha a língua para fora, estique seu queixo, levante as sobrancelhas. Mantenha-se assim também por dez segundos e depois solte — libere toda a tensão e relaxe. Deixe sua boca cair e suas sobrancelhas e testa relaxarem. Imagine um pano morno sendo passado suavemente sobre seu rosto. Note como sua face se sente quando relaxada.

Agora imagine uma luz quente viajando por todo seu corpo e parando onde você ainda está segurando alguma tensão. Deixe que o calor amoleça os músculos e desfaça a tensão remanescente. Sinta a tensão deixar seu corpo enquanto você mergulha mais e mais no relaxamento. Mais fundo... mais fundo... mais fundo. Soltando.

Enquanto fica alguns segundos nesse estado de relaxamento, pense sobre sua respiração. Sinta o ar frio quando inspira e o ar quente quando expira. Sua respiração é lenta e regular. E a cada vez que expira, diga para si mesmo a palavra relaxe... relaxe... relaxe... sentindo-se confortável e relaxado. Deixe passar cerca de dois minutos enquanto está concentrado em soltar e relaxar.

Conte, em ordem decrescente, de cinco até um, sentindo-se gradualmente mais alerta e desperto. Cinco... tornando-se consciente do lugar onde você está, da mobília, das coisas em sua volta. Quatro... começando a sentir-se mais acordado. Três... movendo braços e pernas, acordando os músculos. Dois... abrindo os olhos — bem devagar. Um... sentando-se e caminhando.

Quando a fita chega ao final, seu ritmo cardíaco e sua pressão arterial talvez estejam abaixo do normal. Por esse motivo, é melhor não se levantar muito depressa depois de relaxar.

Inicialmente, alguma ansiedade pode estar presente se você for muito sensível às sensações que são produzidas pelo relaxamento. Porém, isso não significa que você *não* deva fazê-lo. Na verdade, a melhor resposta é repetir o procedimento até que você possa fazê-lo sem ansiedade.

É importante concentrar-se nas sensações de cada parte de seu corpo durante o exercício. Outros pensamentos lhe ocorrerão, certamente, mas tente deixá-los passar. Não se concentre neles e não se critique por tê-los. Apenas faça sua atenção calmamente voltar para seu corpo.

Peço aos meus pacientes que façam todo o exercício duas vezes por dia durante uma semana. No final da semana, pergunte a si mesmo se é capaz de fazê-lo sem ansiedade. Se a resposta for negativa, continue a prática por mais uma semana, até se sentir tranqüilo.

Depois disso, você pode encurtar o procedimento e exercitar apenas alguns grupos de músculos de cada vez. Você estará então muito mais consciente de quais partes de seu corpo tendem a ficar tensas. Concentre-se nessas regiões, bem como nos grupos centrais de músculos, como os do estômago, do peito, dos ombros e do rosto.

USANDO O RELAXAMENTO DURANTE SEU DIA

Depois de ter aumentado a consciência de seu corpo e ter aprendido a relaxar seus músculos voluntariamente, você estará muito me-

---

INVENTÁRIO — RELAXAMENTO

1. Em que parte de seu corpo você costuma sentir tensão?
2. Que situações costumam provocá-la?
3. Que mudanças você pode fazer em seu modo de vida que o ajudarão a enfrentar o stress com mais eficácia?
4. Como você se sentiu depois de fazer os exercícios de relaxamento apresentados neste capítulo? Que problemas, se houve algum, você tem ao fazer os exercícios?

---

lhor equipado para lidar com a tensão na rotina do dia-a-dia. Sugiro aos meus pacientes que façam sondagens periódicas em seu corpo e se perguntem: "Sinto tensão em algum lugar neste momento?".

Quando você sente seu nível de tensão aumentando, diminua sua respiração por alguns minutos e concentre-se nos grupos de músculos, um de cada vez, lembrando-se de como eles ficam quando relaxados. Talvez seja útil concentrar-se em sensações como peso, calor, ou uma sensação de flutuação. Você também pode liberar a tensão rapidamente deixando cair os ombros, expandindo seu estômago, soltando as sobrancelhas, sentindo-as dilatar e soltando o queixo, relaxando o maxilar, deixando sua boca semi-aberta. Você pode fazer essas coisas em quase todas as situações, sem atrair atenção — as mudanças são principalmente interiores.

Como digo em meus grupos, a prática do relaxamento ajuda-o, em última instância, a perceber que você tem uma opção. Você não pode ficar tenso e relaxado ao mesmo tempo. E, da mesma forma que pode aumentar sua tensão, também pode escolher deixá-la ir embora, onde quer que você esteja.

21

PARENTES, AMIGOS E COLEGAS

A essa altura, você já se deu conta de que seu distúrbio de ansiedade não afeta apenas você, mas também todos a sua volta:

• Você fica com raiva quando seu amigo ou familiar bem-intencionado diz: "Simplesmente vá em frente e faça. Tente ao menos". E a pessoa que está procurando ajudá-lo fica frustrada ou irada quando você responde "não posso" e nem tenta.

• Você fica constrangido quando seu chefe o vê subindo dez lances de escada em vez de tomar o elevador, e deixa-o impaciente quando você perde um tempo valioso indo de trem, em vez de avião, a uma reunião importante.

• Você se sente arrasado quando perde a apresentação de seu filho no teatro de escola porque tem medo de ficar num auditório cheio. Seu filho sente-se abandonado, independentemente da desculpa que você lhe dá.

• Você se sente sozinho quando pensa que ninguém entende o que você está passando. Sua família e seus amigos sentem-se inúteis — eles querem ajudar mas temem que possam estar fazendo ou dizendo a coisa errada.

* * *

Você talvez tenha notado que sua própria dificuldade em enfrentar honestamente a existência e o impacto de seu distúrbio de ansiedade complicou ainda mais suas relações familiares e/ou profissionais. Você talvez tenha tentado esconder seu problema mas, ao mesmo tempo, fica desapontado quando as pessoas ao redor não são sensíveis às suas necessidades e preocupações. Talvez você esteja envergonhado ou constrangido demais para pedir ajuda. Mas aqueles que não sabem do seu problema não apenas são incapazes de ajudá-lo: eles provavelmente também sentem rejeição ou raiva quando ficam decepcionados com o seu comportamento.

Ou você talvez tenha procurado ativamente ajuda e tenha se desapontado quando mesmo os bem-intencionados lhe deram uma resposta mal orientada e frustrante: "erga-se sobre suas próprias pernas".

Para que as pessoas compreendam melhor o seu problema e possam ajudá-lo, elas precisarão de alguma instrução. É importante que elas sejam instruídas sobre seu problema e sobre como podem ajudá-lo, em vez de serem admoestadas porque não entendem.

Muitos de meus pacientes acham difícil saber por onde começar, uma vez que eles mesmos estão desconcertados com sua fobia ou síndrome de pânico e seu poderoso impacto sobre suas vidas cotidianas. Por isso, sugiro que antes de começar uma conversa com alguém a quem querem falar de seu problema, dêem-lhe uma cópia da carta "Caro amigo" das páginas 215/216. Recomendo também que dêem uma cópia dessa carta a qualquer pessoa com quem já tenham discutido o problema, como forma de lançar mais luz sobre sua natureza.

Assim, pedir a alguém que nunca experimentou pessoalmente um ataque de pânico que leia essa carta é *apenas* um começo. Pode demorar um bom tempo até que essa pessoa possa avaliar a verdadeira complexidade de sua fobia ou síndrome de pânico. Seja paciente, em vez de ficar com raiva ou frustrado quando ela diz ou faz alguma coisa errada. Por exemplo, quando você fala para alguém de seus ataques de pânico e a pessoa diz algo como "eu sei exatamente como você se sente. Na semana passada fiquei preso no trânsito e tive tanto medo de me atrasar para um encontro, que tive um ataque de pânico", sua reação natural talvez seja censurar a pessoa por ter a coragem de comparar a ansiedade que qualquer um pode sentir quando fica preso num engarrafamento com aquela que você sente durante um ataque de pânico. Em vez disso, deixe a pessoa saber que você não espera que ela compreenda como alguém se sente ao ter um ataque de pânico mais do que se espera que um homem saiba como se sente uma mulher que dá à luz. E, quando alguém *pode* dizer para você: "eu não consigo realmente entender como se sente quem tem um ataque de pânico, mas sei que o que você sente é real e não é insignificante", reconheça essa atitude como indício do começo de uma relação honesta e de confiança.

INVENTÁRIO — RELAÇÕES

1. Descreva uma situação em que você manipulou alguém por causa de sua fobia ou síndrome de pânico. De que forma isso afetou seu relacionamento?

2. Que pessoas em torno de você são mais afetadas por seu problema e seu aprendizado para superá-lo?

3. Que efeito sua fobia ou síndrome de pânico tem provocado sobre sua relação com essas pessoas?

4. Que efeito sobre elas tem tido seu aprendizado para superá-la?

5. Que mudanças você vê e/ou antevê nessas relações em conseqüência do sucesso no tratamento?

6. Qual a melhor maneira de você utilizar essas mudanças para que tenham um efeito positivo sobre seus relacionamentos?

7. Imagine uma "pessoa ideal de apoio" ajudando-o numa "sessão ideal de prática". Como seria isso?

Carta para um amigo

Caro amigo:

Há algo a meu respeito que eu gostaria de lhe contar. Eu sofro de uma fobia (ou síndrome de pânico) e estou, atualmente, aprendendo técnicas que estão me ajudando a superá-la.

Fobias e síndrome de pânico *não* estão associadas à "insanidade", nem são conseqüência de preguiça, egoísmo ou fraqueza emocional. Elas vêm de repetidos ataques de pânico: reações involuntárias e apavorantes que podem acontecer inesperadamente (indicativo de síndrome de pânico), ou são provocadas por situações específicas (indicativo de uma fobia). Esses ataques de pânico não podem ser afastados pela razão e, freqüentemente, levam a pessoa a evitar lugares ou situações específicas.

Imagine o terror que você sentiria se ficasse de pé, no meio de uma rodovia de seis pistas, com carros vindo em sua direção a 120 km por hora. Pense nas sensações fisiológicas que experimentaria: seu coração dispararia, seus músculos tremeriam e seu peito começaria a apertar e bater. Você ficaria com as pernas bambas e começaria a suar frio. Naquela fração de segundo em que você achasse que iria ser atropelado, você se sentiria tonto e desorientado — e você, *certamente*, teria um desejo avassalador de fugir. Todas essas sensações físicas ocorreriam ao mesmo tempo!

Agora, imagine como se sentiria se você fosse tomado por aquela mesma intensidade de medo, sem absolutamente nenhum motivo, no momento em que você estivesse na fila do caixa do supermercado, subindo num elevador, ou simplesmente saindo a pé de casa. Imagine, então, se o medo reaparecesse a cada vez que você *pensasse* sobre aquela situação. Imagine seu constrangimento e humilhação se ninguém mais se sentisse como você naquelas situações e as pessoas lhe dissessem: "Não seja bobo, não há nada errado!". Seria uma sensação assustadora e solitária, certo?

Se você é suficientemente feliz para jamais ter tido um ataque de pânico, não posso esperar que você realmente compreenda o medo e a vergonha que tenho por causa disso. Mas peço-lhe para acreditar que o que sinto é muito *real* e *apavorante* para mim.

Sei que isso parece irracional e irreal. Intelectualmente, também acho isso, o que torna tudo ainda mais difícil. No passado, tentei esconder meu medo das outras pessoas porque temia ser ridicularizado e mal compreendido. Mas não acho mais que deva me esconder atrás de uma máscara. É um alívio tremendo para mim poder compartilhar isso com você.

Você pode ajudar simplesmente "ficando comigo" quando entro em pânico. Saber que estou com alguém que não vai rir de mim ou forçar-me a entrar numa situação que acho que não posso dominar é uma grande fonte de conforto. Eliminada a pressão, muitas vezes sou capaz de enfrentar a situação causadora de ansiedade, passo a passo.

Saber que posso sair de uma situação a qualquer momento também ajuda a aliviar minha ansiedade e fica mais fácil enfrentar meus medos; por isso, por favor, conceda-me essa opção, respeitando meus esforços para encarar meus medos, por menor que eles possam parecer.

Sei que tenho de encarar meus medos para superá-los e estou aprendendo a fazê-lo de forma sistemática. Às vezes, o modo como abordo as coisas pode parecer estranho para você, mas estou aprendendo a usar técnicas específicas que ajudaram outros a lidar com seus ataques de pânico e levar vidas normais.

Estou entusiasmado com as mudanças positivas que estão acontecendo em minha vida e muito aliviado por estar trabalhando ativamente com o meu problema. Sou imensamente grato por seu apoio e compreensão.

Cordialmente

TRABALHANDO COM SUAS PESSOAS DE APOIO

Se você ainda não falou com ninguém sobre seu problema, seu primeiro passo é escolher alguém com quem você se sinta à vontade para falar. Não se preocupe se essa pessoa entende alguma coisa de distúrbios de ansiedade. O mais importante é que você escolha alguém em quem você confie, que esteja disposto e possa ouvi-lo.

A maioria das pessoas, quando começa a falar de sua fobia ou pânico para os outros, surpreende-se com a reação. Às vezes, pensando ter revelado seu segredo pessoal mais constrangedor, a reação que recebem é de indiferença ou simples curiosidade. Em outras ocasiões, a pessoa em quem estão confiando interrompe para falar de um amigo ou colega que tem um problema semelhante. E, em muitos casos, a pessoa revela seu próprio distúrbio de ansiedade e forma-se instantaneamente um laço estreito.

Mesmo que você receba uma resposta pouco simpática, depois que contou a alguém sobre seu problema, será mais fácil falar com outra pessoa sobre isso. Ao descrever seu problema para os outros, lembre-se de que você não escolheu ter um distúrbio de ansiedade, não se trata do resultado de alguma "fraqueza pessoal", nem é algo que você pode simplesmente "obrigar" a acabar. Pense sobre como você poderia contar a alguém que sofre de diabetes, pressão alta, ou enxaquecas. Tal como essas doenças, os distúrbios de ansiedade são reais, não imaginários, e se caracterizam por fatores tanto psicológicos e ambientais quanto fisiológicos.

Selecione uma ou várias pessoas com quem se sinta seguro e à vontade que estejam dispostas a lhe ajudar. Elas se tornarão suas pessoas "de apoio", gente com quem você pode contar para ajudá-lo nos exercícios de confronto com as situações causadoras de ansiedade. As pessoas de apoio não precisam entender completamente seu problema para poder ajudá-lo com eficácia. Mas precisam compreender que aquilo que você sente durante um ataque de pânico ou quando está lutando com a ansiedade antecipatória não é a mesma coisa que a ansiedade ou o medo que a maioria das pessoas sente quando confrontada com uma situação ameaçadora.

Você pode pedir a elas para imaginar como se sentiriam vendo um carro a toda velocidade indo em direção a elas. Depois, peça para se imaginarem sentindo a mesma intensidade, pânico ou terror enquanto esperam na fila do cinema, assinam seu nome em público ou simplesmente saem de casa.

Descreva para elas as sensações físicas bem como os sentimentos de perda de controle. Peça-lhes, então, para pensar como se sentiriam *inadequadas* com essa reação e como isso conduz a sentimentos de vergonha, constrangimento e medo de haver alguma coisa terrivelmente errada com você.

Ao dar-lhes uma cópia da carta "Caro amigo", peça-lhes que leiam cuidadosamente e depois discutam juntos.

APRENDENDO A PEDIR AJUDA

Você se tornou, provavelmente, um mestre em esconder sua ansiedade, tendo aprendido várias maneiras de manipular as situações de forma a não ser descoberto. Porém, ao mesmo tempo, é provável que você deseje secretamente que as pessoas sejam mais sensíveis para perceberem quando você está passando por dificuldades e, de algum modo mágico, sejam capazes de ajudá-lo.

Pense simplesmente no dilema que as pessoas enfrentarão se você esperar que elas saibam intuitivamente quando você precisa de ajuda. Mesmo que sejam muito sensíveis, não é razoável esperar que estejam tão sintonizadas com seus sentimentos, a ponto de saberem, automaticamente, quando você precisa de ajuda. Se você espera por isso, todo mundo perde.

Ao contrário, comece a pensar em sua fobia ou síndrome de pânico como um problema compartilhado por você e pelas pessoas próximas. Sua ansiedade raramente se manifesta externamente: mesmo quando se sente nervoso e ansioso e pensa que todo mundo percebe sua aflição, *as pessoas geralmente não se dão conta.*

Assuma a responsabilidade de contar, à pessoa que lhe dá apoio, que você está tendo dificuldades e gostaria de ajuda, fazendo-lhe um pedido, o mais específico e concreto possível. Isso pode parecer difícil às vezes: o constrangimento e o orgulho, com freqüência, atravessam-se no caminho. Mas os resultados são *sempre* positivos. A comunicação torna-se mais aberta, não há mais necessidade de esconder e manipular pessoas e situações e o esforço conjunto produz orgulho e sentimentos de realização para ambos.

Além disso, quando você conta como realmente está se sentindo, a pressão para fingir deixa de existir, tornando-se mais fácil enfrentar as situações que lhe causam ansiedade.

Ao dizer para alguém exatamente o que é útil e o que não serve, explique que suas necessidades podem mudar. Em uma ocasião, você pode estar seguro, e querer que falem com você; em outra, talvez, queira segurar-se, apoiar-se nela e deixá-la falar. E, em outras situações ainda, você pode preferir ficar sozinho.

É bom explicar que essas inconsistências têm a ver com a natureza imprevisível e camaleônica do próprio distúrbio de ansiedade e que não devem ser encaradas como rejeições pessoais.

Como discuti no capítulo 15, ter uma Saída permite que as pessoas com fobias ou síndrome de pânico entrem em situações que, de outra forma, evitariam. É proveitoso decidir com a pessoa de apoio qual será sua Saída *antes* de entrar na situação provocadora de ansiedade. Por exemplo, se está hesitando em entrar num teatro lotado

218

por estar com medo de sentir pânico e ter de ir embora, você pode dizer à pessoa que o está convidando para um espetáculo: "Me ajudaria saber que se eu quiser sair a qualquer momento, você não se sentiria incomodada''. Explique a ela que o simples fato de saber que há uma saída — que você não se sentirá preso numa armadilha — permitirá que você entre e permaneça na situação. Diga que é importante para você que ela esteja disposta a aceitar isso, ainda que pareça irracional.

À medida que progredir e passar a poder fazer mais coisas, você talvez se preocupe com a possibilidade de que as expectativas a seu respeito aumentem mais e mais. Às vezes isso acontece, porque as pessoas que o ajudam não compreendem a natureza do distúrbio.

É importante explicar à sua equipe de apoio que é possível fazer algo dez vezes sem qualquer dificuldade e depois sentir como se não pudesse repeti-lo na décima primeira. Ou exatamente o oposto: você pode ser incapaz de fazer algo e, de repente, simplesmente fazê-lo sem qualquer dificuldade.

Informe sua pessoa de apoio de que se trata de uma experiência comum. E não deixe de falar sobre isso num momento em que não está sentindo ansiedade e pode discutir o assunto com calma. Explique que você quer tomar cada situação como um fato isolado.

Quando alguém tenta ajudá-lo, muitas vezes é difícil saber quando ele está dando apoio e quando o está empurrando depressa demais. Há uma linha fina entre as duas atitudes e essa pessoa não pode saber se a está cruzando, a não ser que você lhe diga. Depende de você o esclarecimento dessa diferenciação.

As seguintes sugestões permitirão que você e a pessoa de apoio obtenham o máximo de suas sessões de exercício:

1. Estabeleça objetivos específicos.
2. Aborde cada objetivo, passo a passo.
3. Defina claramente Saídas antes de entrar na situação causadora de ansiedade,
4. Reforce cada avanço sendo específico sobre o que funcionou.
5. Reconheçam juntos o progresso, por menor que seja. Se sua pessoa de apoio não se der conta de seu esforço ou sucesso, chame a atenção dela para isso.
6. Elimine as críticas e reclamações. Enfatize a paciência e o senso de compromisso.
7. Testem juntos a realidade. Se, por exemplo, você está preocupado porque as outras pessoas podem vê-lo tremendo ou ruborizado quando está numa situação pública, peça para sua pessoa de apoio avaliar honestamente se você parece fisicamente ansioso.

COMO EXPLICAR SUA FOBIA OU SÍNDROME DE PÂNICO PARA SEUS FILHOS

Não tenha medo de falar com seus filhos sobre seu problema de ansiedade. Nosso instinto natural é de esconder os problemas das crianças para "protegê-las". Porém, elas são extremamente perspicazes e ainda que não entendam a natureza de um problema específico, reconhecem um comportamento incomum. Com maior probabilidade, irão supor que foram elas que fizeram algo errado ou que você não gosta mais delas, do que perceber que você não as leva ao parque de diversões porque não consegue dirigir, ou que não vai à festa na escola porque tem medo de multidões.

Sugiro aos meus pacientes que expliquem seus medos irracionais e comportamentos de evitação aos filhos de uma maneira que os ajude a compreender que, às vezes, as pessoas ficam com medo de coisas que não são realmente assustadoras e que é melhor falar sobre eles, mesmo que pareçam constrangedores ou injustificados.

Um bom exemplo para ajudar as crianças a entender o medo irracional é o dos monstros, aqueles seres imaginários apavorantes da infância. A maioria delas lembra-se do tempo em que tinha medo desses monstros, apesar de os pais garantirem que tais coisas não existiam. Em geral, elas se lembram que espiavam embaixo da cama ou dentro do armário para ver se não havia algo escondido. E relembram, freqüentemente, como a luz acesa ou um copo de leite quente "fazia os monstros irem embora".

Eu estimulo meus pacientes a envolver até mesmo os filhos pequenos no processo de recuperação, fazendo-os participar em sessões de prática. Uma paciente contou-me que ouviu sua filha de seis anos dizendo para seu pai como tinha se divertido andando de carro de um lado para o outro de uma ponte, naquela tarde. "Cada vez que mamãe ficava assustada", gabava-se ela, "ajudava-a a contar em voz alta ou cantar uma música e então ela não ficava mais com medo". Além de ajudar a mãe, essa criança estava aprendendo que não é preciso ter vergonha do medo e que pode-se fazer tentativas para eliminá-lo.

Muitos pais temem que ao expor um filho aos seus medos irracionais, ele também os aprenderá. De fato, muitos medos são aprendidos, mas aqueles gerados por um distúrbio de ansiedade não são iguais aos medos normais. As reações de medo desses distúrbios são resultado de uma combinação de interações biológicas, bioquímicas e psicológicas e são diferentes dos comportamentos comuns adquiridos. Porém, uma vez que os distúrbios de ansiedade tendem a se repetir nas famílias, o filho corre risco um pouco maior de desenvolver um problema semelhante. Isso torna ainda mais importante que a criança aprenda a falar aberta e honestamente sobre pensamentos e sentimentos assustadores. Dessa forma, se o distúrbio aparecer, poderá ser diagnosticado e tratado em seus estágios iniciais.

MUDANDO PAPÉIS E RELAÇÕES

Você verá que certos papéis e relacionamentos, em casa e no trabalho, começarão a mudar à medida que você se recuperar de seu distúrbio de ansiedade. Quando você está preocupado com os pensamentos e sentimentos apavorantes da ansiedade antecipatória e do comportamento de evitação, outros sentimentos e emoções — raiva, tristeza, até mesmo felicidade e amor — podem ficar obscurecidos ou ignorados. À medida que você se recupera, muitos desses sentimentos e emoções — ou outros novos — começarão a aparecer ou reaparecer, deixando você e as pessoas à sua volta confusos.

Da mesma forma, é provável que seu comportamento tenha influenciado direta ou indiretamente seus amigos, familiares e colegas de trabalho a alterarem seus planos a fim de acomodar suas necessidades especiais. Em conseqüência, você pode achar que não tem mais o direito de pedir outras coisas que queira ou precise. A frustração de não ver atendidas suas necessidades emocionais ou cotidianas pode colocar uma tensão adicional em suas relações interpessoais e de trabalho.

TORNANDO-SE ASSERTIVO PARA TER SUAS NECESSIDADES ATENDIDAS

É também muito possível que as pessoas próximas comecem a se sentir incomodadas e confusas à medida que você fica mais consciente de suas necessidades emocionais e mais assertivo em relação a satisfazê-las. Enquanto você progride na superação de seu distúrbio de ansiedade, elas podem começar a se sentir menos necessárias. Até mesmo gente bem-intencionada pode inocentemente tentar mantê-lo passivo e dependente devido às suas próprias necessidades pessoais. Elas não fazem isso de propósito, evidentemente, mas pode ser difícil para elas se ajustarem ao seu "novo eu".

É importante que você seja aberto e comunicativo e, ao mesmo tempo, sensível às necessidades dos que lhe são próximos. Se antes você estava sempre em casa quando seu cônjuge chegava do trabalho e agora você sai por aí, não se esqueça de deixar um bilhete dizendo que saiu e a que horas aproximadamente voltará.

Se sempre pediu a determinado amigo para acompanhá-lo a lugares específicos e agora que é capaz está querendo ir sozinho, assegure-se de que seu amigo entenda que essa mudança faz parte de sua recuperação, para que ele não se sinta rejeitado.

Se um colega de trabalho sempre o esperou à porta do elevador para acompanhá-lo até o escritório, faça-o entender como você estimou isso no passado e compartilhe com ele seus progressos. Tenha cuidado para simplesmente não "parar de precisar" de alguém.

Freqüentemente, pessoas com fobias ou síndrome de pânico ficam tão preocupadas em não parecer "carentes" que fazem todo o possível para suprimir até mesmo necessidades e preferências saudáveis e apropriadas — uma espécie de supercompensação. Assim, a pessoa fóbica pode fazer esforços exagerados para ser bem-aceita e pouco exigente, em contraste com as ocasiões em que está evitando uma situação fóbica e se torna *extremamente* requisitadora.

Não é raro que alguém com distúrbio de ansiedade coloque suas vontades e necessidades saudáveis de lado e se torne "o bom menino ou a boa menina que não causa problemas". Não é incomum que essa pessoa assuma o papel de herói: aquele que segura as pontas da família ou do escritório em tempos de crise, está sempre sorrindo e é sensível aos sentimentos e necessidades de todo mundo. A mensagem interna pode ser algo como: "Cuidando de todo mundo, eles gostarão de mim. Se eu deixar que meus sentimentos apareçam, pode ser que não gostem de mim, então vou tentar agradar mais ainda (ignorarei meus sentimentos) e assim gostarão mais de mim".

Você pode se descobrir sorrindo mais quando está com raiva ou chateado para que os outros não "suspeitem" que algo está errado. Ou talvez você se comporte com um certo desinteresse, esperando que os outros adivinhem o que você necessita e dêem-no sem que você precise pedir.

Qualquer que seja o seu jeito de esconder suas necessidades, o resultado é que elas continuam sem serem preenchidas e você, frustrado. Para mudar esse padrão, você tem de mudar, conscientemente, seu comportamento.

A melhor maneira de começar é reconhecendo que *você tem o direito de pedir o que quer*. À medida que pratica e fica mais à vontade com isso, você descobrirá que pode ser muito satisfatório fazer uma pergunta direta e obter uma resposta direta. Ainda que a resposta seja negativa, não é você quem está sendo rejeitado: o foco está no objeto de seu pedido.

Meus pacientes têm achado a lista a seguir — "Meus Direitos" — um lembrete útil de que eles podem e merecem ter mais do que suas necessidades fóbicas atendidas.

Meus Direitos

Eu tenho o direito de cometer um erro e ser responsável por ele.

Eu tenho o direito de dizer Não sem sentir culpa.

Eu tenho o direito de fazer o que me fará feliz, desde que não infrinja os direitos de outra pessoa.

Eu tenho o direito de pedir ajuda.

Eu tenho o direito de sentir raiva.

Eu tenho o direito de me sentir confuso.

Eu tenho o direito de não me importar.

Eu tenho o direito de não dar desculpas pelo meu comportamento.

Eu tenho o direito de ter minhas necessidades respeitadas.

Eu tenho o direito de não saber a resposta.

Eu tenho o direito de discordar.

Eu tenho o direito de ser fraco.

Eu tenho o direito de chorar.

Eu tenho o direito de ficar com medo.

Eu tenho o direito de não gostar de todo mundo.

Eu tenho o direito de obter aquilo que pago.

Eu tenho o direito de pedir o que quero, sabendo que pode ser recusado.

Eu tenho o direito de ser ouvido e de ser levado a sério.

Eu tenho o direito de estabelecer minhas próprias prioridades.

Eu tenho o direito de mudar de idéia.

Eu tenho o direito à privacidade.

Eu tenho o direito de pedir ajuda a profissionais.

Eu tenho o direito corporal de ir embora.

Eu tenho o direito de ser não-assertivo.

INVENTÁRIO — NECESSIDADES

1. Você tem necessidades emocionais e não se sente à vontade para expressá-las? Em caso afirmativo, quais são elas?

2. Que efeitos isso tem sobre você e sua relação com os outros?

3. O que você pode fazer para mudar isso?

4. Que "direitos" você tem mais dificuldade em reivindicar? Descreva.

22

SUPERANDO OS RETROCESSOS

Cerca de quatro ou cinco semanas depois do início do tratamento, invariavelmente, alguém do meu grupo que vinha progredindo muito bem anuncia que teve uma semana terrível e está de volta à estaca zero — todas as velhas sensações voltaram: ansiedade antecipatória, ataques de pânico, comportamento de evitação.

Por estranho que pareça, o que isso me diz não é que o trabalho fracassou, mas que meu paciente está pronto agora para dar um salto à frente e fazer um *progresso significativo*. Essa pessoa experimentou um retrocesso ou revés, parte essencial do processo de recuperação.

ENTENDENDO OS RETROCESSOS

Os retrocessos, tais como a ansiedade antecipatória de enfrentar situações que você achava que não eram mais perturbadoras, ou um ataque de pânico depois de passar um bom tempo sem tê-los, são uma parte inevitável e essencial de sua recuperação. Quanto mais cedo entender e aceitar isso, mais progresso você fará na superação de sua fobia ou síndrome de pânico.

Vejamos o que acontece durante um retrocesso. Quando começa a fazer coisas que não fazia há anos, você se sente maravilhoso. Junto com suas novas realizações vem mais auto-estima e animação. Você tem pensamentos mágicos de jamais ter outro ataque de pânico.

Então, justamente quando você está convencido de que venceu a maldita coisa, de repente ela ataca de novo. Dessa vez, parece pior do que nunca! É assim, em parte, porque você está apavorado ao sentir-se regredindo, que o alívio foi apenas temporário e, em parte, porque os sintomas parecem mais pronunciados.

Nenhuma das duas coisas é verdadeira. Na verdade, um retrocesso constitui um "trampolim". Cada revés faz você avançar na direção da recuperação.

Por quê?

Em primeiro lugar, cada retrocesso é uma oportunidade para o crescimento. Lembre-se de algo que você achava que não conseguiria fazer — talvez umas poucas semanas atrás — e depois conseguiu. Como você se sentiu depois? Orgulhoso? Mais forte? Teve um sentimento de realização?

Em segundo lugar, cada revés torna mais fácil encarar o medo, se ele acontecer novamente. Você notará que não demora tanto para voltar ao ponto em que estava. Você jamais perde o terreno já conquistado; apenas parece que perdeu, temporariamente. Você ganha nova confiança pelo fato de confrontar e lidar com uma situação difícil.

Por fim, os retrocessos permitem que você pratique as técnicas que aprendeu. Cada oportunidade para praticar reforça sua compreensão de que, por mais assustadora que pareça uma situação, nada vai lhe acontecer, exceto que você talvez tenha sensações desagradáveis e pensamentos amedrontadores.

Cada vez que passar por um retrocesso, pense nisto: a jornada feita *com* pânico é ainda mais exitosa que a jornada feita *sem* pânico. Concentre-se em seus ganhos e trabalhe a partir deles.

A natureza dos retrocessos é que eles ocorrem quando você menos quer ou espera. Você está dirigindo na rodovia, pensando em como é maravilhoso poder dirigir sem ataques de pânico, e lá se vai seu nível de ansiedade para cima.

Ou, você está fazendo compras numa loja cheia, dizendo para sua amiga como está contente por seus ataques de pânico terem se acabado e adivinhe? O pânico mostra sua face horrível.

Isso acontece, em parte, porque os ataques de pânico "não têm consciência". Mesmo que esteja "tendo pensamentos positivos" sobre seus ataques de pânico, tais como "não tenho um deles há muito tempo", você pode começar a ter ansiedade antecipatória somente porque está pensando neles.

Da mesma forma, pode estar havendo tensões em sua vida que você não está percebendo. Algumas pessoas descobrem que sofrem com maior probabilidade um ataque de pânico quando estão estressadas. Com outras, ocorre exatamente o oposto. Quando estão preocupadas com tensões da "vida real", percebem menos as reações de medo irracionais ou inadequadas. Talvez essas pessoas achem que têm "permissão" para se sentirem ansiosas quando algo realmente estressante está acontecendo e, portanto, não se preocupam em sentir-se dessa forma. De qualquer modo, o stress pode afetar sua fobia ou síndrome de pânico. Reconhecer e aceitar isso pode economizar muito pensamento fútil do tipo "por que justo agora?".

Além disso, um retrocesso é sempre uma oportunidade. À medida que avançar, você descobrirá que as maiores experiências de crescimento ocorrem *depois* de um retrocesso. É então que você percebe e aceita que, embora não haja uma "bala mágica" para acabar com os distúrbios de ansiedade, eles são tratáveis e sua melhor arma são seu trabalho e exercício duros.

Como já mencionei, a dra. Claire Weekes nos diz que a "paz é o outro lado do medo — e somente depois de passar através de seus medos é que você encontrará alívio". Repita isso para si mesmo na próxima vez que achar que está tendo um retrocesso e compreenderá por que o chamamos de "trampolim".

Para "crescer" a partir de um revés, pense sobre os pontos seguintes:

1. Há "dias bons" e "dias ruins". Um dia ruim não significa "ruim para sempre". É simplesmente um dia, ou momento ruim.

Isole-o dessa forma. Aceite que está acontecendo, ou aconteceu, algo a que você reagiu de maneira negativa.

Isso é tudo o que está acontecendo. Você não está voltando para a estaca zero. Você não perdeu o que ganhou. Você está simplesmente tendo um momento ruim. Ele passará, tal como passaram os outros.

2. Se tem predisposição para ataques de pânico, você é, provavelmente, muito sensível a quaisquer emoções ou sensações corporais fora do comum, inclusive algumas que a maioria das pessoas não percebe. Até mesmo sentimentos e movimentos normais — como ficar esbaforido — podem se tornar preocupantes. Não é preciso muito para ficar indefeso e oprimido.

Nessa circunstância, você ficará, provavelmente, tomado por sentimentos não identificados e pensamentos confusos e precipitados. Isso pode ser tão assustador que você tende a voltar-se para dentro: em vez de identificar o que está realmente acontecendo ou qual é o problema, você se concentra em seus sentimentos que, com novo combustível, podem facilmente se transformar em pânico.

Se der rédeas soltas, essa espiral negativa provavelmente despertará seus velhos sentimentos de desamparo e seus padrões de evitação. *Mas, agora, você sabe como interrompê-los.* Use as técnicas que aprendeu para voltar ao presente. E note com que rapidez você baixa seu nível de ansiedade.

3. Recuperação e êxito *não* significam que você nunca mais terá outro ataque de ansiedade ou pânico. Compreende-se que seja isso o que você inconscientemente quer e espera e, portanto, você pode interpretar qualquer coisa que não seja a "ausência de ansiedade" como um fracasso. Mas quando pensa sobre isso racionalmente, você sabe que não é possível ou realista deixar de sentir ansiedade de novo. Porém, é possível evitar que a ansiedade e os ataques de pânico mandem em sua vida!

4. As mudanças de vida afetam a todos, mas as pessoas propensas aos distúrbios de ansiedade são tipicamente mais sensíveis e reativas do que outras, e, portanto, mais fortemente afetadas.

Há uma sensação de segurança na familiaridade das coisas. Qualquer mudança importante — de casa, de emprego, uma perda ou rejeição pessoal — gerará emoções fortes. Até mesmo as mudanças positivas podem produzir sentimentos desagradáveis ou amedrontadores.

Respeite seus sentimentos. É normal, saudável e perfeitamente correto sentir-se inquieto em relação a mudanças. Os problemas surgem quando você começa a confundir esses sentimentos com velhas sensações de pânico. Ficar apreensivo, inquieto ou ansioso em relação a uma mudança não significa que você está voltando a ser como antes. É simplesmente o modo como sua mente e seu corpo reagem às "novas informações". Reconheça isso pelo que realmente é e *vá em frente*.

5. Sentimentos fortes — raiva, mágoa, decepção, solidão e até mesmo sentimentos agradáveis como amor — confundem-se muitas vezes numa única percepção: "ansiedade", "pânico" ou "medo". Quando esses sentimentos não são identificados pelo que são, acrescenta-se mais ansiedade à que já está presente. E quando a ansiedade cresce, as coisas começam a parecer fora de controle e você acha que está tendo um retrocesso.

Você pode deter essa espiral conscientizando-se sobre a verdadeira natureza de seus sentimentos. Deixe que eles venham à superfície. Não fuja deles, mesmo que sejam assustadores.

Os sentimentos fortes, inclusive os "maus" sentimentos, como raiva ou decepção, são normais e proveitosos. Aprenda a usar todos eles. Talvez ajude escrevê-los, ou conversar sobre eles com alguém em quem você confie e de quem se sinta próximo.

INVENTÁRIO — RETROCESSOS

1. Descreva um retrocesso recente. Como você lidaria de maneira diferente se ele acontecesse de novo?

2. Quais são os sentimentos fortes que você tem mais dificuldade para lidar? Qual o efeito, se é o caso, que eles têm sobre sua fobia ou síndrome de pânico? ·

3. Em suas próprias palavras, conte como você pode *se beneficiar de um retrocesso*.

RESISTINDO ÀS MUDANÇAS

Não é incomum que pacientes às voltas com um retrocesso fiquem imaginando que talvez haja um motivo inconsciente para que não consigam ou não estejam dispostos a abandonar seu distúrbio de ansiedade. Mas o que surge constantemente com a mesma força nas sessões de grupo é a *raiva* que sentem quando alguém insinua isso, pois implica dizer que os ataques de pânico e a evitação são desenvolvidos e mantidos como uma desculpa para não executar atividades indesejáveis. A sugestão de que a pessoa se beneficia indiretamente de seu comportamento negativo, um conceito chamado de "ganho secundário", pode ser dolorosa e frustrante.

Embora alguns pacientes se preocupem que seu distúrbio de ansiedade possa servir a alguma necessidade não satisfeita, as únicas pessoas que poderiam acreditar realmente que o problema foi *criado* com esse propósito são aquelas que jamais experienciaram um ataque de pânico!

Quem quer que tenha enfrentado pessoalmente esse problema sabe que não existe "ganho secundário" no mundo que pudesse justificar o sofrimento emocional e a humilhação conseqüentes de um distúrbio de ansiedade. (Além disso, sabemos que o início de um distúrbio de ansiedade tem um componente biológico muito forte.)

É claro que você não desenvolveu seu distúrbio como meio de ver suas necessidades atendidas ou para que outras pessoas façam coisas para você, mas depois que ele começa, é quase inevitável que surjam ganhos secundários. Se você não pode ir às compras, alguém terá de fazê-lo por você. Se não consegue dirigir, um amigo ou parente terá de transportá-lo. Se tem fobia de falar em público, muito provavelmente um colega assumirá seus compromissos desse tipo.

A maior parte do tempo você não considerará tudo isso como ganhos secundários, pois preferiria executar essas atividades pessoalmente. Porém, em alguns casos elas realmente o beneficiam, e é preciso enfrentar isso. Se sua incapacidade de dirigir significa que seu cônjuge precisa assumir toda a responsabilidade pelo transporte de seus filhos — algo de que você abriria mão com o maior prazer, mesmo que não sofresse de fobia de dirigir —, uma melhora significaria ter de cumprir essa tarefa, por mais inconveniente que fosse.

À medida que se recupera do distúrbio de ansiedade, você precisa reconhecer os ganhos secundários que obteve em conseqüência de seu problema. Isso é freqüentemente assustador. Por mais que você queira se livrar de seus problemas, talvez descubra-se um tanto relutante para identificá-los — e abandoná-los.

Você sabe como é ter um distúrbio de ansiedade: você conhece suas limitações e sabe o que se espera e não se espera de você, mas não sabe como será sem o distúrbio — especialmente se convive há muito tempo com ele.

Abrir mão de um hábito é amedrontador. Pense na quantidade de gente que fica casada mesmo quando despreza seu parceiro. O "mal conhecido" é, muitas vezes, mais confortável que o desconhecido, mesmo que este prometa ser melhor.

O que você pode fazer sobre isso? Use o inventário da página 231 para começar a ter algumas respostas para essa questão.

Comece por fazer uma lista de todas as vantagens que obtém de seu distúrbio de ansiedade. Isso pode parecer bobo, mas pense bem: de que obrigações você escapa? O que as pessoas fazem que você teria de fazer se não tivesse o problema? Que mudanças difíceis de vida você adiou devido ao distúrbio?

Depois de fazer essa lista, peça às pessoas mais afetadas por seu problema que façam uma lista semelhante. Peça que escrevam todas as coisas que acham que fazem por você por causa de suas limitações.

Haverá, provavelmente, grandes diferenças de opinião. Talvez até ocorram alguns sentimentos irados ou constrangedores. Isso é normal e esperado.

Não tente ser defensivo, apenas escute.

Depois de reunir toda a informação, pense sobre de quais ganhos secundários você está disposto a desistir. O que você está disposto a mudar? Comece pelo mais simples. Se levar seu filho à escola três vezes por semana parecer um compromisso muito grande, comece por dirigir apenas uma vez por semana. Se ainda não está em condições de fazer todas as compras da família, responsabilize-se pelas compras na padaria, por exemplo. Se desistiu de fazer grandes apresentações no trabalho, comece por participar de painéis junto com seus colegas.

Você verá que à medida que começa a desistir de "cair fora das coisas" e de outros ganhos secundários, começará a se sentir mais livre e independente. Sentirá sua auto-estima aumentar, e só isso já faz valer a pena desistir de qualquer ganho secundário.

INVENTÁRIO — GANHOS SECUNDÁRIOS

1. Que ganhos secundários você tem consciência de obter graças ao seu distúrbio de ansiedade?
2. Que ganhos secundários os outros pensam que você obtém graças ao seu distúrbio de ansiedade?
3. Quais são as suas preocupações em relação a desistir desses ganhos?
4. Dê um exemplo de desdobramento dos passos no processo de desistência de um de seus ganhos secundários.

Não se esqueça, porém, de que *toda* mudança é difícil, tenha ou não relação com a ansiedade. É normal que alguém em transição sinta resistência, apreensão e desconforto. Quanto mais aceitar esses sentimentos, menos eles interferirão no caminho de sua recuperação.

23

FAMILIARIZANDO-SE COM SEU NOVO EU

Quando se pergunta à maioria das pessoas com distúrbio de ansiedade como elas gostariam de ser se não tivessem esse problema, elas respondem: "como eu costumava ser — sem medos e ansiedades, feliz e gozando a vida intensamente".

Elas se esquecem de ter sentido tensão, medo ou ansiedade antes de desenvolver um distúrbio de ansiedade e lembram-se, muitas vezes, da vida "pré-ataque-de-pânico" como sendo perfeita. É comum ouvir alguém com fobia dizer: "Se ao menos minha fobia fosse embora, tudo seria maravilhoso. Eu poderia fazer tudo, como nos bons tempos de antigamente...".

Evidentemente, isso não é um pensamento realista. A vida não era mais perfeita antes do distúrbio do que agora. Você tinha suas tensões, preocupações e dias ruins. Com certeza, havia dias em que sentia raiva, solidão, ou depressão. Mas, provavelmente, você se esqueceu de tais momentos. Comparado com o sofrimento do distúrbio de ansiedade, todo o resto lhe parece tolerável.

Temos a tendência de colocar os outros sentimentos de lado, avaliando nosso estado apenas pelo grau de ansiedade que sentimos. Se você não se sente ansioso em um determinado dia, então ele é considerado um bom dia. Desta forma, o pressuposto passa a ser "antes de me tornar fóbico ou desenvolver a síndrome de pânico, *todos* os dias eram bons.

Outra reação comum à questão de como você seria se não tivesse um distúrbio de ansiedade é: "eu voltaria a fazer todas as coisas que gostava de fazer — ir às compras, a festas, ao teatro...". Porém, é bem provável que seus interesses tenham mudado ao longo dos meses ou anos em que viveu restrito pelo seu problema e talvez não aprecie as mesmas coisas do passado.

Não há nada de errado em não querer ir a uma festa se você não gosta das pessoas que vão estar presentes. Você pode não querer ir às compras ou ao cinema tanto quanto você imaginava. Parte de nosso processo natural de amadurecimento nos leva a superar velhos interesses e desenvolver outros, novos. Sua fobia ou síndrome de pânico tem sido uma parte tão dominante de sua vida, e o impediu de desfrutar de tantas atividades, que freqüentemente fica difícil determinar se você está ou não genuinamente interessado em fazer algo.

Você deve ter percebido que há muitas coisas que costumava apreciar que não o atraem mais, mas sente-se culpado por isso e atribui a causa ao seu problema de ansiedade. Quando faz isso, você está sendo duro demais consigo mesmo!

Muitas vezes é difícil distinguir entre algo que realmente não se quer fazer e algo que se está evitando por medo de sofrer um ataque de pânico. Quando isso acontecer, pergunte-se: "Se eu não estivesse com medo de um ataque de pânico, gostaria de fazer tal coisa?". Se a resposta for afirmativa, vá em frente, independente de quão ansioso se sinta. Se a resposta for negativa, não o faça. Se você tem problemas para ir a restaurantes e for convidado para jantar fora com pessoas que são diferentes, você tem todo o direito de não querer ir. Isso não precisa ser encarado como uma fuga.

É perfeitamente normal e saudável não querer fazer certas coisas por outros motivos que não o seu medo de ter um ataque de pânico. Mas se você não está certo dos motivos que o levam a querer evitar algo, então faça-o de qualquer forma. Não perca de vista o seu objetivo: levar uma vida normal, sem evitação.

À medida que começar a usar as técnicas que lhe permitem ir a qualquer lugar e fazer o que deseja, um "novo eu" começará a surgir — não alguém que retorna do passado, mas uma pessoa mais forte e confiante, com todo um novo conjunto de gostos, aversões e interesses. Uma vez que menos tempo será gasto no ato de se preocupar com seu problema, você se verá tendo muito mais tempo e energia para fazer outras coisas. *Agora* é o momento para começar a pensar no que são essas outras coisas.

Respeite-se. Preste atenção ao que você *realmente quer* e siga seus instintos — eles geralmente estão certos. A chave do crescimento gira para a frente, não para trás. Isso significa aceitar mudanças. Não é uma estrada fácil de seguir, mas é a única que o conduzirá à recuperação.

INVENTÁRIO — MUDANÇA

1. Descreva como você era antes de desenvolver um distúrbio de ansiedade (personalidade, interesses, irritações etc.).

2. Como o distúrbio mudou você?

3. Há coisas que você evita, mas não pode dizer se é devido à sua fobia ou a algum outro motivo? Em caso afirmativo, quais são e que outras razões você teria para não querer fazê-las?

4. Se sua fobia/síndrome de pânico desaparecesse completamente amanhã, como mudaria sua vida?

5. Que coisas você gostaria de fazer se tivesse mais tempo e energia?

Apêndices

ATUALIZAÇÃO DAS PESQUISAS

Sabe-se muito mais sobre os distúrbios de ansiedade hoje do que até há bem pouco tempo. E as pesquisas continuam sobre as causas, a sintomatologia, o diagnóstico e o tratamento desses distúrbios, com novas descobertas publicadas quase que semanalmente. Aqui apresento descrições sucintas de algumas novas descobertas e indicações do que está por vir.

• Há muito tempo a síndrome de pânico vinha sendo anedoticamente associada a sintomas gastrintestinais como vômito e diarréia. Agora, uma equipe de pesquisadores liderada pelo dr. Bruce Lydiard, da Universidade de Medicina da Carolina do Sul, descobriu numa pesquisa com mais de 13 mil indivíduos que as pessoas com síndrome de pânico têm uma incidência significativamente mais alta de sintomas gastrintestinais, inclusive aqueles típicos da síndrome do intestino irritável. Essa sobreposição, observaram os pesquisadores, deveria ser levada em consideração na escolha dos programas de tratamento, citando a relação entre "o cérebro e o intestino" como uma área importante para estudos futuros.

• Embora as mulheres jovens sejam as principais candidatas ao primeiro episódio de síndrome de pânico, um estudo recente da Escola de Medicina da Universidade do Sul da Flórida descobriu que 5,7% de um grupo de 560 pacientes com mais de sessenta anos de idade teve seu primeiro ataque de pânico depois dos 59 anos. A prevalência total da síndrome de pânico no grupo era de quase 10%. Os pesquisadores concluíram que a síndrome de pânico "pode ocorrer em pessoas com idade avançada''. Stress, moléstias e doenças do sistema nervoso central parecem ser os fatores que contribuem para esse grupo de pessoas, que tem mais dificuldades de respiração do que aqueles que tiveram seu primeiro ataque quando jovens.

• Em resposta às teorias de que a hiperventilação crônica pode conduzir a ataques de pânico, uma equipe veterana de pesquisadores dos distúrbios de ansiedade reviu cerca de trezentos artigos e concluiu que a causa é, provavelmente, menos a hiperventilação do que uma sutil sensibilidade ao dióxido de carbono, o gás expelido na troca por oxigênio. Os drs. Laszlo A. Papp, Donald F. Klein e Jack M. Gorman escreveram em 1992 que uma ''interpretação catastrófica'' dos sintomas, uma sensação de necessidade de ar, pode deflagrar o ataque de pânico.

• A síndrome de pânico em afro-americanos parece ser pouco diferente daquela dos brancos, de acordo com uma análise das entrevistas do estudo do *Epidemiological Catchment Area* do Instituto Nacional de Saúde Mental. Os pesquisadores examinaram as respostas de 4.287 afro-americanos e as compararam com as de 12.142 brancos. As comparações revelaram poucas diferenças em idade do primeiro ataque, tempo de síndrome de pânico e tentativas de suicídio. No entanto, os pesquisadores advertiram que ''há motivos para acreditar que a síndrome de pânico não é devidamente reconhecida e tratada entre os afro-americanos. Os indícios de erro de diagnóstico e tratamento inadequados apontam para a necessidade de melhorar o diagnóstico e o tratamento nessa população''. Os autores foram os drs. Ewald Horwath, Christopher D. Hornig e o falecido Jim Johnson.

• Pelo menos um estudo sugeriu que um subgrupo de mulheres com síndrome de pânico pode melhorar quando engravida. O dr. James Ballenger e sua equipe da Universidade de Medicina da Carolina do Sul mandaram questionários para 129 mulheres que tinham sido pacientes da clínica de distúrbios de ansiedade da universidade nos últimos cinco anos, perguntando sobre as mudanças em seu distúrbio depois de terem engravidado. Das 22 que responderam, a maioria (14) disse que os sintomas tinham diminuído durante a gravidez.

• As pessoas que sofrem de Distúrbio Afetivo Sazonal, que ficam deprimidas quando os dias começam a encurtar no outono e não se recuperam, sem tratamento, até a primavera, também correm o risco de ataques de pânico, demonstrou um estudo da Universidade Estadual de Ohio. Os pesquisadores examinaram 38 pacientes com depressão recorrente de inverno e verificaram que quase um quarto deles também tinham ataques de pânico que desapareciam quando a depressão passava, na primavera.

• O Prolapso da Válvula Mitral (PVM) é uma condição cardíaca comum, considerada benigna na maioria dos casos. Acreditou-se, inicialmente, que essa deformação da válvula mitral, uma das quatro válvulas do coração, ocorria com maior freqüência em indivíduos com síndrome de pânico, levando à hipótese de que o problema cardíaco poderia ter iniciado o distúrbio. Alguns estudos mostraram uma alta correlação entre a existência do pânico e o PVM, mas isso continua controvertido, possivelmente devido aos diferentes critérios utilizados para fazer o diagnóstico.

A presença do PVM não muda de forma alguma o tratamento da síndrome de pânico. As pessoas que têm os dois problemas não devem atribuir todos os seus sintomas ao PVM ou supor que o tratamento do prolapso eliminará os ataques de pânico.

• Um método relativamente novo de tratamento conhecido como Tratamento Não-Prescritivo (TNP) foi desenvolvido pela dra. Katherine Shear, do Instituto e Clínica Psiquiátrica Ocidental de Pittsburgh. O tratamento de Shear utiliza a psicoeducação e estratégias de audição refletiva para ajudar os pacientes a aumentar sua consciência e aceitação de sentimentos negativos, não-reconhecidos, tais como raiva e agressão, que podem estar contribuindo para a deflagração e continuação dos ataques de pânico.

• O Reprocessamento e Dessensibilização do Movimento dos Olhos (RDMO) é uma nova técnica desenvolvida nos últimos anos pela dra. Francine Shapiro. Ela teve sucesso registrado na dessensibilização de indivíduos com distúrbio de stress pós-traumático, síndrome de pânico e agorafobia. Há relatos anedóticos de seu poder, mas o método ainda não foi completamente testado. Envolve os movimentos de mãos do terapeuta que são seguidos pelo paciente enquanto imagina cenas que normalmente provocariam pânico ou ansiedade. Em alguns pacientes, isso produz um senso de meditação ou, nas palavras de uma delas, é como se tivesse tomado três comprimidos de Valium, mas sem "ficar chapada".

Em 1987, a dra. Shapiro descobriu, acidentalmente, que conseguia afastar seus próprios pensamentos ansiosos movendo os olhos, rapidamente, de um lado para outro. A partir daí, ela e outros terapeutas obtiveram resultados às vezes sensacionais com vítimas de catástrofes e com agorafóbicos resistentes a outras terapias. Nem todos os clínicos compartilham de seu sucesso e o procedimento permanece inexplicado e controvertido.

MEDICAMENTOS USADOS NO TRATAMENTO DOS DISTÚRBIOS DE ANSIEDADE

Diversos medicamentos revelaram-se úteis no tratamento dos distúrbios de ansiedade. Mas, descobrir o remédio adequado e a dosagem certa para cada indivíduo pode exigir um trabalho de detetive por parte do médico. Uma vez que a terapia medicamentosa para esses distúrbios é uma área relativamente nova, é melhor escolher um médico que tenha conhecimento específico e experiência na prescrição e administração de medicamentos para pessoas que sofrem de distúrbios de ansiedade.

Cada remédio tem suas vantagens e desvantagens. Alguns agem mais rápido, outros permanecem na corrente sangüínea por mais tempo. Certos medicamentos exigem várias doses diárias, outros são ingeridos apenas uma vez por dia. São necessárias restrições na dieta quando se toma determinados remédios e alguns devem ser evitados para que não ocorram interações perigosas com outros medicamentos que o paciente esteja tomando.

A eficácia da medicação varia em cada indivíduo. O sistema nervoso e o metabolismo das pessoas são únicos, o mesmo acontecendo com sua reação aos agentes externos, sejam alimentos ou remédios. Os idosos podem reagir diferentemente dos jovens ao mesmo medicamento; uma mulher pode ter uma reação distinta da de um homem.

A maioria das pessoas pode tomar medicação ansiolítica sem problemas, mas às vezes ocorrem efeitos colaterais. Esses efeitos variam de acordo com a medicação, mas podem ir de pequenos incômodos, como boca seca ou sonolência, a reações perturbadoras, como batimento cardíaco irregular ou atividade sexual prejudicada.

Felizmente, a maioria dos efeitos colaterais desaparece na primeira ou segunda semana de tratamento. Se persistirem, ou se interferirem com as atividades normais, o médico pode mudar a dosagem ou tentar uma medicação diferente.

O uso de medicamentos é mais complicado para alguns grupos de pessoas do que para outros. Mulheres grávidas ou em amamentação, por exemplo, devem evitar certas drogas devido ao perigo em potencial para o feto ou bebê. Mulheres que estão tentando engravidar também devem evitar determinados medicamentos.

As crianças pequenas e os idosos também precisam de atenção especial. Devido ao seu pouco peso, as crianças costumam receber doses menores do que os adultos. O tratamento dos idosos pode ser complicado por outros problemas de saúde e/ou outros tratamentos medicamentosos.

Pessoas com pressão alta, deficiências hepáticas ou renais ou outros problemas crônicos talvez precisem evitar certos medicamentos.

Para conseguir os melhores resultados da medicação é preciso tomar a quantidade certa, no momento certo. As dosagens e a freqüência são determinadas pelo desejo de assegurar uma quantidade de medicação consistente e constante no sistema. Em geral, isso requer que o remédio seja tomado em momentos específicos do dia. Se achar difícil obedecer ao horário, o paciente deve perguntar ao médico se não seria possível fazer ajustes. Embora nem sempre seja possível fazer mudanças, às vezes há opções de horário.

Os pacientes não devem alterar a dose receitada, exceto se o médico assim o recomendar. Se você achar que precisa de uma dose maior, discuta isso com seu médico. As pessoas que se esquecem de tomar determinada dose são tentadas, muitas vezes, a "compensar" e tomar uma dose dupla na vez seguinte, mas isso pode aumentar o risco de uma reação adversa. Pergunte ao seu médico sobre o que fazer quando esquecer do remédio e siga rigorosamente as instruções dele.

Acreditando que mais é melhor, alguns pacientes aumentam sua dose se não sentem alívio dos sintomas imediatamente, ou porque tiveram uma recaída dos sintomas. Outros tomam doses menores, com medo dos efeitos colaterais. Outros, ainda, diminuem ou cortam a medicação por conta própria porque os sintomas desapareceram. Diminuir as doses ou interromper a medicação de maneira abrupta demais pode fazer os sintomas retornarem. As preocupações sobre a eficácia de um remédio, a duração da terapia medicamentosa, como interrompê-la e todas as outras questões devem ser discutidas direta e honestamente com o médico.

A seguir, faço uma breve descrição de alguns dos medicamentos que demonstraram ser úteis no tratamento dos distúrbios de ansiedade.

• *Benzodiazepinas de alta potência.* Essas drogas, que incluem o alprazolam (Xanax) e o clonazepam (Klonopin), fazem parte da mesma família do diazepam (Valium), mas são mais eficazes no tratamento da síndrome de pânico e têm menos efeitos colaterais.

• *Antidepressivos tricíclicos.* Essas drogas, que estão entre as primeiras utilizadas para tratar os distúrbios de ansiedade, incluem a imipramina (Tofranil), desipramina (Norpramin, Pertofrane), nortriptilina (Aventyl, Pamelor), amitriptilina (Elavil) e clomipramina (Anafranil). A clomipramina revelou-se especialmente eficaz no tratamento do distúrbio obsessivo-compulsivo.

• *Inibidores da recaptação específica de serotonina.* São drogas que intensificam a presença do neurotransmissor serotonina no cérebro. Incluem a fluoxetina (Prozac), sertralina (Zoloft) e paroxetina (Paxil). A fluvoxamina (Luvox) é uma novidade neste campo, que será comercializada em breve. São particularmente úteis no tratamento da síndrome de pânico, da fobia social e do DOC.

• *Inibidores da oxídase da monoamina.* Como fenelzina (Nardil) e tranilcipromina (Parnate), são úteis no tratamento da síndrome de pânico e da fobia social, acompanhadas ou não de depressão. São geralmente usados como terceira linha de tratamento para pacientes que não respondem a outros antidepressivos, pois podem ser difíceis de tolerar e exigem restrições rígidas na dieta.

• *Azaspironas.* Buspirona (Buspar) intensifica a atividade da serotonina e é útil no tratamento de distúrbio de ansiedade generalizado.

• *Beta bloqueadores.* O propranolol (Inderal) e atenolol (Tenormin), receitados freqüentemente para pressão alta, às vezes ajudam no bloqueio dos sintomas fisiológicos do medo de platéia ou ansiedade de desempenho, tais como palpitações, tremor e suor.

ALIMENTOS E OUTRAS SUBSTÂNCIAS QUE DEVEM SER EVITADOS

Muitas pessoas que sofrem de algum distúrbio de ansiedade, em especial aquelas para as quais os ataques de pânico são pelo menos parte do problema, podem ser particularmente sensíveis a certos alimentos comuns.

A *cafeína* é uma das piores substâncias. Encontra-se no café, chá, cacau, chocolate e em quase todos os refrigerantes do tipo cola. Até mesmo outros tipos de bebidas contêm cafeína. A sensibilidade a ela varia de pessoa para pessoa: algumas podem consumi-la sem problemas, outras podem reagir a quantidades mínimas dela. Há várias teorias, mas nenhuma explicação definitiva para essa sensibilidade.

Outros estimulantes devem ser evitados, tais como a pseudoefedrina, presente em muitos remédios de venda sem receita para resfriados, alergia e sinusite (Sudafed, por exemplo). Alguns medicamentos receitados, como vários remédios para asma, também podem precipitar ataques de pânico em alguns pacientes. Essas sensibilidades variam de indivíduo para indivíduo e, por isso, cada paciente deverá usá-las com precaução. Os remédios para emagrecer quase sempre contêm estimulantes de algum tipo. Além de seu efeito altamente duvidoso na perda de peso, eles podem provocar ataques de pânico.

As *drogas ilícitas* devem constituir anátema para quem sofre de algum tipo de distúrbio de ansiedade. Estimulantes como a cocaína ou as anfetaminas provocarão todos os sintomas de um ataque total de pânico. A maconha tem sido citada amplamente por pessoas com síndrome de pânico como o *único fator deflagrador* de seu primeiro ataque.

BIBLIOGRAFIA

LIVROS E ÁUDIOS

Síndrome de Pânico, Agorafobia e Fobias simples

BARLOW, D.H. & CRASKE, M.G. *Mastery of your anxiety and panic.* Albany, Nova York, Graywind Publications, 1988.

BECK, A.T.; EMERY, G. & GREENBERG, R. *Anxiety disorders and phobias: a cognitive perspective.* Nova York, Basic Books, 1985.

GOLD, M.S. *The good news about panic, anxiety & phobias.* Nova York, Bantam Books, 1989.

GREIST, J.H. & JEFFERSON, J.W. *Panic disorder and agoraphobia: A guide.* Madison, Wis., Anxiety Disorders Center and Information Centers, University of Wisconsin, 1992.

HECKER, J.E. & THORPE, G.L. *Agoraphobia and panic: a guide to psychological treatment.* Needham Heights, Mass.: Allyn Bacon, 1992.

KERNODLE, W.D. *Panic disorder.* Richmond, Va., William Byrd Press, 1991.

LEAMAN, T.E. *Healing the ansieth diseases.* Nova York, Plenum Press, 1992.

PEURIFOY, Reneau. *Anxiety, phobias & panic: taking charge and conquering fear,* 2ª ed., Citrus Heights, CA, Life Skills Publications, 1992.

SHEEHAN, D.V. *The anxiety disease.* Nova York, Bantam Books, 1986.

TIEGER, M.E. & ELKUS, B. *The fearful flyers resource guide.* Cincinnati, Ohio, Argonaut Entertainment, 1993. Pedidos pelo telefone: 1-800-776-9800.

WEEKES, C. *Hope and help for your nerves.* Nova York, Hawthorne Books, 1969.

_____. *Peace from nervous suffering.* Nova York, Signet, 1972.

_____. *Simple, effective treatment of agoraphobia.* Nova York, Bantam Books, 1979.

WILSON, R. *Achieving comfortable fligth.* Série de áudios, Pathway Systems. Pedidos pelo telefone: 1-800-394-2299 (EUA).

_____. *Breaking the panic cycle: self-help for people with phobias.* Anxiety Disorders Association of America, 1987. Um livro de auto-ajuda da ADAA.*

---

* Eis o endereço da ADAA — Associação dos Distúrbios de Ansiedade da América — Dept. B; P.O. Box 96.505, Washington, DC 20077-7140 — 30-231-9350.

WILSON, R. *Don't panic: taking control of anxiety attacks.* Nova York, Harper and Row, 1986. Série de áudios. Pathway Systems. Pedidos pelo telefone: 1-800-394-2299 (EUA)

Fobia Social

MARKWAY, B.G.; CARMIN, C.N.; POLLARD, C.A. & FLYNN, T. *Dying of embarrassment: help for social anxiety & phobias.* Oakland, Califórnia, New Harbinger Publications, 1992.

RUBIN, B.J. *Stage fright handbook.* Washington, D.C., Decision-Making Systems, Ltd., 1986. Pedidos pelo telefone: 703-548-7972 (EUA).

Distúrbio Obsessivo-Compulsivo

BAER, L. *Getting control: overcoming your obsessions and compulsions.* Boston, Little, Brow and Company, 1991.

FOA, E.B. & WILSON, R.R. *Stop obsessing!* Nova York, Bantam Books, 1991. Fitas de áudio complementares. Pathway Systems. Pedidos pelo telefone: 1-800-394-2299 (EUA).

GREIST, J.H. *Obsessive compulsive disorders: a guide*, 3ª ed. Madison, Wis., Obsessive Compulsive Information Center, University of Wisconsin, 1991.

LIVINGSTON, B. *Learning to live with obsessive-compulsive disorder.* New Haven, Conn., Obsessive-compulsive Foundation, 1989. Um guia para familiares da OC Foundation. P.O. Box 70 - Milford, CT 06460.

NEZIROGLU, F. & YARYURA-TOBIAS, J. *Over and over again: understanding obsessive compulsive disorder.* Lexington, Mass.; Lexington Books, 1991.

Obsessive compulsive disorder: a survival guide for family and friends. Envie US$ 10 dólares (em cheque ou ordem de pagamento) para: Obsessive Compulsive Anonymous, P.O. Box 215, New Hyde Park, Nova York 11040.

RAPOPORT, J.L. *The boy who couldn't stop washing.* Nova York, E.P. Dutton (Divisão da Nal Penguim), 1989.

STEKETEE, G. & WHITE, K. *When once is not enough: help for obsessive compulsives.* Oakland, Califórnia, New Harbinger Press, 1990.

Leituras Adicionais

BENSON, H. *The relaxation response.* Nova York, William Morrow & Co., 1975.

BURNS, D.D. *Feeling good: The new mood therapy.* Chicago, Ill., Signet, 1981.

_____. *The feeling good handbook: using the new terapy in everyday life.* Nova York, William Morrow, 1989.

ROSENTHAL, N.E. *Winter Blues.* Nova York, Guilford Press, 1992.

SOBRE A AUTORA

Jerilyn Ross, M.A., L.I.C.S.W. (Licenciada em Serviço Social), é uma das principais especialistas dos EUA em distúrbios de ansiedade. Psicoterapeuta, defensora de causas de pacientes e escritora, Jerilyn Ross é diretora do Ross Center for Anxiety and Related Disorders, centro multidisciplinar de tratamento em Washington, D.C., e presidente da Associação dos Distúrbios de Ansiedade da América, organização sem fins lucrativos que promove o bem-estar de pessoas com esses distúrbios.

Formada em psicologia pela New School for Social Research, em Nova York, começou suas atividades de clínica e defesa pública em 1978. Apareceu, então, em mais de cem programas de televisão e rádio, entre eles "Nightline", "Oprah Winfrey", "Today", "Donahue" e "Larry King Live". De 1987 a 1992, manteve seu próprio programa de rádio — que ganhou muitos prêmios em Washington — abordando questões de psicologia e temas afins.

Como presidente da ADAA, Jerilyn prestou depoimento duas vezes no Congresso e é, atualmente, membro da Comissão de Assessoria Científica do Programa de Educação Pública e Prevenção da Síndrome de Pânico do Governo Federal.

Membro da Associação Americana de Psicologia, da Associação de Psicologia do Distrito de Colúmbia e da Associação para o Progresso da Terapia Comportamental, Jerilyn Ross realiza, freqüentemente, palestras públicas e profissionais, seminários e *workshops* sobre distúrbios de ansiedade. Entre suas publicações anteriores estão capítulos e artigos no *American Journal of Psychiatry*, no *Journal of Clinical Psychiatry* e vários livros universitários.